公路桥梁养护人员
应知应会手册
（第3版）

交通运输部公路科学研究院　编著

人民交通出版社股份有限公司

北　京

内 容 提 要

本书由交通运输部公路局组织交通运输部公路科学研究院修订。

本书从公路桥梁检查养护人员的工作实际出发，对行业人员关注的检查与养护应知应会知识进行了系统介绍。全书共分10章，主要内容包括：绪论、桥梁检查基本知识、桥梁检查与评定体系、上部结构检查、下部结构检查、支座检查、桥面系及附属设施的检查、桥梁养护、移交接养与养护工程验收、桥梁检测、监测及养护管理新技术。

本书适用于基层桥梁养护人员、管理人员、技术人员及桥梁养护工程师，也可作为大专院校学生学习用书，还可作为公路技术人员自学与培训教材。

图书在版编目（CIP）数据

公路桥梁养护人员应知应会手册 / 交通运输部公路科学研究院编著. — 3版. — 北京：人民交通出版社股份有限公司，2023.11

ISBN 978-7-114-19029-2

Ⅰ.①公… Ⅱ.①交… Ⅲ.①公路桥—保养—技术手册②公路桥—维修—技术手册 Ⅳ.①U448.145.7-62

中国国家版本馆 CIP 数据核字（2023）第 199253 号

Gonglu Qiaoliang Yanghu Renyuan Yingzhi Yinghui Shouce

书　　名：	公路桥梁养护人员应知应会手册（第3版）
著 作 者：	交通运输部公路科学研究院
责任编辑：	杨　思
责任校对：	孙国靖　卢　弦
责任印制：	张　凯
出版发行：	人民交通出版社股份有限公司
地　　址：	（100011）北京市朝阳区安定门外外馆斜街3号
网　　址：	http://www.ccpcl.com.cn
销售电话：	（010）59757973
总 经 销：	人民交通出版社股份有限公司发行部
经　　销：	各地新华书店
印　　刷：	北京市密东印刷有限公司
开　　本：	787×1092　1/16
印　　张：	17
字　　数：	405千
版　　次：	2013年10月　第1版
	2019年12月　第2版
	2023年11月　第3版
印　　次：	2023年11月　第3版　第1次印刷　总第12次印刷
书　　号：	ISBN 978-7-114-19029-2
定　　价：	98.00元

（有印刷、装订质量问题的图书，由本公司负责调换）

《公路桥梁养护人员应知应会手册》(第3版)
编 委 会

编委会主任：吴春耕　张劲泉

编委会副主任：郭　胜　李万恒

主　　　编：任红伟

编写人员：廖　军　陈　敏　张小江　高小妮　姜震宇
　　　　　李怀雷　刘志东　王辰杰　杨　飞　熊海涛
　　　　　姜　浩　马少飞　李明阳

编审人员：杨　亮　李　健　徐　岳　叶见曙　申　强
　　　　　苗家武

第3版前言

根据《2022年交通运输行业发展统计公报》统计，截至2022年底，我国公路总里程为535.48万公里，公路桥梁数量为103.32万座、8576.49万延米。交通运输部非常重视公路桥梁的养护管理工作，改革开放四十多年来，通过几代交通人的努力，我国建立了较为健全的公路桥梁养护管理政策法规体系和标准规范体系，公路桥梁养护管理的科学化、制度化、规范化、标准化已经形成，并在不断发展。特别是党的十八大以来，以习近平同志为核心的党中央高度重视交通运输工作，习近平总书记对交通运输做出系列重要论述，科学回答了交通运输的发展定位、发展方向、发展重点等重大问题，深刻阐明了交通运输在国民经济中先导性、基础性、战略性和服务性的功能属性，明确了交通运输中国式现代化开路先锋的历史新定位，赋予了建设交通强国的历史新使命。

党的二十大报告明确提出"加快建设交通强国"，这是以习近平同志为核心的党中央立足国情、着眼全局、面向未来做出的重大战略决策部署。为适应公路发展新趋势，必须由过去以基础设施建设为主向建设、养护、管理、服务并重转变，更加突出养护、管理、服务工作。新的发展形势和环境，对公路桥梁养护管理工作提出新的更高要求。

2013年10月，交通运输部公路科学研究院组织专家和技术人员编写了《公路桥梁养护人员应知应会手册》，并按交通运输部公路局部署，在全国范围内开展了公路桥梁养护人员的培训工作，收效显著。

"十三五"时期交通运输部颁布实施了《公路养护工程管理办法》和《公路长大

桥隧养护管理和安全运行若干规定》，在此背景下，交通运输部公路局安排交通运输部公路科学研究院修订公路桥梁养护人员培训教材《公路桥梁养护人员应知应会手册》。2019年，交通运输部公路科学研究院完成了《公路桥梁养护人员应知应会手册》（第2版）修订工作。

2019年9月，中共中央、国务院印发了《交通强国建设纲要》，2020年12月交通运输部印发了《关于进一步提升公路桥梁安全耐久水平的意见》。2021年11月1日开始，交通运输部发布的《公路桥涵养护规范》（JTG 5120—2021）实施，原《公路桥涵养护规范》（JTG H11—2004）同时废止。2021年12月，国务院印发了《"十四五"现代综合交通运输体系发展规划》。2022年4月交通运输部印发了《"十四五"公路养护管理发展纲要》。随后，党的二十大报告又明确提出"加快建设交通强国"。为适应新形势新要求，交通运输部公路局再次安排交通运输部公路科学研究院对第2版进行修订。

交通运输部公路科学研究院组织交通运输部公路科学研究院桥隧研究中心、北京公科固桥技术有限公司、中路高科交通检测检验认证有限公司相关技术人员，结合近年在公路桥梁检测与维修加固技术领域的经验和成果，在《公路桥梁养护人员应知应会手册》（第2版）的基础上进行了修订、补充。

本书适用于基层桥梁养护人员、管理人员、技术人员及桥梁养护工程师，也可作为大专院校学生学习用书，还可作为公路技术人员自学与培训教材。

书中部分图片、照片来源于互联网和公开出版物，未能一一注明作者及出处，在此对作者们表示歉意与感谢。

由于编者水平有限，书中若存在不妥或疏漏之处，敬请读者批评指正。

编　者

2023年7月

目录

第1章 绪论 **001**

    1.1 公路桥梁养护现状及发展趋势 004

    1.2 公路桥梁养护法律法规 008

    1.3 公路桥梁养护技术规范 010

    1.4 公路桥梁养护管理制度和安全专项行动 011

第2章 桥梁检查基本知识 **040**

    2.1 桥梁分类 040

    2.2 桥梁部件名词与解释 046

    2.3 桥梁基本状况卡片中相关术语与解释 077

    2.4 桥梁养护有关专业术语与解释 090

    2.5 桥梁汽车荷载与解释 099

第3章 桥梁检查与评定体系 **104**

    3.1 初始检查 104

    3.2 日常巡查 105

    3.3 经常检查 107

    3.4 定期检查 113

    3.5 特殊检查 119

第 4 章　上部结构检查 ············ **120**

4.1　梁桥的一般病害检查 ············ 120
4.2　拱桥的一般病害检查 ············ 142
4.3　斜拉桥的一般病害检查 ············ 163
4.4　上部结构的严重病害 ············ 165

第 5 章　下部结构检查 ············ **173**

5.1　桥台的一般病害检查 ············ 173
5.2　桥墩的一般病害检查 ············ 178
5.3　基础的一般病害检查 ············ 183
5.4　下部结构的严重病害 ············ 186

第 6 章　支座检查 ············ **190**

6.1　板式橡胶支座的一般病害检查 ············ 190
6.2　盆式支座的一般病害检查 ············ 194
6.3　支座的严重病害 ············ 196

第 7 章　桥面系及附属设施的检查 ············ **198**

7.1　桥面铺装检查 ············ 198
7.2　伸缩缝检查 ············ 205
7.3　人行道检查 ············ 210
7.4　栏杆、护栏检查 ············ 210
7.5　排水系统检查 ············ 214
7.6　锥(护)坡检查 ············ 216
7.7　照明系统及标志、标线检查 ············ 217

第 8 章　桥梁养护 ············ **220**

8.1　桥梁养护工程分类 ············ 220
8.2　桥梁养护技术要点 ············ 221

第 9 章　移交接养与养护工程验收 ································ 240

9.1　移交接养 ································ 240
9.2　养护工程验收 ································ 244

第 10 章　桥梁检测、监测及养护管理新技术 ································ 246

10.1　桥梁检测新技术 ································ 247
10.2　桥梁监测新技术 ································ 253
10.3　桥梁养护管理新技术 ································ 256

参考文献 ································ 259

第1章

绪 论

公路桥梁是公路网的重要组成部分和控制性构筑物,其结构安全状况对保证公路网的运输畅通、经济社会的健康发展、人民群众的安全便捷出行,都具有非常重要的作用。长期以来,交通运输部高度重视公路桥梁养护管理,基本建立健全了公路桥梁养护管理相关的法律法规、技术规范和管理制度,规范了公路桥梁的养护管理工作,保障了公路桥梁的安全运行。改革开放以来,在党中央的正确领导下,经过几代交通人的不懈努力,我国交通运输事业取得了巨大进步。特别是党的十八大以来,在以习近平同志为核心的党中央领导下,我国交通运输事业发展取得了重大成就,许多指标位于世界前列,我国已成为名副其实的交通大国。党的十九大明确提出建设交通强国的宏伟目标,吹响了交通强国建设的号角,为未来一段时间的交通建设确定了总基调。2019年9月,中共中央、国务院印发了《交通强国建设纲要》,提出建设人民满意、保障有力、世界前列的交通强国建设目标,为全面建成社会主义现代化强国、实现中华民族伟大复兴中国梦提供坚强支撑。《交通强国建设纲要》强调坚持以人民为中心的发展思想,为交通人指明了前进的方向。2020年12月,交通运输部印发了《关于进一步提升公路桥梁安全耐久水平的意见》。2022年4月,交通运输部印发了《"十四五"公路养护管理发展纲要》,旨在全面加强"十四五"公路养护管理,适应新的形势要求,推动公路养护管理高质量发展,更好地服务公众安全便捷出行,服务加快建设交通强国。

下面简要介绍公路桥梁养护管理工作相关法律法规、技术规范、管理制度及安全专项行动。

1)在国家法律法规层面

以《中华人民共和国公路法》《公路安全保护条例》等法律、法规为基础,构成了公路桥梁养护管理法律法规体系。

2)在技术规范层面

交通运输部制定了《公路桥梁加固设计规范》(JTG/T J22—2008)、《公路桥梁加固施工技术规范》(JTG/T J23—2008)、《公路桥梁技术状况评定标准》(JTG/T H21—2011)、《公路桥梁承载能力检测评定规程》(JTG/T J21—2011)、《公路桥梁荷载试验规程》(JTG/T J21-01—

2015)、《公路工程混凝土结构耐久性设计规范》(JTG/T 3310—2019)、《公路养护工程质量检验评定标准 第一册 土建工程》(JTG 5220—2020)、《公路桥涵养护规范》(JTG 5120—2021)、《公路缆索结构体系桥梁养护技术规范》(JTG/T 5122—2021)等技术规范,形成了较为健全的公路桥梁养护管理技术规范体系。

3)在管理制度层面

交通运输部印发了多项桥梁❶养护管理制度。为了规范公路桥梁养护管理工作,自1991年起交通部颁布了《公路桥梁养护管理工作制度》,并于2007年修订。该工作制度从管理责任划分、桥梁养护工程师制度、桥梁检查与评定、桥梁养护工程管理、技术档案管理、应急处置管理和监督检查等七方面进行了详细的规定。

2013年5月,交通运输部印发了《关于进一步加强公路桥梁养护管理的若干意见》,要求加大危旧桥梁安全隐患改造力度,加强公路桥梁安全保护工作,认真落实桥梁安全运行十项制度,要求各地始终把公路桥梁养护管理工作摆在重中之重的位置。

2018年3月,交通运输部修订颁布了《公路养护工程管理办法》,旨在适应行业发展新趋势,解决管理实践中存在的问题,2018年版《公路养护工程管理办法》(简称《办法》)对2001年版《公路养护工程管理办法》进行了大幅修订,2018年版《办法》着力构建现代公路养护管理制度体系,可有力推进公路养护科学化、专业化、规范化。

2018年3月,交通运输部印发《公路长大桥隧养护管理和安全运行若干规定》,该规定着力构建公路长大桥隧安全运行长效机制,并与隐患治理结合起来,可切实提升长大桥隧养护管理能力和安全运行水平,对构建平安交通、加快交通强国建设、保证人民群众安全出行意义重大。

2020年12月,交通运输部印发了《关于进一步提升公路桥梁安全耐久水平的意见》,该意见旨在消除四、五类桥梁,控制增量,提升一、二类桥梁品质,全面建立特殊桥梁健康监测系统,进一步提升公路桥梁安全耐久水平。

4)在桥梁安全专项行动实施层面

交通运输部印发了《公路危旧桥梁改造行动方案》《提升公路桥梁安全防护能力专项行动技术指南》《公路长大桥梁结构健康监测系统建设实施方案》《关于健全完善国家公路桥梁基础数据库的通知》等多项文件,依照上述文件开展了针对桥梁养护的各类工作,加强危旧桥梁改造,全面提升桥梁养护管理水平。

公路桥梁养护管理工作相关法律法规、技术规范、管理制度、专项行动的框架如图1-1所示。

---

❶ 本书所指桥梁无特殊情况均指公路桥梁。

第1章 绪论

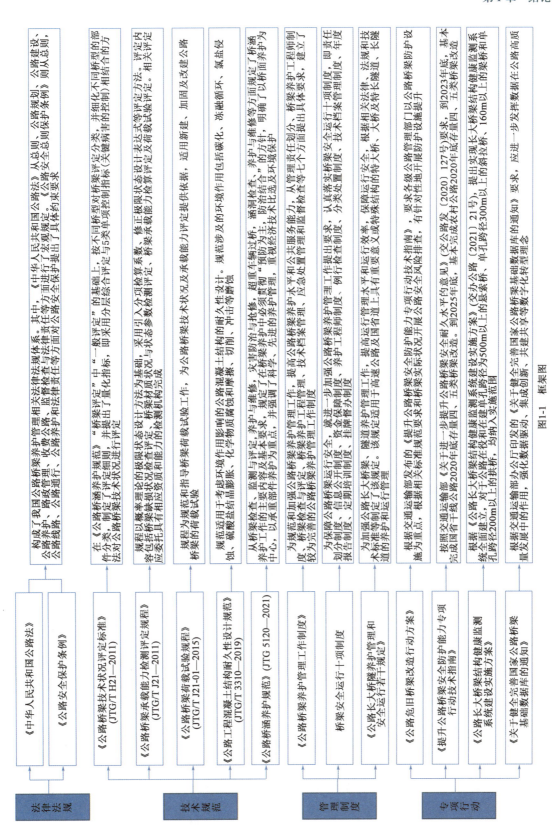

图1-1 框架图

1.1 公路桥梁养护现状及发展趋势

1.1.1 公路桥梁养护现状

近三十年来,交通运输部对桥梁安全和危桥改造工作高度重视,狠抓风险管控、隐患治理,建立了危、旧桥管养的长效机制,投入较大人力、物力,强化管理、落实责任,确保了我国公路桥梁安全运营。根据相关统计数据,我国"带病工作"桥梁或危桥总数近年来呈明显下降趋势。但因我国存量公路桥梁数量较多,运营年限逐步加长,面对公路交通高质量发展要求,公路养护管理仍然存在一些短板和弱项,危、旧桥仍将维持一定数量规模。

从20世纪90年代末期开始,公路桥梁养护逐渐被各级交通运输主管部门和建设单位重视。相关的科研、设计单位和大型施工企业开始在桥梁养护领域做技术和管理方面的探索。对公路桥梁养护管理的概念和内涵形成了更多的共识,特别是《公路桥梁加固设计规范》(JTG/T J22—2008)、《公路桥梁加固施工技术规范》(JTG/T J23—2008)、《公路桥梁技术状况评定标准》(JTG/T H21—2011)、《公路桥梁承载能力检测评定规程》(JTG/T J21—2011)、《公路桥梁荷载试验规程》(JTG/T J21-01—2015)、《公路工程混凝土结构耐久性设计规范》(JTG/T 3310—2019)、《公路养护工程质量检验评定标准 第一册 土建工程》(JTG 5220—2020)、《公路桥涵养护规范》(JTG 5120—2021)、《公路缆索结构体系桥梁养护技术规范》(JTG/T 5122—2021)等一系列标准规范的出台,为之后公路桥梁养护管理的标准化、专业化奠定了基础。但在公路桥梁的养护管理方面还有很多不足和亟待解决的技术和管理问题,这些问题不断暴露、逐渐显现,已成为当前或未来制约公路交通事业持续健康发展的关键因素。这些问题需要公路桥梁工作者逐一去解决,养护管理工作仍任重而道远。

(1)早期修建的斜拉桥、中承式和下承式吊杆拱桥,拉索和吊杆的防腐层出现过早的老化损坏,钢束和锚头锈蚀严重。目前,防腐技术还存在缺陷,拉索和吊杆可能过早出现严重腐蚀和性能下降。

(2)早期建设的大跨度梁桥存在下挠过大甚至不收敛,梁体斜向和纵横向开裂等危及桥梁正常使用与耐久性的缺陷与病害;预制拼装空心板梁或小跨径T梁桥出现支承受力不匀、横向连接薄弱、铰缝纵向开裂,单板或单梁在频繁重载交通下存在较大单板受力的安全隐患。

(3)我国地域辽阔,区域自然环境和经济发展水平差异较大,造成不同地区的公路桥梁病害和损伤表现出较强的区域分布特点,加大了处理应对的难度。如北方地区的桥梁除冰盐侵蚀病害、南方地区桥头跳车病害、沿海地区的桥梁耐久性病害以及水网密集、经济发达地区的船撞桥问题等。

(4)随着时间的推移,耐久性问题将在我国今后的公路桥梁养护工作中变得越来越突出。一些桥梁在远没达到使用寿命时,就出现耐久性严重退化的现象,例如北方地区桥梁受冻融循环和除冰盐腐蚀,混凝土保护层破损严重,沿海地区桥梁基础钢筋锈蚀与混凝土缺损,悬索桥主缆与吊杆、斜拉桥拉索、拱桥吊杆锈蚀等。

(5) 公路桥梁养护专业化程度还需进一步提升。桥梁养护对检测、设计、施工、监理等从业人员综合能力要求较高，从业人员能力不能完全适应养护业务的发展需要，亟须完善和落实市场准入政策、法规，并探索检测评定、设计、施工一体化的养护总承包模式，引导养护市场主体专业化、规模化健康发展。

(6) 新政策还需进一步落实和引导。2021年9月，为了加强公路养护作业单位资质管理，规范公路养护市场秩序，保证公路养护质量和安全，交通运输部印发了《公路养护作业单位资质管理办法》，对公路养护市场专业化将发挥很好的引导作用，但目前该办法的实际效果还需市场进一步检验。

1.1.2 公路桥梁养护发展趋势

未来，通过物联网、云计算、人工智能、自动控制等高新技术，在交通管理、交通运输、公众出行等交通领域全方面以及交通建设管理全过程的应用，使交通系统在区域、城市甚至更大的时空范围具备感知、互联、分析、预测、控制等能力，以充分保障交通安全、发挥交通基础设施效能、提升交通系统运行效率和管理水平，为通畅的公众出行和可持续的经济发展服务。传统的养护模式已经无法满足快速增长的公路桥梁养护需求，养护管理部门会与企业合作搭建"互联网+养护"平台或系统，建立养护公众参与、资源优化配置、过程监督等制度，推进我国公路桥梁养护高质量发展，"绿色""智慧""可持续"等理念将在未来的养护工作中得到体现。未来的公路桥梁养护会向数字化接养、智慧巡查、智能检测和监测、大数据决策、模块化智造、全方位应急、精准化服务等多层次全面发展。

(1) 公路桥梁检测评估的智能化。公路桥梁检测评估智能化包括两方面：一方面是检测装备、技术的智能化；另一方面是基于大数据、人工智能的评估技术。在公路桥梁检测方面，智能化无损检测是桥梁检测的发展方向，尤其是以图像识别技术、声波CT技术等为代表的智能检测技术在桥梁外观损伤、内部缺陷检测中的应用越来越广泛，为大量在役损伤桥梁的安全性量化评价提供了可能。通过智能检测获取的全面、完整的安全维护资料数据，借助移动互联网技术、云技术，建设公路桥梁全寿命期的大数据平台，以实现利用人工智能技术进行公路桥梁评估。在公路桥梁智慧监测方面，开展全国长大公路桥梁、隧道等基础设施的结构、性能、运行状态的动态监测、自动采集与分析评估。推进重要基础设施风险信息共享、协同管控和分级分类管理，提高工程质量安全风险防控智慧化水平。开展基础设施长期性能观测，加强基础设施运行状态、运行规律和服役性能分析。

(2) 预防养护的常态化。传统的养护方式已不能完全满足现代公路桥梁使用的要求，要改变目前被动养护的局面，最有效的方法是实施预防性养护。实施公路桥梁预防性养护在降低养护成本、延长公路桥梁的使用寿命、延缓公路桥梁使用性能恶化速率等方面具有重要的意义。

(3) 养护材料、装备的专业化。随着材料、装备、施工技术的进步，以绿色维修和再建造为特色的公路桥梁加固维修技术将不断发展和完善，为公路桥梁的管养和安全运营提供更有效的技术手段。

(4) 公路桥梁管养的社会化。当前国内已有一些重要公路桥梁或特殊公路桥梁采取了社会化管养，更大数量常规桥梁管养采用社会化服务是未来发展趋势。随着服务商服务能力的提升，将为桥梁管养单位提供更高质量、价格合理的专业化服务，让公路桥梁管养单位更专注于自身核心竞争力的提升,真正实现维修成本的战略管理和系统优化。

1.1.3 "十四五"公路养护管理发展纲要

2022年4月,为全面加强"十四五"公路养护管理,推动公路养护管理高质量发展,交通运输部印发了《"十四五"公路养护管理发展纲要》。为适应新的形势要求,促进公路养护管理高质量发展,更好地服务公众安全便捷出行,服务加快建设交通强国,根据《交通强国建设纲要》《国家综合立体交通网规划纲要》《"十四五"现代综合交通运输体系发展规划》以及《公路"十四五"发展规划》,制定本纲要。本节摘录如下:

一、总体要求

以习近平新时代中国特色社会主义思想为指导,全面贯彻落实党的十九大和十九届历次全会精神,坚持以人民为中心,立足新发展阶段,完整、准确、全面贯彻新发展理念,服务加快构建新发展格局,以推动高质量发展为主题,以深化供给侧结构性改革为主线,以改革创新为根本动力,以满足人民日益增长的美好生活需要为根本目的,着力推进设施数字化、养护专业化、管理现代化、运行高效化、服务优质化,全面提升公路养护管理水平,促进公路交通可持续健康发展,切实发挥公路在加快建设交通强国中的主力军、主战场、排头兵作用,为努力当好中国现代化的开路先锋提供坚实支撑。

到2025年,实现以下目标:

——高速公路技术状况(MQI)优等路率保持在90%以上。普通国道MQI优良路率达到85%以上,其中东、中、西部分别达到90%、85%、80%以上。普通省道MQI优良路率达到80%以上,其中东、中、西部分别达到85%、80%、72%以上。农村公路MQI优良中等路率达到85%以上,年均养护工程实施比例不低于5%。

——高速公路一、二类桥梁比例达到95%,普通国省干线公路一、二类桥梁比例达到90%。到2023年底和2025年底,分阶段完成国省干线公路和农村公路2020年底存量四、五类桥梁(隧道)改造。国省干线公路新发现四、五类桥梁(隧道)处治率达100%。

——高速公路货车违法超限超载率持续控制在0.5%以内,入口称重检测数据上传及时率、准确率达到100%;治超系统省级平台建设及部省联网率达到100%;普通公路超限检测站实现电子抓拍和联合执法全覆盖,站点实时联网率和数据联网上传率均不低于90%。

二、推进设施数字化

推进基础数据归集。构建标准统一、信息全面、融合共享的数据体系。推进公路基础数据库升级改造,重点汇集基础地理信息、路基路面、桥梁、隧道等静态数据。继续推进高速公路视频云平台、交调系统、长大桥梁结构健康监测单桥系统及数据平台建设,不断收集完善公路基础设施及路网运行管理动态数据。结合全国自然灾害综合风险普查,健全公路承灾体灾害风险点数据库。

提升养护管理数字化水平。以数字化引领公路养护管理转型升级。结合改扩建、养护工程推进高速公路数字化升级改造,逐步实现对高速公路网全要素动静态信息的数字化呈现和精细化管理,为车路协同、北斗应用、自动驾驶等提供支持。加快公路技术状况检测监测及养护装备研发,重点是公路桥隧、交安设施等自动化快速检测装备、无人化养护施工装备研发。研制推广公路养护智能化应用,重点是基于人工智能(AI)的自动化巡查、基于物联网的养护工程质量管理等应用。加强公路养护科学决策方法研究,重点研发各类设施养护评价、预测、决策等分析算法与模型,通过算法模型汇集分析数据,提高决策水平,提升公路养护管理工作效能。

三、推进养护专业化

强化养护科学决策。 研究出台公路养护科学决策指导意见,加快构建涵盖技术状况检测评定、目标设定、需求分析和养护计划编制的科学决策体系。探索推广新型无损检测装备,开发推广应用经济高效自动化检测装备。农村公路基本实现路况自动化检测全覆盖。按年度开展国家公路网技术状况监测,强化各类检测监测数据的决策分析,形成数据驱动型养护科学决策工作机制。加强科学决策成果的应用,构建国家公路养护工程项目库,并实现动态管理。

提升公路安全保障水平。 实施公路危旧桥梁(隧道)改造行动,重点对四、五类桥梁(隧道)进行改造,统筹推进船舶碰撞公路桥梁隐患治理。实施公路安全设施和交通秩序管理精细化提升行动,全面提升高速公路安全防护能力,改造普通国省道穿城镇路段和平面交叉路口等关键节点,大力推进村道安全生命防护工程实施。全面完成自然灾害综合风险公路承灾体普查,加强普查成果应用,推进干线公路灾害防治工程,有效提升公路防灾减灾抗灾水平。

规范养护市场建设。 贯彻落实《公路养护作业单位资质管理办法》,深入推动公路养护作业单位资质许可实施。研究制定公路养护招投标制度,建立健全公路养护信用体系,强化养护市场准入管理和秩序监管,加快构建统一开放、规范有序的养护市场。完善养护市场供给模式,探索检测评定、设计、施工一体化的养护总承包模式,引导养护市场主体专业化、规模化健康发展。

四、推进管理现代化

强化桥隧安全运行管理。 完善公路桥梁养护管理制度,建立健全"政府主导、行业监管、部门协同、运行单位负责"的公路桥梁管养责任体系。研究制定推进公路隧道高质量发展的指导意见,提升公路隧道设施安全耐久水平、运行监测能力、应急处置能力、车辆通行安全水平和技术装备保障水平。加强公路桥隧区域保护执法,加大对危及桥隧安全行为的打击力度。

深入推进车辆超限超载治理。 完善高速公路入口治超,实现精确称重、自动识别、自动疏导。坚持和优化治超联合执法工作机制,推进治超系统与公安交管系统联网对接。加强源头治超,建立货物装载源头倒查机制和货车非法改装联动治理机制。积极探索非现场执法。加大信用治超力度。加快实施全国治超"一张网"工程,构建以"互联网+"为核心的智慧治超新模式,推动治超工作由人工执法向科技监管转变,由末端管理向源头治理转变,由以罚为主向综合治理转变。

五、推进运行高效化

构建路网监测体系。 持续完善路网运行监测体系,推动视频、交调等监测设施与公路基础设施同步规划建设,加强既有公路监测设施建设和改造,统筹存量和增量、传统和新型监测设施,实现标准化布局与一体化应用。推进高速公路视频云联网工作,选择具备条件地区和路段开展普通国省道视频云联网试点工作,建立隧道结构安全和运行状况监测体系,研究移动式、无人化监测设施,提升监测网络整体效能。

完善应急体系建设。完善公路交通应急预案体系,深化联合预警工作机制建设,健全公路网预警预防体系,开展恶劣天气高影响路段优化提升工作。完善国家区域性公路交通应急装备物资储备中心布局并推进建设,进一步提升公路交通应急装备物资储备管理与调度水平。制定公路交通应急演练规范化要求,模拟典型突发事件,指导地方开展"行业+属地"联合的层次丰富、形式多样、科目齐全的应急演练。开展重大公路突发事件影响与应急能力评估工作,强化跨区域、跨部门的多方公路交通应急联动机制建设,重点提升巨灾场景的应急处置和交通运输保障能力。

1.2 公路桥梁养护法律法规

为加强公路养护管理,促进公路事业的可持续发展,保障公路完好、安全和畅通,我国颁布了一系列法律法规。公路桥梁的检查与养护作为公路桥梁运行管理的重要环节,法律法规均进行了明确说明和责任界定。目前,我国公路桥梁养护相关法律法规如图1-2所示。本节将与公路桥梁养护管理工作相关的法律法规具体条款予以摘录,以方便应用。

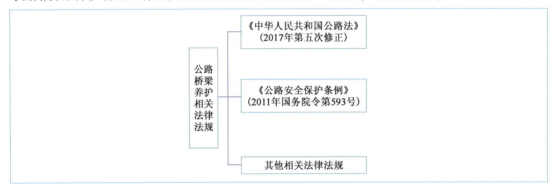

图1-2 我国公路桥梁养护相关法律法规

1.2.1 中华人民共和国公路法

《中华人民共和国公路法》由总则、公路规划、公路建设、公路养护、路政管理、收费公路、监督检查、法律责任和附则九章内容组成。节选条款如下:

第二条 在中华人民共和国境内从事公路的规划、建设、养护、经营、使用和管理,适用本法。

本法所称公路,包括公路桥梁、公路隧道和公路渡口。

第八条 国务院交通主管部门主管全国公路工作。

县级以上地方人民政府交通主管部门主管本行政区域内的公路工作;但是,县级以上地方人民政府交通主管部门对国道、省道的管理、监督职责,由省、自治区、直辖市人民政府确定。

乡、民族乡、镇人民政府负责本行政区域内的乡道的建设和养护工作。

县级以上地方人民政府交通主管部门可以决定由公路管理机构依照本法规定行使公路行政管理职责。

第三十五条 公路管理机构应当按照国务院交通主管部门规定的技术规范和操作规程对公路进行养护,保证公路经常处于良好的技术状态。

第四十三条 各级地方人民政府应当采取措施,加强对公路的保护。

县级以上地方人民政府交通主管部门应当认真履行职责,依法做好公路保护工作,并努力采用科学的管理方法和先进的技术手段,提高公路管理水平,逐步完善公路服务设施,保障公路的完好、安全和畅通。

第六十九条 交通主管部门、公路管理机构依法对有关公路的法律、法规执行情况进行监督检查。

第七十条 交通主管部门、公路管理机构负有管理和保护公路的责任,有权检查、制止各种侵占、损坏公路、公路用地、公路附属设施及其他违反本法规定的行为。

第八十六条 交通主管部门、公路管理机构的工作人员玩忽职守、徇私舞弊、滥用职权,构成犯罪的,依法追究刑事责任;尚不构成犯罪的,依法给予行政处分。

1.2.2 公路安全保护条例

为加强公路保护,保障公路完好、安全和畅通,我国制定了《公路安全保护条例》,包括总则、公路线路、公路通行、公路养护、法律责任和附则。节选条款如下:

第四十四条 公路管理机构、公路经营企业应当加强公路养护,保证公路经常处于良好技术状态。

前款所称良好技术状态,是指公路自身的物理状态符合有关技术标准的要求,包括路面平整,路肩、边坡平顺,有关设施完好。

第四十五条 公路养护应当按照国务院交通运输主管部门规定的技术规范和操作规程实施作业。

第四十六条 从事公路养护作业的单位应当具备下列资质条件:

(一)有一定数量的符合要求的技术人员;
(二)有与公路养护作业相适应的技术设备;
(三)有与公路养护作业相适应的作业经历;
(四)国务院交通运输主管部门规定的其他条件。

公路养护作业单位资质管理办法由国务院交通运输主管部门另行制定。

第四十七条 公路管理机构、公路经营企业应当按照国务院交通运输主管部门的规定对公路进行巡查,并制作巡查记录;发现公路坍塌、坑槽、隆起等损毁的,应当及时设置警示标志,并采取措施修复。

公安机关交通管理部门发现公路坍塌、坑槽、隆起等损毁,危及交通安全的,应当及时采取措施,疏导交通,并通知公路管理机构或者公路经营企业。

其他人员发现公路坍塌、坑槽、隆起等损毁的,应当及时向公路管理机构、公安机关交通管理部门报告。

第四十八条 公路管理机构、公路经营企业应当定期对公路、公路桥梁、公路隧道进行检测和评定,保证其技术状态符合有关技术标准;对经检测发现不符合车辆通行安全要求的,应当进行维修,及时向社会公告,并通知公安机关交通管理部门。

第四十九条　公路管理机构、公路经营企业应当定期检查公路隧道的排水、通风、照明、监控、报警、消防、救助等设施,保持设施处于完好状态。

第五十条　公路管理机构应当统筹安排公路养护作业计划,避免集中进行公路养护作业造成交通堵塞。

在省、自治区、直辖市交界区域进行公路养护作业,可能造成交通堵塞的,有关公路管理机构、公安机关交通管理部门应当事先书面通报相邻的省、自治区、直辖市公路管理机构、公安机关交通管理部门,共同制定疏导预案,确定分流路线。

第五十三条　发生公路突发事件影响通行的,公路管理机构、公路经营企业应当及时修复公路、恢复通行。设区的市级以上人民政府交通运输主管部门应当根据修复公路、恢复通行的需要,及时调集抢修力量,统筹安排有关作业计划,下达路网调度指令,配合有关部门组织绕行、分流。

设区的市级以上公路管理机构应当按照国务院交通运输主管部门的规定收集、汇总公路损毁、公路交通流量等信息,开展公路突发事件的监测、预报和预警工作,并利用多种方式及时向社会发布有关公路运行信息。

1.3　公路桥梁养护技术规范

公路桥梁养护技术规范体系曾长期缺失且不完备,造成公路桥梁加固工程在很长时间内都缺乏统一的规范与指导。2008年两部关键的行业规范《公路桥梁加固设计规范》(JTG/T J22—2008)和《公路桥梁加固施工技术规范》(JTG/T J23—2008)颁布施行,暂时缓解了这一突出矛盾。

令人可喜的是,当前交通运输部已针对公路桥梁在材料、检测评定、设计、施工、质量控制等环节存在的问题进行了系统的研究布局,一些旧规范正在修订,一些新规范在制定中(表1-1),未来几年将初步建成一整套有利于提高我国公路桥梁养护水平的实用技术规范体系。

相关技术规范　　　　表1-1

序号	名称	现行或修订情况
1	《公路桥梁加固设计规范》(JTG/T J22—2008)	修订中
2	《公路桥梁加固施工技术规范》(JTG/T J23—2008)	修订中
3	《公路桥梁技术状况评定标准》(JTG/T H21—2011)	修订中
4	《公路桥梁承载能力检测评定规程》(JTG/T J21—2011)	修订中
5	《公路养护安全作业规程》(JTG H30—2015)	现行
6	《公路桥梁荷载试验规程》(JTG/T J21-01—2015)	现行
7	《公路工程混凝土结构耐久性设计规范》(JTG/T 3310—2019)	现行
8	《农村公路养护技术规范》(JTG/T 5190—2019)	现行

续上表

序号	名称	现行或修订情况
9	《公路养护预算编制导则》(JTG 5610—2020)	现行
10	《公路桥梁养护工程预算定额》(JTG/T 5612—2020)	现行
11	《公路桥涵养护规范》(JTG 5120—2021)	现行
12	《公路缆索结构体系桥梁养护技术规范》(JTG/T 5122—2021)	现行
13	《公路桥梁结构监测技术规范》(JT/T 1037—2022)	现行

其中,《公路桥涵养护规范》(JTG H11—2004)规定了桥涵养护工作的主要工作内容及基本要求,指导公路桥梁检查与养护工作。而随着我国交通运输事业的蓬勃发展,国内公路桥梁数量迅速增长,桥梁特别是大跨度桥梁养护技术愈加复杂、养护难度增大,原规范已经难以适应养护需求,后于2021年修订后发布了《公路桥涵养护规范》(JTG 5120—2021),对桥涵检查与评定、养护与维修、灾害预防与抢修和技术要求等内容进行了修订,并依据政策要求新增了技术管理规定。

《公路桥梁加固设计规范》(JTG/T J22—2008)适用于各类公路桥梁以修复使用功能、提高承载能力、增强安全性和耐久性为目的的加固设计。

《公路桥梁技术状况评定标准》(JTG/T H21—2011)提出了不同桥型、不同部件的量化指标,采用分层综合评定与单项控制指标相结合的方法对公路桥梁技术状况进行评定。规范了公路桥梁技术状况评定标准,为桥梁养护决策提供依据。

《公路桥梁承载能力检测评定规程》(JTG/T J21—2011)规范了公路桥梁承载能力评定工作。

《公路桥梁荷载试验规程》(JTG/T J21-01—2015)规范和指导公路桥梁荷载试验工作,为桥梁结构技术状况及承载能力评定提供依据。

《公路工程混凝土结构耐久性设计规范》(JTG/T 3310—2019)规范指导公路工程混凝土耐久性设计,提高公路工程混凝土结构的耐久性能。

《公路缆索结构体系桥梁养护技术规范》(JTG/T 5122—2021)规范和指导了公路缆索结构体系桥梁养护工作,提高养护技术水平与运营安全保障水平,同时适用于公路斜拉桥与悬索桥的养护工作。

1.4 公路桥梁养护管理制度和安全专项行动

1.4.1 公路桥梁养护管理工作制度

为适应公路桥梁养护发展需要,规范和加强公路桥梁养护管理工作,于2007年6月,交通部以明确责任主体,强化监管责任,完善管理制度为重点,修订颁布了《公路桥梁养护管理工作制度》,其总体框架如图1-3所示。

图 1-3 公路桥梁养护管理工作制度总体框架图

注：1. 参考《公路桥涵养护规范》(JTG 5120—2021)的规定，将桥梁按重要程度划分为Ⅰ、Ⅱ和Ⅲ级，且对桥梁检查频率提出了新的要求：桥梁经常检查中，当桥梁重要等级为Ⅰ级时，每月不应少于1次；桥梁重要等级为Ⅱ级时，每两个月不应少于1次；桥梁重要等级为Ⅲ级时，每季度不应少于1次；在汛期、台风、冰冻等自然灾害频发期，应提高检查频率。桥梁定期检查中，当桥梁重要等级为Ⅰ级时，检查周期不得超过1年；桥梁等级为Ⅱ、Ⅲ级时，检查周期不得超过3年。

2. 参考《公路桥涵养护规范》(JTG 5120—2021)的规定，对现役桥梁技术状况的养护对策做出修订：1类桥梁-正常保养或预防养护；2类桥梁-修复养护，预防养护；3类桥梁-修复养护、加固或更换较大缺陷构件，必要时可进行交通管制；4类桥梁-修复养护、加固或改造，及时进行交通管制，必要时封闭交通；5类桥梁-及时封闭交通，改建或重建。

公路桥梁养护管理工作制度是指导桥梁管理工作的基本规章制度,对以下 7 个方面内容进行了规定。

1)明确责任主体,强化监管责任

明确了公路桥梁养护管理实行"统一领导,分级管理"的管理体制;根据"事权一致,责任清晰"的原则,按照监管单位和管养单位进行划分,确立了各级交通主管部门、公路管理机构和收费公路经营单位作为行业管理和公路桥梁养护的责任主体,强化了各部门相应的管理责任和资金保障责任,其中重点明确了收费公路经营单位对收费公路桥梁所应承担的管养职责。

2)加强专业人员保障,确立桥梁养护工程师制度

公路桥梁养护专业性强,技术含量高,桥梁养护工程师作为桥梁养护措施的制定者和实施者,是保障公路桥梁养护质量优良的关键。桥梁养护工程师制度作为技术工作制度在总则中予以明确。分监管单位和桥梁管养单位对桥梁养护工程师的职责进行了规定,并增加了桥梁养护工程师基本任职条件和定期培训考核要求。

公路交通各级部门应分别设置桥梁养护工程师(如省级、监管单位、市级、县级桥梁养护工程师),负责公路桥梁养护管理工作。根据公路桥梁养护管理工作制度对桥梁养护工程师制度的要求,对公路交通各级部门提出如下建议:

(1)省级桥梁养护工程师,负责全省公路桥梁养护具体业务管理工作。

①检查、监督、指导下级桥梁养护工程师履职及工作开展情况。

②审核桥梁养护管理工作的科研计划。

③负责桥梁管理系统的维护管理工作,督促市级桥梁养护工程师校核、更新桥梁管理系统数据。

④组织全省桥梁养护工程师及有关技术人员的业务培训。

(2)市监管单位的桥梁养护工程师,在本单位总工程师和省级桥梁养护工程师的指导下,负责本行政区域内公路桥梁养护管理的监管工作。

①检查监督市级桥梁养护工程师履职情况。

②参与制定桥梁大、中修和改建工程的技术方案和对策措施,并组织审验其科学合理性。

③组织本行政区域内桥梁养护工程师及有关技术人员的技术业务培训和考核工作。

(3)市级桥梁养护工程师,在本单位总工程师、省级桥梁养护工程师和监管单位桥梁养护工程师的指导下,负责本行政区域内公路桥梁养护管理的具体工作。

①组织桥梁定期检查,复核桥梁技术状况评定结果,根据检查结果编报养护建议计划,编制桥梁养护、维修、改建方案和应急预案,组织实施桥梁特殊检查。

②审核桥梁小修保养年度计划,监督检查县级桥梁养护工程师履职情况;组织实施桥梁养护大中修、改建工程年度计划。

③参与本行政区域内桥梁大、中修工程的中间检查和交(竣)工验收。

④对超限运输车辆通过桥梁的方案提出初步审查意见。

⑤负责本行政区域内桥梁技术档案的补充完善、更新和保密工作,督促县级桥梁养护工程师校核、更新桥梁管理系统数据,保证数据的准确性和实效性。

⑥负责组织县级桥梁养护工程师和桥梁监管员的业务培训和考核工作。

(4)县级桥梁养护工程师,在上级桥梁养护工程师的指导下,负责具体开展本行政区域内

公路桥梁的养护管理工作。

①组织桥梁经常检查工作,根据检查结果编报本行政区域内桥梁小修保养年度工作计划。

②负责实施桥梁定期检查,向市级桥梁养护工程师报告3类及以上桥梁的病害情况。

③组织和指导超限运输车辆通行,并检查、记录车辆通行后的桥梁损伤情况。

④监督桥梁养护大、中修和改建工程的实施,协助做好桥梁大、中修和改建工程的中间检查和交(竣)工验收。

⑤负责本行政区域内桥梁技术档案的补充完善、更新和保密工作,定期对桥梁技术状况进行综合分析与评定,负责校核、更新桥梁管理系统数据。

⑥协助上级桥梁养护工程师开展工作。

(5)桥梁检查人员,公路站(道班或公路养护公司)设桥梁检查员,在县级桥梁养护工程师的指导下,负责所管养路段的桥梁的检查工作。

①负责管养桥梁的经常检查,做好检查记录,并于规定日期前向县级桥梁养护工程师报告。

②负责管养桥梁的日常巡查工作,及时向县级桥梁养护工程师报告桥梁突发性病害。

③协助县级桥梁养护工程师执行桥梁检查和观测工作。

3)规定了桥梁检查与评定的内容

桥梁经常检查、定期检查和特殊检查的要求以及桥梁技术状况的评定应符合现行《公路桥涵养护规范》(JTG 5120)的规定;提出了特大桥和特殊结构桥梁的监测和特殊检查的有关要求;特别强调桥梁的特殊检查应委托具有相应资质和能力的检测机构来实施,以保证检测工作的有效开展。

4)规范桥梁养护工程管理

按"管养分离、事企分开"的原则,从桥梁养护工程的组织实施、招投标、规范养护工程市场、施工管理、信息报送等方面,对交通主管部门、桥梁管养单位、养护工程施工单位提出了不同的要求。

5)技术档案管理

桥梁管养单位和监管单位应建立健全技术档案管理制度;对公路桥梁技术档案的五类资料(桥梁基础资料、桥梁管理资料、桥梁检查资料、养护维修资料、特殊情况资料)所包括的内容作了详细规定;提倡使用公路桥梁管理系统,实现电子化管理,特大型桥梁建立单独的档案管理系统和养护管理系统。

6)应急处置管理要求

提出了应急处置管理的有关内容和程序要求,明确了"条块结合、以块为主"的工作原则、交通主管部门及桥梁管养单位的工作职责及有关信息报送要求等。

7)加强行业监管

各级交通主管部门、公路管理机构应切实履行对公路桥梁养护的监督检查职责,并具体规定了监督检查的主要内容和对所发现问题的处理要求。

1.4.2 桥梁安全运行十项制度

交通运输部于2013年5月制定出台了《关于进一步加强公路桥梁养护管理的若干意

见》。主要是在总结梳理近年来相关法律法规和部颁布的桥梁养护管理等文件实施情况的基础上,按照新一届部党组部署和"落实安全责任,强化治超管理,贯彻规章制度,狠抓基层基础,加大投入力度,加强监督检查"的总体思路,对桥梁安全运行的相关制度和内容做了进一步深化和细化,并明确提出了桥梁安全运行十项制度。其总体框架如图1-4所示。

图1-4 桥梁安全运行十项制度总体框架图

注:1.参考交通运输部《关于进一步提升公路桥梁安全耐久水平的意见》的相关规定,细化公路桥梁养护预算定额,落实干线公路桥梁经常检查、日常保养和定期检查资金要求,将专项资金在现有基础上因地制宜、因桥制宜适当提高,每年每延米分别不低于80元、100元和150元,并根据桥梁具体技术状况专项安排特殊检查检测资金。

2.内容与公路桥梁养护管理工作制度框架中注一致,此处不再赘述。

"十项制度"主要内容如下：

(1)责任划分制度。

(2)信息公开制度。公路桥梁应统一设置桥梁信息公开牌，中桥及以上桥梁应做到"一桥一牌"。

(3)资金保障制度。对干线公路桥梁(特大、特殊结构和特别重要桥梁，按单座桥梁和养护作业类别分别安排专项养护管理资金)经常检查、小修保养和定期检查资金由相关工作责任单位统筹安排，资金总额每年每延米应分别不低于60元、80元和100元。

(4)养护工程师制度。省级交通运输主管部门应制定桥梁养护工程师管理办法，建设高素质、专业化桥梁养护工程师队伍，解决责权利不对等、待遇低难留人等问题。

(5)例行检查制度。

(6)分类处置制度。桥梁管养单位和监管单位应根据桥梁技术状况评定结果，分类采取不同的养护管理措施。

(7)技术档案管理制度。桥梁管养单位和监管单位应建立健全桥梁技术档案管理制度，大力推进公路桥梁信息化管理。加快实现省、地、县三级桥梁养护管理信息系统联网工作。

(8)年度报告制度。

(9)定期培训制度。

(10)挂牌督办制度。各级公路桥梁监管单位要在抽检和例行检查的基础上，根据桥梁安全隐患严重程度和管养状况，建立桥梁安全隐患分级挂牌督办制度。

1.4.3 《公路养护工程管理办法》的修订

为适应行业发展新趋势和解决管理实践中存在的问题，2018年3月，交通运输部修订颁布了《公路养护工程管理办法》(简称《办法》)。该《办法》的修订颁布，将全面指导公路养护工程管理工作，使之更加契合我国公路交通未来发展趋势、公路养护行业自身发展规律以及政府综合部门的管理要求，引领提升公路养护工程的科学化、规范化水平，促进现代公路养护管理模式逐步完善、管理流程不断优化、管理能力持续提升。

《办法》出台后，交通运输部将逐步修订与《办法》相互影响的制度规定和标准规范，做好衔接过渡，确保养护制度体系的一致性。

1)修订背景

(1)《办法》的修订是公路养护适应新形势的需要。

2001年，交通部颁布了规范性文件《公路养护工程管理办法》，对加强和规范养护工程管理，提高工程质量和投资效益发挥了重要作用。2011年7月，《公路安全保护条例》开始施行，对养护工程管理提出了新要求。随着经济社会快速发展、公路网规模迅速扩大、公众出行需求提升，公路养护工程的内涵和外延都发生了变化。加快构建现代公路养护体系，推行养护决策科学化、养护管理制度化、养护工程精准化、养护生产绿色化，既是公路养护事业的发展方向，也是公路交通转型升级、服务交通强国的必由之路，该《办法》需要按照形势要求和政策导向进行修订完善。

(2)《办法》的修订是加强公路养护管理政策指导的需要。

在加强公路养护预算管理方面，伴随财政零基预算改革的不断推进，科学规范地编制公路养护预算越来越重要，养护工程作为公路养护的重要构成，需要完善管理政策，加强政策指导。

在推进落实公路养护新理念方面,预防性养护、养护科学决策等先进理念逐步形成并广泛应用,亟须建立制度。此外,由于我国公路进入养护高峰期,应急处置需要更加及时,工程实施组织需要更加有序,才能减小对公众出行影响,因此有必要加强公路养护工程管理的政策指导。在公路养护工程分类管理方面,对养护工程按其工程性质、复杂程度、规模大小划分为小修保养、中修、大修和改建工程,但随着养护技术的不断进步,各地对养护工程性质、复杂程度、规模大小的理解出现差异,导致养护工程在实际管理中对应执行的要求也千差万别,影响了养护工程分类管理的针对性、及时性和有效性,亟须优化养护工程分类及其相关管理规则。

(3)《办法》的修订是搭建现代养护工程管理体系的需要。

结合养护实际、技术发展水平,将养护工程从前期准备到末端监督管理所涵盖的所有环节进行系统的梳理,以此为主线,搭建现代公路养护管理体系,使"点式管理"转变为"链条式管理",以提升养护工程管理的系统性、全面性和科学性。

(4)《办法》的修订优化了养护工程分类。《办法》修订时依据养护对象和工程性质进行优化,调整为预防养护、修复养护、专项养护、应急养护四类,并明确了公路改扩建执行公路建设管理的相关规定。一方面解决了公路养护工程管理分类缺项,未涵盖预防养护和应急养护的问题;另一方面解决了公路养护工程分类层次不清,原大修、中修、小修养护工程没有明确界限的问题,进一步适应了发展需要。

(5)《办法》的修订规范了养护工程实施流程。《办法》修订时提出实施养护工程的程序步骤,即前期决策、计划编制、工程设计、工程施工、工程验收,并对各项工作按照实施流程、层递关系和主次关系提出要求,提高了养护工程管理的针对性和可操作性。

(6)《办法》的修订推行了公路养护科学决策。《办法》修订时将养护科学决策纳入养护工程前期环节,以公路技术状况检测评定、养护需求分析、养护方案确定为基础,遵循全寿命周期综合效益最佳的理念,综合考虑技术、经济、安全、环保等因素,合理确定养护工程项目,为养护工程计划的编制提供科学依据。

(7)《办法》的修订强化了重要节点管理。《办法》修订时在前期阶段加强工程项目储备管理,在计划编制环节加强工程计划编制、审核和报备管理,在工程设计环节加强设计文件管理,在工程施工环节加强交通组织、施工质量和安全管理,在工程验收环节加强验收时限和步骤要求。

(8)《办法》的修订引领了公路养护的发展方向。《办法》修订时按照建设交通强国,公路率先转型升级发展的要求,结合五大发展理念,从专业化、绿色化、智能化等方面,提出公路养护工程管理措施要求,引领公路养护发展方向。

2)《办法》内容

第一章 总 则

第一条 为加强和规范公路养护工程管理,提高养护质量与效益,根据《中华人民共和国公路法》《公路安全保护条例》《收费公路管理条例》等法律、行政法规,制定本办法。

第二条 本办法所规定的公路养护工程是指在一段时间内集中实施并按照项目进行管理的公路养护作业,不包括日常养护和公路改扩建工作。

第三条 本办法适用于国道、省道的养护工程管理工作。县道、乡道、村道和专用公路的养护工程管理可参照执行。

第四条 养护工程应当遵循决策科学、管理规范、技术先进、优质高效、绿色安全的原则。

第五条 养护工程管理工作实行统一领导、分级负责。

交通运输部负责全国养护工程管理工作的指导和监督。

地方各级交通运输主管部门或公路管理机构，依据省级人民政府确定的对国道和省道的管理职责，主管本行政区域内的养护工程管理工作。

第六条 公路经营管理单位和从事公路养护作业的单位应当根据交通运输主管部门或公路管理机构提出的养护管理目标，按照标准规范、有关规定及本办法要求组织实施养护工程，并接受其指导和监督。

第七条 各级交通运输主管部门、公路管理机构和公路经营管理单位应当筹措必要的资金用于养护工程，确保公路保持良好技术状况。

非收费公路养护工程资金以财政保障为主，主要通过各级财政资金解决。收费公路养护工程资金主要从车辆通行费中解决。

第八条 养护工程资金使用范围包括公路技术状况检测与评定、养护决策咨询、养护设计、养护施工、工程管理及质量控制、工程验收、项目后评估、监理咨询等。

任何单位和个人不得截留、挤占或者挪用养护工程资金。

第九条 各级交通运输主管部门、公路管理机构和公路经营管理单位应加强信息技术在养护工程中的应用。

第二章 养护工程分类

第十条 养护工程按照养护目的和养护对象，分为预防养护、修复养护、专项养护和应急养护。

第十一条 预防养护是指公路整体性能良好但有轻微病害，为延缓性能过快衰减、延长使用寿命而预先采取的主动防护工程。

第十二条 修复养护是指公路出现明显病害或部分丧失服务功能，为恢复技术状况而进行的功能性、结构性修复或定期更换，包括大修、中修、小修。

第十三条 专项养护是指为恢复、保持或提升公路服务功能而集中实施的完善增设、加固改造、拆除重建、灾后恢复等工程。

第十四条 应急养护是指在突发情况下造成公路损毁、中断、产生重大安全隐患等，为较快恢复公路安全通行能力而实施的应急性抢通、保通、抢修。

第十五条 组织实施各类养护工程所涉及的技术服务与工程施工等相关作业，应当依照有关法律、法规、规定，通过公开招标投标、政府采购等方式选择具备相应技术能力和资格条件的单位承担。

应急养护，可以根据应急处置工作需要，直接委托具备相应能力的专业队伍实施。

第十六条 养护工程应当按照前期工作、计划编制、工程设计、工程施工、工程验收等程序组织实施。应急养护除外。

第三章 前期工作

第十七条 公路管理机构或公路经营管理单位应当结合安全运行状况，按照公路技术状况评定、养护需求分析、养护技术方案确定等工作流程进行前期决策,并作为制定养护计划的依据。

第十八条 公路管理机构或公路经营管理单位应当按照标准规范规定的检测指标和频率,定期组织对公路路基、路面、桥梁、隧道、附属设施等进行检测和评定。

鼓励运用自动化快速检测技术开展检测工作。

第十九条 养护需求分析应当根据检测和评定数据,按照相关标准规范、国家或者本地区养护规划,科学设定养护目标,合理筛选需要实施的养护工程。

第二十条 公路管理机构或公路经营管理单位对于需要实施养护工程的路段、构造物或者附属设施等,应当及时开展专项调查,根据公路技术状况、病害情况、发展趋势,综合考虑技术、经济、安全、环保等因素,合理确定养护技术方案。

第二十一条 公路管理机构或公路经营管理单位应当建立养护工程项目库。项目库按照滚动方式实施动态调整,每年定期更新。

第四章 计划编制

第二十二条 地方各级交通运输主管部门、公路管理机构或公路经营管理单位应当根据年度养护资金规模、养护目标要求、项目库的储备更新情况,合理编制养护工程年度计划。

第二十三条 养护工程计划编制应当优先安排以下项目:
(一)严重影响公众安全通行的;
(二)具有重大政治、经济意义的;
(三)技术状况差、明显影响公路整体服务水平的;
(四)预防养护项目。

第二十四条 养护工程计划应当统筹安排,避免集中养护作业造成交通拥堵。省际间养护作业应当做好沟通衔接。

第二十五条 地方各级交通运输主管部门、公路管理机构或公路经营管理单位应当加强养护工程计划的编制、审核和报备工作。

第二十六条 养护工程计划应当及时下达,与养护施工的最佳时间相匹配,保障工程实施效益。

第五章 工程设计

第二十七条 养护工程一般采用一阶段施工图设计。技术特别复杂的,可以采用技术设计和施工图设计两阶段设计。

应急养护和技术简单的养护工程可以按照技术方案组织实施。

第二十八条 养护工程设计应当遵循以下要求:
(一)因地制宜、就地取材、循环利用、绿色环保;
(二)针对不同病害的分布特点进行分段、分类设计;
(三)做好交通保障方案设计,降低养护工程施工对交通影响,保障运行安全;
(四)做好养护安全作业方案设计,保障养护作业安全;
(五)做好配套附属设施的设计。

第二十九条 养护工程设计应当以专项检测或评估为依据,加强结构物承载力和旧路性能评价,强化对显性、隐性病害的诊断分析。

第三十条 养护工程设计文件应当符合法律、法规和强制性标准的要求。

第三十一条 养护工程设计文件应当对施工工艺和验收标准进行详细说明。

鼓励养护工程采用新技术、新材料、新工艺、新设备。对涉及工程质量和安全的新技术、新材料、新工艺、新设备,尚无相关标准可参照的,应当经过试验论证审查后方可规模化使用。

第三十二条 设计单位应当保证养护工程设计文件质量,做好设计交底,及时解决施工中出现的设计问题,并对设计质量负责。

第三十三条 养护工程设计实行动态设计。设计单位应当及时跟踪公路病害发展情况,并根据需要进行设计变更。

第三十四条 养护工程设计文件应当通过审查或审批后方可使用。

第六章 工程施工

第三十五条 养护工程施工前,公路管理机构或公路经营管理单位应当根据设计文件和相关要求,组织对交通保障、养护安全作业方案进行审查,并按规定报有关部门批准。

第三十六条 养护工程施工时,公路管理机构、公路经营管理单位、养护施工单位应当建立、健全养护工程质量检查管理制度,通过抽查、委托专业机构检查、自查等方式确保养护工程质量。

规模较大和技术复杂的养护工程可以根据需要开展监理咨询服务。

第三十七条 养护工程应当按照审查通过的设计文件进行施工,对施工中发现的设计问题,应当书面提出设计变更建议。一般设计变更经公路管理机构或公路经营管理单位同意后实施,重大设计变更须经原设计审查或审批单位同意后实施。

第三十八条 养护工程施工应当严格执行有关技术规范和操作规程,保证安全。

除应急养护外,养护工程施工应当选择交通流量较小的时段,并按照有关规定向社会公告。

鼓励提前将养护施工信息告知相关公路电子导航服务企业,为社会公众出行做好服务。

第三十九条 养护工程应当加强成本控制和管理。项目完工后,按照有关规定及时进行财务决算。

第七章 工程验收

第四十条 养护工程具备验收条件后应当及时组织验收。具体验收办法由各省级交通运输主管部门制定。

第四十一条 技术复杂程度高或投资规模较大的养护工程按交工验收和竣工验收两阶段执行,其他一般养护工程按一阶段验收执行。

第四十二条 适用于一阶段验收的养护工程项目一般在工程完工交付使用后6个月之内完成验收;适用于两阶段验收的养护工程项目,在工程完工后应当及时组织交工验收,一般在养护工程质量缺陷责任期满后12个月之内完成竣工验收。

养护工程质量缺陷责任期一般为6个月,最长不超过12个月。

养护工程验收及质量缺陷责任期具体时限应当在养护合同中约定,并符合有关要求。

第四十三条 养护工程完工后未通过验收的,由施工单位承担养护责任,超出验收时限无正当理由未验收的除外。验收不合格的,由施工单位负责返修。

在质量缺陷责任期内,发生施工质量问题的,施工单位应当履行保修义务,并对造成的损失承担赔偿责任。

第四十四条 公路养护工程验收依据主要包括:

(一)养护工程计划文件;

(二)养护工程合同;

(三)设计文件及图纸;

(四)变更设计文件及图纸;

(五)行政主管部门的有关批复文件;

(六)养护工程有关标准、规范及规定。

第四十五条 养护工程验收应当具备下列条件:

(一)完成设计文件和合同约定的各项内容;

(二)完成全部技术档案和施工管理资料整理归档;

(三)施工单位按相关标准、规范和规定对工程质量自检合格;

(四)工程质量缺陷问题已整改完毕;

(五)参与养护工程的相关单位完成工作总结报告;

(六)开展了监理咨询的,监理单位对工程质量评定为合格;

(七)按规定需进行专业检测的,检测机构对工程质量鉴定完毕并出具检测报告;

(八)完成财务决算;

(九)法律、法规、规章规定的其他条件。

第四十六条 公路养护工程通过验收后,验收结果应当及时向交通运输主管部门报告。

第八章 监督检查

第四十七条 各级交通运输主管部门和公路管理机构应当依据职责采取定期检查或抽查等方式,加强养护工程监督检查并督促及时整改。

公路养护作业单位应当接受相关管理部门和机构的监督检查。

第四十八条 养护工程监督检查主要包括以下内容:

(一)养护工程相关法规、制度和标准、规范的执行情况;

(二)养护工程前期、计划、设计、施工、验收等环节工作规范化情况;

(三)养护工程质量和安全;

(四)养护工程资金使用情况;

(五)其他要求的相关事项。

第四十九条 省级交通运输主管部门应当结合本地区实际情况分类细化养护工程管理要求,加强质量监督管理。

第五十条 各级交通运输主管部门应当加强对公路养护从业单位及人员的管理,逐步推行信用管理。

第九章 附 则

第五十一条 日常养护工作由各省级交通运输主管部门自行制定相关管理办法。公路改扩建工作,执行公路建设管理的相关规定。

第五十二条 公路养护工程分类细目附后,具体内容可由省级交通运输主管部门结合管理需要细化。

第五十三条 省级交通运输主管部门可根据本办法制定实施办法。

第五十四条 本办法自2018年6月1日起施行,有效期5年。原交通部发布的《公路养护工程管理办法》(交公路发〔2001〕327号)同时废止。

3)公路养护工程分类细目(表1-2)

公路养护工程分类细目　　　　　表1-2

类别	定义	具体作业内容
预防养护	公路整体性能良好但有轻微病害,为延缓性能过快衰减、延长使用寿命而预先采取的主动防护工程	**路基** (1)增设或完善路基防护,如柔性防护网、生态防护、网格防护等; (2)增设或完善排水系统,如边沟、截水沟、排水沟、拦水带、泄水槽等; (3)集中清理路基两侧山体危石等; (4)其他 **路面** (1)针对整段沥青路面面层轻微病害采取的防损、防水、抗滑、抗老化等表面处治; (2)整段水泥混凝土路面防滑处治、防剥落表面处理、板底脱空处治、接缝材料集中清理更换等; (3)其他 **桥梁涵洞** (1)桥梁涵洞周期性预防处治,如防腐、防锈、防侵蚀处理等; (2)桥梁构件的集中维护或更换,如伸缩缝、支座等; (3)其他 **隧道** (1)隧道周期性预防处治,如防腐、防侵蚀处理、防火阻燃处理等; (2)针对隧道渗水、剥落等的预防处治; (3)其他
修复养护	公路出现明显病害或部分丧失服务功能,为恢复技术状况而进行的功能性、结构性修复或定期更换工程	**路基** (1)处治路堤路床病害,如沉降、桥头跳车、翻浆、开裂滑移等; (2)增设或修复支挡结构物,如挡土墙、抗滑桩等; (3)维修加固失稳边坡; (4)集中更换安装路缘石、硬化路肩、修复排水设施等; (5)局部路基加高、加宽、裁弯取直等; (6)防雪、防石、防风沙设施的修复养护等; (7)其他 **路面** (1)改善沥青路面结构强度,如直接加铺、铣刨加铺、翻修加铺或其他各类集中修复等; (2)水泥路面结构形式改造、破碎板或其他路面病害修复等; (3)整路段砂石、块石、条石路面的结构修复及改善等; (4)配套路面修复完善相关附属设施,如调整标志标线、护栏、路缘石、路口及分隔带开口等; (5)其他 **桥梁涵洞** (1)桥梁涵洞加固、病害修复,如墩台(基础)、锥坡翼墙、护栏、拉索、调治结构物、径流系统等的维修完善; (2)桥梁加宽、加高、重建、增设、接长涵洞等; (3)其他

续上表

类别	定义	具体作业内容
修复养护	公路出现明显病害或部分丧失服务功能,为恢复技术状况而进行的功能性、结构性修复或定期更换工程	隧道 (1)对隧道结构加固、病害修复,如洞门、衬砌、顶板、斜井、侧墙等的修复; (2)其他 机电 (1)对通信、监控、通风、照明、消防、收费、供配电设施、健康监测系统等进行增设、维修或更新; (2)其他 交安设施 (1)集中更换或新设标志标牌、防眩板、隔音屏、隔离栅、中央活动门、限高架等; (2)整段路面标线的施划; (3)集中维修、更换或新设公路护栏、警示桩、道口桩、减速带等; (4)其他
专项养护	为恢复、保持或提升公路服务功能而集中实施的完善增设、加固改造或拆除重建等工程	针对阶段性重点工作实施的专项公路养护治理项目
应急养护	在突发情况下造成公路损毁、中断、产生重大安全隐患等,为较快恢复公路安全通行能力而实施的应急性抢通、保通、抢修	(1)对自然灾害或其他突发事件造成的障碍物的清理; (2)公路突发损毁的抢通、保通、抢修; (3)突发的经判定可能危及公路通行安全的重大风险的处治

注:1. 修复工程大修、中修、小修由各地结合自身管理需要,按照项目规模自行划分。
    2. 专项养护具体作业内容由各省结合阶段性重点工作自行确定,如灾害防治工程、灾毁修复工程、畅安舒美创建工程等。

1.4.4 公路桥梁安全耐久水平提升

为深入贯彻落实党中央、国务院决策部署,实现更高质量、更有效率、更加公平、更可持续、更为安全的发展,加快建设交通强国,进一步提升公路桥梁安全耐久水平,交通运输部于2020年12月25日,印发了《关于进一步提升公路桥梁安全耐久水平的意见》,全文如下:

一、总体要求

(一)指导思想。

以习近平新时代中国特色社会主义思想为指导,认真落实党的十九大和十九届二中、三中、四中、五中全会精神,全面贯彻新发展理念,构建新发展格局,坚持以人民为中心的发展思想,以推动高质量发展为主题,以深化供给侧结构性改革为主线,坚持标准规范,落实管理责任,牢牢守住发展安全底线,着力"抓建设、重管养、防风险、优治理、促创新、强保障",不断提升我国公路桥梁安全耐久水平,为加快建设交通强国提供有力支撑。

(二)基本原则。

——安全第一、质量第一。始终坚持生命至上、安全第一、质量第一的理念,把安全质量贯穿于公路桥梁规划、勘察、设计、建造、养护、管理、保护的全生命周期,确保质量优良、管养规范、安全耐久。

——目标导向、系统治理。把提升公路桥梁安全耐久水平作为系统工程,近期突出重点补齐短板,健全工作机制,着力防范化解公路桥梁运行重大安全风险;远期立足长远健全体系,完善安全风险防控和长效运行机制,推动公路桥梁高质量发展。

——分级管理、协调联动。推动落实地方各级政府的属地责任,切实加大公共财政的投入保障力度。完善多部门安全保护联动机制,健全交通运输部门统一管理、责权明晰的分级监管机制,落实社会管理协调机制,严格落实公路桥梁运行管理单位主体责任。

——科技引领、创新发展。加强公路桥梁基础理论研究,提升勘察设计理念,完善创新发展体系,重点突破桥梁现代工程关键技术,加快推动新一代信息技术与公路桥梁的深度融合,持续提升公路桥梁系统韧性和服役性能。

(三)工作目标。

到2025年,通过开展危旧桥梁改造行动,提升桥梁安全耐久水平,基本完成2020年底存量四、五类桥梁改造,对部分老旧桥梁实施改造,国省干线公路新发现四、五类桥梁处治率100%,实现全国高速公路一、二类桥梁比例达95%以上,普通国省干线公路一、二类桥梁比例达90%以上,跨江跨海跨峡谷等特殊桥梁结构健康监测系统全面建立,公路桥梁运行安全水平和服务品质明显提升。

到2035年,公路桥梁建设养护管理水平进入世界前列,公路桥梁结构健康监测系统全面建立,安全风险防控体系基本完善,创新发展水平明显提高,标准化、智能化水平全面提升,平均服役寿命明显延长,基本实现并不断完善管理体系和管理能力现代化。

二、着力提高公路桥梁建设质量

(四)提高规划勘察设计质量。坚持规划引领,科学谋划。坚持桥梁全生命周期勘察设计理念,推动公路桥梁勘察方法与设计理论创新。坚持安全、耐久、适用、经济、美观的原则,因地制宜选择桥型,合理确定桥梁跨径和结构方案。加强结构性能、功能和安全可靠性设计,注重桥梁防灾减灾设计,提高桥梁结构安全冗余。全面提升公路桥梁数字化、智能化勘察设计水平,加大建筑信息模型技术应用,推广应用钢结构桥梁,促进高性能材料、高品质制品推广使用。

(五)加强工程建造质量安全。保障合理工期,加强工程质量安全监管,强化建造过程在线监测,推行桥梁质量安全管理信息化。严控建材质量,重点加强影响结构强度和耐久性的钢材、水泥、砂石等原材料进场检验。优化施工工艺,提升技术和装备水平,加强技术人才培养和施工人员培训。完善标准化建造体系,推行精品建造,实现精细化管理、工厂化制造、装配化施工、信息化控制,打造平安百年品质工程。

(六)实行质量终身负责制。健全完善分级负责的质量管理体系,实行公路桥梁建设单位及勘察、设计、施工、监理、第三方质量检测终身负责制,落实质量安全追溯和责任终身追究制。探索建立桥梁建设质量后评估机制,逐步建立桥梁安全耐久水平全生命周期评价机制。

三、着力提升公路桥梁管养水平

(七)完善管养责任体系。推动建立健全"政府主导、行业监管、部门协同、运行单位负责"的公路桥梁管养责任体系。推动地方各级人民政府分级落实属地责任,并将桥梁运行安全纳入安全生产考核目标。各级交通运输主管部门负责行业监管,对公路桥梁运行管理单位和下级交通运输主管部门履责情况进行监督指导。积极协调相关部门按法定职责协同开展公路桥梁安全保护。公路桥梁运行管理单位承担运行安全主体责任,组织开展运行安全风险防控和隐患治理,保障桥梁安全运行。

(八)分类落实管养资金。省级交通运输主管部门要督促收费公路运营管理单位从车辆通行费收入中列支桥梁管理养护资金;积极协调有关部门在确保成品油消费税转移支付资金按规定投入的基础上,根据普通公路桥梁管理养护需要加大投入保障。农村公路桥梁管理养护资金按照《国务院办公厅关于深化农村公路管理养护体制改革的意见》(国办发〔2019〕45号)统筹安排。部通过车购税资金等现有资金渠道对普通公路危旧桥梁改造给予支持。

(九)提高养护资金标准。各地要细化公路桥梁养护预算定额,落实干线公路桥梁经常检查、日常保养和定期检查资金要求,原则上在现有基础上因地制宜、因桥制宜适当提高,每年每延米分别不低于80元、100元和150元,并根据桥梁具体技术状况专项安排特殊检查检测资金。进一步完善农村公路桥梁养护资金动态调整机制。加强资金使用全过程绩效管理。

(十)提升预防性养护水平。贯彻全生命周期理念,建立桥梁运营期预防性养护机制,加强桥梁支座、伸缩缝、缆索防护、阻尼减振等桥梁制品的预防性养护,实施特殊环境作用下桥梁耐久性提升,注重轻微病害的早期处治,强化桥梁保养标准化和常态化,防范四、五类桥梁发生,延长使用寿命。

(十一)强化养护工程管理。完善桥梁养护工程管理制度,健全养护工程咨询、决策、设计、施工、验收和后评价机制,加强养护工程实施监督管理,提升养护工程实施效果和质量。

(十二)推进养护市场化改革。提高桥梁定期检查、特殊检查和加固改造等市场化配置效率,激发市场活力。鼓励以公开招投标、政府购买服务等方式引入专业化养护单位,提高桥梁管护专业化水平。鼓励专业化养护企业做大做强,跨区域长期限承担公路桥梁周期性管护任务。加快构建以信用为基础的新型监管机制,推进公路桥梁养护市场信用分级分类监管,引导专业化企业提高服务品质,激发市场活力。

四、着力完善公路桥梁安全风险防控体系

(十三)完善安全风险识别制度。完善桥梁检查类别和频率规定,重要桥梁单独制定检查制度,强化安全风险辨识和评估。加强桥梁例行检查、专项检查,及时开展特殊检查,健全桥梁安全分级监管机制,完善桥梁信息分级报送机制。

(十四)加强桥梁结构健康监测。健全完善公路桥梁基础数据库,完善、更新桥梁档案,落实分级建设、全面完整、规范管理、动态更新工作要求。统一数据标准和接口标准,推进数字化、信息化、智能化,2025年底前实现跨江跨海跨峡谷等特殊桥梁结构健康监测系统全面覆盖。依托监测系统开展日常管理,健全完善长期运行机制,不断拓展系统功能,持续建设覆盖重要公路桥梁的技术先进、经济适用、精准预警的监测体系,进一步提升监测系统的实效性、可靠性和耐久性。

(十五)加强分级分类处置。根据检查监测情况,及时采取预防性养护、维修加固、拆除重建等分级分类处置措施。"十四五"期集中开展全国公路危旧桥梁改造专项行动,切实化解重大安全风险,确保桥梁安全运行。

(十六)提升应急处置能力。完善公路应急处置预案体系,及时有效处置公路桥梁突发事件。跨江跨海跨峡谷等特殊桥梁按照"一桥一策"完善应急处置预案,并纳入属地应急预案体系。加强桥梁应急抢险装备物资配备及队伍建设,定期开展应急演练,强化应急保障关键技术研发应用。

五、着力强化公路桥梁安全保护

（十七）完善公路桥梁法规标准。研究制定公路桥梁安全保护管理办法。深化大跨公路桥梁风致振动振幅、大跨桥梁体系可靠度、桥梁使用年限和冗余性等关键指标研究，加强桥梁结构安全、标准化设计、装配化施工、耐久性提升、预防性养护、应急保通、健康监测等重点领域技术标准供给。抓紧推进标准规范制修订工作，注重技术标准统筹协调和与时俱进。

（十八）严格车辆超限超载治理。深入推进交通运输和公安部门治理车辆超限超载联合执法。规范完善公路桥梁限载标志设置。加强重点线路、桥梁超限检测站点布设，有条件的地区可在重要节点位置设置具备不停车称重检测、视频监控和自动抓拍等功能的技术监控设施（备），强化路面管控。推动重点货物装载源头单位落实合法装载主体责任，在地方政府统一领导下，强化对货物装载源头的行业监管。

（十九）加强公路桥梁区域保护执法。会同有关部门共同加强公路桥梁桥下空间动态监管，实行封闭管理或者保护性利用管理；规范公路桥梁管理措施，严禁利用桥梁梁体及墩柱、桥台铺设输送易燃易爆、有毒有害气（液）体的管道；严格公路桥梁跨越的河道上下游管理，加大对公路桥梁周围违法采砂、取弃土、爆破等危及桥梁安全行为的打击力度，加大公路桥梁周边地质灾害防治；建立桥区水域安全风险评估和处置联动机制，提高桥区水域安全通行能力。

六、着力提升创新发展能力

（二十）创新发展桥梁工程技术。加强桥梁工程基础理论研究，完善我国桥梁建设养护理论体系。建设全国范围桥梁长期性能观测网，将桥梁例行检查、专项检查与实时监测相结合，开展桥梁服役状态监测分析，开展桥梁设计、施工、检测、监测等领域关键核心技术和装备攻关。加强桥梁结构状况评估、预防性养护、维修加固方法和技术研究，开展桥梁承载能力快速、智能评估技术研究。

（二十一）加快智能公路桥梁发展。加快推动大数据、云计算、物联网、人工智能、北斗导航等新技术与公路建管养深度融合，全面开展公路桥梁智能装备、智能建造、智能检测、智能诊断、智能预警、智能养护研究和推广应用，发挥重大工程科技示范与带动作用，在高性能材料、应用软件、智能装备等方面取得新的突破。

（二十二）完善创新发展体系。加快推进公路桥梁国家级科研平台建设，构建由行业重点实验室、行业研发中心、行业协同创新平台、高新技术企业等组成的"产学研用"有机融合的创新发展机制。加强关键核心技术知识产权创造、保护与应用，积极推动科技成果转化。

（二十三）加强桥梁领域国际合作。提升公路桥梁建设、养护、智能化等方面国际合作的深度和广度，相互交流，相互借鉴，拓展国际合作渠道，选派专家积极参与桥梁国际组织事务框架下规则、标准制定修订，共同推进桥梁高质量发展，提供更多的中国方案。

七、保障措施

（二十四）加强组织领导。各省级交通运输主管部门要高度重视提升公路桥梁安全耐久工作，结合本地实际研究提出具体实施方案，在完善机制、安全保护、资金投入、技术研发等方面加大推进和保障力度。

（二十五）加强队伍建设。加强公路桥梁基础理论、设计检测、施工建造、装备制造等领域专家和一线人才培养,建设适应公路桥梁安全耐久需要的高水平专家团队和专业技术人才队伍。依托高等院校、科研机构、智库单位和重点科研平台,加强交叉学科建设和学术研究,引进高层次人才,打造素质一流、梯次配备的骨干团队。

(二十六)加强宣传推广。结合科普基地,建设一批公路桥梁博物馆,加强桥梁使用知识宣传,弘扬桥梁美学。深入挖掘中华桥梁文化,鼓励现代桥梁设计传承创新,延续桥梁文脉。积极拓展桥梁文化宣传形式,加强桥梁建设养护管理的文学、文艺、影视等作品创作、征集和传播活动,讲好中国桥梁故事。

(二十七)加强督促落实。部对本意见实施情况进行跟踪,适时组织开展督导评价,强化动态跟踪和工作指导。各省级交通运输主管部门要分类分级加快建立督促评估办法,完善社会监督机制,鼓励公众积极参与,共同提升我国公路桥梁安全耐久水平。

1.4.5 《超限运输车辆行驶公路管理规定》的修改完善

2000年,交通部《超限运输车辆行驶公路管理规定》(2000年第2号令,简称2号令)对大型物件运输提出了具体的要求,我国超限运输车辆通行管理和治理违法超限运输工作由无序、间断、不规范状态,逐渐步入正规化、规范化的轨道。但随着运输需求的增多,超限运输审批的局限性、不便民等问题日益凸显,无法满足新时期的运输要求。

自2004年九部委开展联合治超以来,全国货车严重超限超载运输蔓延的势头得到了有效遏制,但随着治超工作的深入,原规章存在的缺陷及不足逐步显现出来,如执行标准不一、处罚裁量权过大等问题。此外,通过多年来对超限超载治理,交通运输部制定并下发了一系列的规范性文件,已有一些在实践中证明行之有效,有必要上升到规章的层次予以固化,这也符合依法治国的要求。基于以上几方面的考虑,交通运输部在总结多年治超工作经验的基础上,结合新形势、新需求以及上位法规定,对《超限运输车辆行驶公路管理规定》进行全面修订。

2016年9月21日起施行的《超限运输车辆行驶公路管理规定》共分五章,共五十五条,分别是总则、大件运输许可管理、违法超限运输管理、法律责任和附则。与原2号令相比,修订的主要内容包括:统一了超限认定标准,优化了大件运输许可流程,加强了对大件运输车辆行驶公路的管理,规范了对违法超限运输行为的处罚等等。

2021年8月11日,交通运输部印发了《交通运输部关于修改〈超限运输车辆行驶公路管理规定〉的决定》,对《超限运输车辆行驶公路管理规定》(交通运输部令2016年第62号)作如下修改:

一、删去第三十九条第二款中的"经确认后可以作为行政处罚的证据"。

二、将第五十条修改为:"违法行为地或者车籍所在地公路管理机构可以依照相关法律行政法规的规定利用技术监控设备记录资料,对违法超限运输车辆依法给予处罚,并提供适当方式,供社会公众查询违法超限运输记录。"进一步完善了《超限运输车辆行驶公路管理规定》。

本节节选条款如下:

第一章 总 则

第一条 为加强超限运输车辆行驶公路管理,保障公路设施和人民生命财产安全,根据《公路法》《公路安全保护条例》等法律、行政法规,制定本规定。

第二条 超限运输车辆通过公路进行货物运输,应当遵守本规定。

第三条 本规定所称超限运输车辆,是指有下列情形之一的货物运输车辆:

(一)车货总高度从地面算起超过 4 米;

(二)车货总宽度超过 2.55 米;

(三)车货总长度超过 18.1 米;

(四)二轴货车,其车货总质量超过 18000 千克;

(五)三轴货车,其车货总质量超过 25000 千克;三轴汽车列车,其车货总质量超过 27000 千克;

(六)四轴货车,其车货总质量超过 31000 千克;四轴汽车列车,其车货总质量超过 36000 千克;

(七)五轴汽车列车,其车货总质量超过 43000 千克;

(八)六轴及六轴以上汽车列车,其车货总质量超过 49000 千克,其中牵引车驱动轴为单轴的,其车货总质量超过 46000 千克。

前款规定的限定标准的认定,还应当遵守下列要求:

(一)二轴组按照二个轴计算,三轴组按照三个轴计算;

(二)除驱动轴外,二轴组、三轴组以及半挂车和全挂车的车轴每侧轮胎按照双轮胎计算,若每轴每侧轮胎为单轮胎,限定标准减少 3000 千克,但安装符合国家有关标准的加宽轮胎的除外;

(三)车辆最大允许总质量不应超过各车轴最大允许轴荷之和;

(四)拖拉机、农用车、低速货车,以行驶证核定的总质量为限定标准;

(五)符合《汽车、挂车及汽车列车外廓尺寸、轴荷及质量限值》(GB 1589)规定的冷藏车、汽车列车、安装空气悬架的车辆,以及专用作业车,不认定为超限运输车辆。

第四条 交通运输部负责全国超限运输车辆行驶公路的管理工作。

县级以上地方人民政府交通运输主管部门负责本行政区域内超限运输车辆行驶公路的管理工作。

公路管理机构具体承担超限运输车辆行驶公路的监督管理。

县级以上人民政府相关主管部门按照职责分工,依法负责或者参与、配合超限运输车辆行驶公路的监督管理。交通运输主管部门应当在本级人民政府统一领导下,与相关主管部门建立治理超限运输联动工作机制。

第五条 各级交通运输主管部门应当组织公路管理机构、道路运输管理机构建立相关管理信息系统,推行车辆超限管理信息系统、道路运政管理信息系统联网,实现数据交换与共享。

第二章 大件运输许可管理

第六条 载运不可解体物品的超限运输(以下称大件运输)车辆,应当依法办理有关许可手续,采取有效措施后,按照指定的时间、路线、速度行驶公路。未经许可,不得擅自行驶公路。

第七条 大件运输的托运人应当委托具有大型物件运输经营资质的道路运输经营者承运,并在运单上如实填写托运货物的名称、规格、重量等相关信息。

第八条 大件运输车辆行驶公路前,承运人应当按下列规定向公路管理机构申请公路超限运输许可：

（一）跨省、自治区、直辖市进行运输的，向起运地省级公路管理机构递交申请书，申请机关需要列明超限运输途经公路沿线各省级公路管理机构，由起运地省级公路管理机构统一受理并组织协调沿线各省级公路管理机构联合审批，必要时可由交通运输部统一组织协调处理；

（二）在省、自治区范围内跨设区的市进行运输，或者在直辖市范围内跨区、县进行运输的，向该省级公路管理机构提出申请，由其受理并审批；

（三）在设区的市范围内跨区、县进行运输的，向该市级公路管理机构提出申请，由其受理并审批；

（四）在区、县范围内进行运输的，向该县级公路管理机构提出申请，由其受理并审批。

第九条 各级交通运输主管部门、公路管理机构应当利用信息化手段，建立公路超限运输许可管理平台，实行网上办理许可手续，并及时公开相关信息。

第十条 申请公路超限运输许可的，承运人应当提交下列材料：

（一）公路超限运输申请表，主要内容包括货物的名称、外廓尺寸和质量，车辆的厂牌型号、整备质量、轴数、轴距和轮胎数，载货时车货总体的外廓尺寸、总质量、各车轴轴荷，拟运输的起讫点、通行路线和行驶时间；

（二）承运人的道路运输经营许可证，经办人的身份证件和授权委托书；

（三）车辆行驶证或者临时行驶车号牌。

车货总高度从地面算起超过4.5米，或者总宽度超过3.75米，或者总长度超过28米，或者总质量超过100000千克，以及其他可能严重影响公路完好、安全、畅通情形的，还应当提交记录载货时车货总体外廓尺寸信息的轮廓图和护送方案。

护送方案应当包含护送车辆配置方案、护送人员配备方案、护送路线情况说明、护送操作细则、异常情况处理等相关内容。

第十一条 承运人提出的公路超限运输许可申请有下列情形之一的，公路管理机构不予受理：

（一）货物属于可分载物品的；

（二）承运人所持有的道路运输经营许可证记载的经营资质不包括大件运输的；

（三）承运人被依法限制申请公路超限运输许可未满限制期限的；

（四）法律、行政法规规定的其他情形。

载运单个不可解体物品的大件运输车辆，在不改变原超限情形的前提下，加装多个品种相同的不可解体物品的，视为载运不可解体物品。

第十二条 公路管理机构受理公路超限运输许可申请后，应当对承运人提交的申请材料进行审查。属于第十条第二款规定情形的，公路管理机构应当对车货总体外廓尺寸、总质量、轴荷等数据和护送方案进行核查，并征求同级公安机关交通管理部门意见。

属于统一受理、集中办理跨省、自治区、直辖市进行运输的，由起运地省级公路管理机构负责审查。

第十三条 公路管理机构审批公路超限运输申请，应当根据实际情况组织人员勘测通行路线。需要采取加固、改造措施的，承运人应当按照规定要求采取有效的加固、改造措施。公路管理机构应当对承运人提出的加固、改造措施方案进行审查，并组织验收。

承运人不具备加固、改造措施的条件和能力的,可以通过签订协议的方式,委托公路管理机构制定相应的加固、改造方案,由公路管理机构进行加固、改造,或者由公路管理机构通过市场化方式选择具有相应资质的单位进行加固、改造。

采取加固、改造措施所需的费用由承运人承担。相关收费标准应当公开、透明。

第十四条 采取加固、改造措施应当满足公路设施安全需要,并遵循下列原则:

(一)优先采取临时措施,便于实施、拆除和可回收利用;

(二)采取永久性或者半永久性措施的,可以考虑与公路设施的技术改造同步实施;

(三)对公路设施采取加固、改造措施仍无法满足大件运输车辆通行的,可以考虑采取修建临时便桥或者便道的改造措施;

(四)有多条路线可供选择的,优先选取桥梁技术状况评定等级高和采取加固、改造措施所需费用低的路线通行;

(五)同一时期,不同的超限运输申请,涉及对同一公路设施采取加固、改造措施的,由各承运人按照公平、自愿的原则分担有关费用。

第十五条 公路管理机构应当在下列期限内作出行政许可决定:

(一)车货总高度从地面算起未超过4.2米、总宽度未超过3米、总长度未超过20米且车货总质量、轴荷未超过本规定第三条、第十七条规定标准的,自受理申请之日起2个工作日内作出,属于统一受理、集中办理跨省、自治区、直辖市大件运输的,办理的时间最长不得超过5个工作日;

(二)车货总高度从地面算起未超过4.5米、总宽度未超过3.75米、总长度未超过28米且总质量未超过100000千克的,属于本辖区内大件运输的,自受理申请之日起5个工作日内作出,属于统一受理、集中办理跨省、自治区、直辖市大件运输的,办理的时间最长不得超过10个工作日;

(三)车货总高度从地面算起超过4.5米,或者总宽度超过3.75米,或者总长度超过28米,或者总质量超过100000千克的,属于本辖区内大件运输的,自受理申请之日起15个工作日内作出,属于统一受理、集中办理跨省、自治区、直辖市大件运输的,办理的时间最长不得超过20个工作日。

采取加固、改造措施所需时间不计算在前款规定的期限内。

第十六条 受理跨省、自治区、直辖市公路超限运输申请后,起运地省级公路管理机构应当在2个工作日内向途经公路沿线各省级公路管理机构转送其受理的申请资料。

属于第十五条第一款第二项规定的情形的,途经公路沿线各省级公路管理机构应当在收到转送的申请材料起5个工作日内作出行政许可决定;属于第十五条第一款第三项规定的情形的,应当在收到转送的申请材料起15个工作日内作出行政许可决定,并向起运地省级公路管理机构反馈。需要采取加固、改造措施的,由相关省级公路管理机构按照本规定第十三条执行;上下游省、自治区、直辖市范围内路线或者行驶时间调整的,应当及时告知承运人和起运地省级公路管理机构,由起运地省级公路管理机构组织协调处理。

第十七条 有下列情形之一的,公路管理机构应当依法作出不予行政许可的决定:

(一)采用普通平板车运输,车辆单轴的平均轴荷超过10000千克或者最大轴荷超过13000千克的;

(二)采用多轴多轮液压平板车运输,车辆每轴线(一线两轴 8 轮胎)的平均轴荷超过 18000 千克或者最大轴荷超过 20000 千克的;

(三)承运人不履行加固、改造义务的;

(四)法律、行政法规规定的其他情形。

第十八条 公路管理机构批准公路超限运输申请的,根据大件运输的具体情况,指定行驶公路的时间、路线和速度,并颁发《超限运输车辆通行证》。其中,批准跨省、自治区、直辖市运输的,由起运地省级公路管理机构颁发。

《超限运输车辆通行证》的式样由交通运输部统一制定,各省级公路管理机构负责印制和管理。申请人可到许可窗口领取或者通过网上自助方式打印。

第十九条 同一大件运输车辆短期内多次通行固定路线,装载方式、装载物品相同,且不需要采取加固、改造措施的,承运人可以根据运输计划向公路管理机构申请办理行驶期限不超过 6 个月的《超限运输车辆通行证》。运输计划发生变化的,需按原许可机关的有关规定办理变更手续。

第二十条 经批准进行大件运输的车辆,行驶公路时应当遵守下列规定:

(一)采取有效措施固定货物,按照有关要求在车辆上悬挂明显标志,保证运输安全;

(二)按照指定的时间、路线和速度行驶;

(三)车货总质量超限的车辆通行公路桥梁,应当匀速居中行驶,避免在桥上制动、变速或者停驶;

(四)需要在公路上临时停车的,除遵守有关道路交通安全规定外,还应当在车辆周边设置警告标志,并采取相应的安全防范措施;需要较长时间停车或者遇有恶劣天气的,应当驶离公路,就近选择安全区域停靠;

(五)通行采取加固、改造措施的公路设施,承运人应当提前通知该公路设施的养护管理单位,由其加强现场管理和指导;

(六)因自然灾害或者其他不可预见因素而出现公路通行状况异常致使大件运输车辆无法继续行驶的,承运人应当服从现场管理并及时告知作出行政许可决定的公路管理机构,由其协调当地公路管理机构采取相关措施后继续行驶。

第二十一条 大件运输车辆应当随车携带有效的《超限运输车辆通行证》,主动接受公路管理机构的监督检查。

大件运输车辆及装载物品的有关情况应当与《超限运输车辆通行证》记载的内容一致。

任何单位和个人不得租借、转让《超限运输车辆通行证》,不得使用伪造、变造的《超限运输车辆通行证》。

第二十二条 对于本规定第十条第二款规定的大件运输车辆,承运人应当按照护送方案组织护送。

承运人无法采取护送措施的,可以委托作出行政许可决定的公路管理机构协调公路沿线的公路管理机构进行护送,并承担所需费用。护送收费标准由省级交通运输主管部门会同同级财政、价格主管部门按规定制定,并予以公示。

第二十三条 行驶过程中,护送车辆应当与大件运输车辆形成整体车队,并保持实时、畅通的通讯联系。

第二十四条 经批准的大件运输车辆途经实行计重收费的收费公路时,对其按照基本费率标准收取车辆通行费,但车辆及装载物品的有关情况与《超限运输车辆通行证》记载的内容不一致的除外。

第二十五条 公路管理机构应当加强与辖区内重大装备制造、运输企业的联系,了解其制造、运输计划,加强服务,为重大装备运输提供便利条件。

大件运输需求量大的地区,可以统筹考虑建设成本、运输需求等因素,适当提高通行路段的技术条件。

第二十六条 公路管理机构、公路经营企业应当按照有关规定,定期对公路、公路桥梁、公路隧道等设施进行检测和评定,并为社会公众查询其技术状况信息提供便利。

公路收费站应当按照有关要求设置超宽车道。

1.4.6 公路危旧桥梁改造专项行动

为进一步推进全国公路危旧桥梁改造工作,保障公路危旧桥梁改造实施效果,不断提升公路桥梁安全保障水平,经交通运输部同意,按照《关于进一步提升公路桥梁安全耐久水平的意见》(交公路发〔2020〕127号)有关要求,"十四五"期集中开展公路危旧桥梁改造行动。具体方案以及《公路危旧桥梁排查和改造技术要求》,用于指导公路危旧桥梁改造工作。本节摘录《公路危旧桥梁改造行动方案》如下:

一、工作目标及实施范围

(一)工作目标。

到2023年底,基本完成国省干线公路2020年底存量四、五类桥梁改造。

到2025年底,基本完成农村公路2020年底存量四、五类桥梁改造。国省干线公路新发现四、五类桥梁处治率100%,对高速公路和普通国省干线公路部分老旧桥梁实施改造,实现全国高速公路一、二类桥梁比例达95%以上,普通国省干线公路一、二类桥梁比例达90%以上。

(二)实施范围。

本方案的实施范围包括:

1. 技术状况较差桥梁:国省干线和农村公路2020年底存量四、五类桥梁,国省干线公路新发现四、五类桥梁;

2. 承载能力适应性不足桥梁:高速公路、普通国省干线一级公路中设计荷载等级为汽车-20级的三类桥梁及汽车-15级及以下的桥梁;二级及以下普通国省干线公路中设计荷载等级为汽车-15级及以下的桥梁;

3. 结构存在缺陷桥梁:轻型少筋拱桥、带挂梁结构的桥梁,无加劲纵梁吊杆拱桥等结构冗余度明显不足的桥梁;

4. 其他适应性不足桥梁:国省干线公路上通行能力、抗洪能力等适应性不足桥梁;

5. 专项行动涉及桥梁:独柱墩桥梁运行安全提升专项行动、提升公路桥梁安全防护能力专项行动、部船舶碰撞桥梁隐患治理三年行动等确定改造的桥梁。

二、工作安排

坚持高标准、严要求,按照"排查、改造、示范、见效"一体化原则,压茬推进,并联推进,全面做好公路危旧桥梁改造工作。

(一)交通运输部按照《公路桥涵养护规范》《公路桥梁技术状况评定标准》等标准规范,制定出台公路危旧桥梁排查和改造技术要求,提出排查、设计、施工、验收、总结与评估等各环节的工作要求,并组织开展宣贯培训。组织召开电视电话会,对全国公路危旧桥梁改造工作进行全面动员部署。

(二)省级交通运输主管部门在已有排查基础上,结合公路桥梁养护检查及有关专项行动工作安排,按照技术要求,组织技术力量对现有公路桥梁基础设施进一步深化排查,摸清符合实施范围要求的公路桥梁底数,建立基础工作台账。并结合动态排查结果,确定分年度改造任务建议,纳入各地"十四五"公路发展规划。同时,制定公路危旧桥梁改造工作实施方案和管理制度,明确时间节点、工作分工和责任主体,健全工作机制,提出实施要求,细化工作措施。工作方案、分年度改造任务建议(原文件附表1格式)应于2021年3月底前报部。

(三)省级交通运输主管部门根据改造工作要求和分年度改造任务建议,按照相关管理办法,做好年度计划的编制工作。优先开展安全风险较大的四、五类桥梁和需提升抗船舶碰撞能力的公路桥梁改造,国省干线公路四、五类桥梁改造过程中应同步提升桥梁抗震能力。鼓励各地对农村公路新发生的五类桥梁实施改造。按照安全、经济、科学的原则,制定针对性的改造方案,组织开展危旧桥梁改造工作。年度计划中除个别施工期较长的拆除重建项目外,均应在当年完成。建立信息报送工作机制,自2021年4月起,省级交通运输主管部门于每月25日前按照原文件附表2格式报送当年度计划完成情况(原文件附表2格式),每年度12月底前对本地区当年度实施工作进行总结、评估和监督检查,并向部提交本地区年度实施情况总结评估报告。

(四)交通运输部汇总各省(区、市)年度改造任务建议,形成全国改造工作任务清单,纳入"十四五"公路发展规划,指导各地做好年度计划编制和项目管理工作。同时,加强示范引领,实施动态监测,总结工作经验。选择东、中、西部典型省份开展实施情况监测,对技术力量薄弱的地区组织专家组进行技术指导,跟踪研究和解决实施过程中的技术问题。根据实施成效,组织全国现场调研交流。2025年底,对全国改造实施工作进行总结评估。

三、工作要求

(一)加强组织领导。省级交通运输主管部门要精心谋划部署,加强统筹协调,牵头研究制定本地区行动方案。其中收费公路由经营管理单位具体组织实施,省级交通运输主管部门加强行业监管;县级交通运输主管部门会同相关部门组织开展农村公路桥梁的排查改造工作。

(二)细化落实责任。严格落实公路桥梁运行管理单位主体责任和部门监管责任,推动落实属地责任,不断健全完善桥梁安全运行体系,切实提升桥梁本质安全水平。省级交通运输主管部门要根据具体项目情况,分类细化责任分工,加大力量投入,有序推进公路危旧桥梁改造工作。

(三)保障资金投入。收费公路危旧桥梁改造资金从车辆通行费中列支,省级交通运输主管部门要督促收费公路经营管理单位将危旧桥梁改造纳入年度资金计划。部按照有关规定安排车购税资金对普通公路危旧桥梁改造予以支持。各地要创新农村公路桥梁改造投融资模式,协调财政部门将其纳入一般债券优先支持范围,统筹使用地方财政资金、一般债券、银行扶贫信贷资金等各类资金用于农村公路桥梁改造。要严格资金使用管理,充分发挥资金效益。

(四)精简优化程序。根据《公路养护工程管理办法》规定,公路危旧桥梁改造工程为专项工程,不需要开展预审和工程可行性研究。省级交通运输主管部门要指导督促相关单位根据公路桥梁技术状况、病害情况、发展趋势,综合考虑技术、经济、安全、环保等因素,合理确定年度计划,列入年度计划的,即可进入设计阶段。公路危旧桥梁改造工程一般采用一阶段施工图设计,并对施工工艺和验收标准进行详细说明,验收按一阶段执行。技术特别复杂或投资规模较大的,可以采用技术设计和施工图设计两阶段设计,并按交工验收和竣工验收两阶段执行。

(五)做好技术支持。公路危旧桥梁改造工作任务重、涉及广、难度大、要求高,是一项系统工程。部依托技术支持单位,加强技术指导,提供技术支撑,及时研究解决重大技术问题,并对各地桥梁排查、改造方案设计审查等重点环节进行抽查监督,根据事权及工作需要对重要桥梁改造设计方案进行审核。改造实施过程中,省级交通运输主管部门要加强技术管理,依托相关技术单位建立技术团队,深入现场加强指导,积极帮助地市、县级交通运输主管部门和公路桥梁运行管理单位,为危旧桥梁改造工作提供强有力的支撑。

(六)强化质量安全。重视过程管理。省级交通运输主管部门要建立健全质量管理体系,强化施工质量控制,加强工程质量检查评定和项目验收。采取信息化手段,加强公路桥梁改造检测、设计、施工、验收等全过程追溯监管。要指导督促相关单位根据改造计划和路网运行状况,合理安排施工计划,加强施工作业安全及施工期间的交通安全通行保障。要督促公路桥梁运行管理单位落实危旧桥梁改造主体责任,规范项目实施管理,明确桥梁特别是"三特"(特殊结构、特大跨径、特别重要)桥梁改造设计方案审查工作要求;按照部制定的改造技术要求,根据工程实施情况加强总体设计和动态设计,注重细节处理,确保改造效果和质量安全。

(七)加强监督评价。部将根据各地工作实施进展,适时组织开展督导评价,强化动态跟踪和工作指导,对进度缓慢、改造质量较差的省(区、市)交通运输主管部门进行约谈或挂牌督办;存在重大风险的,及时通报相应省级人民政府,督促落实属地责任,确保公路桥梁安全运行。各省级交通运输主管部门要结合本地区改造任务总量、年度改造任务及重要桥梁改造复杂程度等,进一步完善监督工作机制,建立工作任务台账,动态掌握改造任务和重大项目实施情况,及时发现问题解决问题,对进度缓慢或改造质量较差的,要立即督促整改,限期予以纠正。

(八)健全长效机制。省级交通运输主管部门要以公路危旧桥梁改造为契机,健全完善分级管理责任体系,夯实公路桥梁养护管理责任,保障桥梁养护资金投入,定期开展桥梁养护检查、预防性养护和危旧桥梁改造工作。专项行动结束后,省级交通运输主管部门要根据危旧桥梁年度动态排查结果,组织有关单位继续实施改造工作,持续消除桥梁运行安全风险隐患。

公路危旧桥梁排查和改造技术要求如图1-5所示。

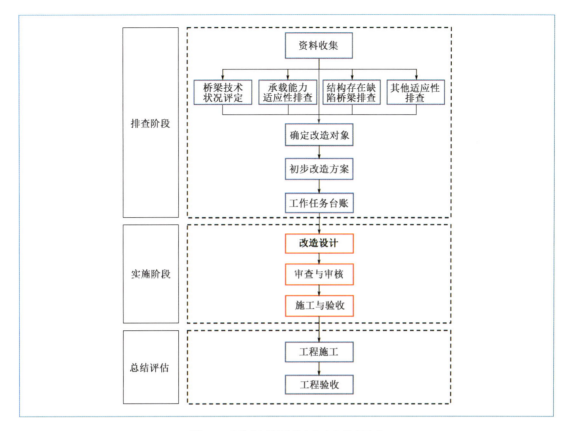

图1-5　公路危旧桥梁排查和改造技术要求

1.4.7　公路独柱墩桥梁安全提升专项行动

独柱墩桥梁是一种在国内外广泛使用的桥型,因其桥墩少、对行车视线干扰小、对工程用地占用省,因而该类桥在我国公路或城市的立交、跨线分离立交桥中应用较多。随着此类桥梁的大量应用,一类结构的独柱墩桥梁的运营安全问题逐渐显现,即上部结构为整体式结构,下部结构为单支座支承或双支座小间距支承的独柱墩结构,此类结构的独柱墩桥梁由于抗横向倾覆力矩较小,在较大偏载作用下,容易引起侧向倾覆。

为彻底消除此类桥梁存在的安全隐患,2020年1月9日交通运输部安委会印发了《关于进一步加强安全生产工作的通知》(交安委〔2020〕1号),决定在全国范围内开展治理这类桥梁侧向倾覆的专项行动。2020年9月7日,交通运输部又印发了《关于进一步做好公路独柱墩桥梁运行安全提升等四个专项行动实施工作的通知》(交办公路函〔2020〕1443号),进一步明确了2021年11月底前完成排查桥梁改造施工的工作任务与目标。同时为高位推动这项工作,还将独柱墩桥梁运行安全提升专项行动纳"十四五"期集中开展的公路危旧桥梁改造行动。根据专项工作需要,交通运输部公路科学研究院编制了《公路独柱墩桥梁运行安全提升专项行动技术要求》,指导公路独柱墩桥梁的提升改造。

部分专项行动流程如图1-6所示。

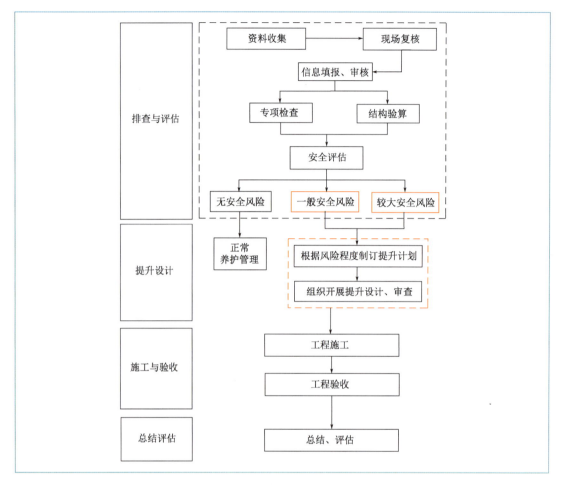

图 1-6 部分专项行动流程(一)

1.4.8 公路桥梁安全防护能力提升专项行动

为进一步提高公路桥梁安全防护保障能力,交通运输部立足于行业职责,根据交通强国建设相关要求,从系统安全角度出发,决定在全国开展提升公路桥梁安全防护能力专项行动。公路桥梁桥面系安全防护设施改造,是一项系统工程,因桥、因地各不相同,桥梁类型不同,改造、维修的方式也不相同。因此,为落实专项行动方案要求,指导专项行动的实施,交通运输部公路局组织编制了《提升公路桥梁安全防护能力专项行动技术指南》(简称《指南》)。《指南》依据相关标准规范,在对我国在役公路桥梁安全防护设施实际状况进行现场调研和统计分析的基础上,吸收和借鉴了国内外相关研究成果,总结了相关工程经验,提出了在役公路桥梁安全防护设施总体要求、基础资料收集、排查评估方法、分类处治措施和提升设计、工程施工与验收以及在役桥梁安全防护能力提升方案示例等。

部分专项行动流程如图 1-7 所示。

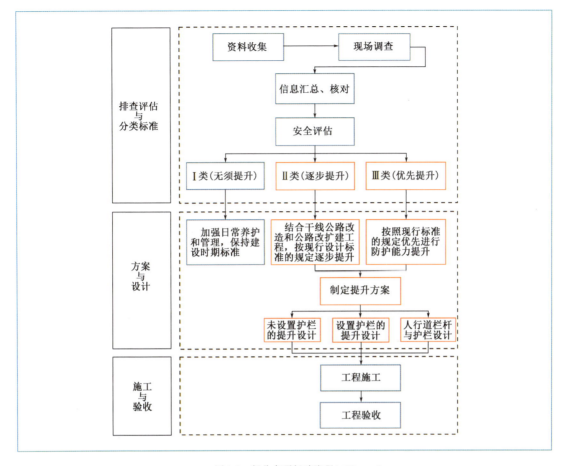

图 1-7　部分专项行动流程(二)

1.4.9　公路长大桥梁结构健康监测系统构建

经过三十多年快速发展,我国公路桥梁发展成就显著,运行情况总体平稳。但是,我们也要清醒看到,桥梁安全仍存在风险隐患。党中央、国务院对此高度重视,多次作出重要指示批示,明确指出桥梁老化是个重大周期性问题。为解决我国公路长大桥梁动态监测能力不足和运行安全风险防范不够的痛点问题,2020 年交通运输部印发了《关于进一步提升公路桥梁安全耐久水平的意见》(交公路发〔2020〕127 号),明确提出要加强桥梁结构健康监测,统一数据标准和接口标准,推进数字化、信息化、智能化,2025 年底前跨江跨海跨峡谷等特殊桥梁结构健康监测系统全面覆盖,到 2035 年,公路桥梁结构健康监测系统全面建立。2021 年部印发了《公路长大桥梁结构健康监测系统建设实施方案》(交办公路〔2021〕21 号),明确根据单桥系统、省级监测平台和部级数据平台三级架构开展系统建设,按照"试点先行、统一标准、分级建设、联网运行"的工作步骤有序推进,有序推进桥梁结构健康监测的数据化、实时化发展,并决定在"十四五"期组织开展跨江跨海跨峡谷等长大桥梁结构健康监测系统(简称系统)建设。制定具体方案如下:

一、总体要求

按照"安全第一、预防为主,明确责任、分级管理,突出重点、分步实施,单桥监测、联网运行"的原则,对跨江跨海跨峡谷等长大桥梁结构健康开展实时监测,动态掌握长大桥梁结构运行状况,着力防范化解公路长大桥梁运行重大安全风险,进一步提升公路桥梁结构监测和安全保障能力。

二、实施范围和工作目标

(1)实施范围。

公路在役和在建单孔跨径500米以上的悬索桥、单孔跨径300米以上的斜拉桥、单孔跨径160米以上的梁桥和单孔跨径200米以上的拱桥,原则上均纳入实施范围。新建公路桥梁符合以上条件的,按照《公路桥涵设计通用规范》(JTG D60—2015)等标准规范要求,做到系统建设同时设计、同时施工、同时验收。鼓励各地结合实际情况,将其他公路桥梁纳入实施范围。

(2)工作目标。

到2021年底,完成11座试点桥梁系统建设,制定出台《公路桥梁监测技术规范》(简称《规范》)。到2022年底,基本建成长大桥梁结构数据平台(简称数据平台),已建成的单桥系统和省内长大桥梁结构健康监测平台(简称监测平台)开始运行并接入数据平台。到2023年底,基本建成数据平台、监测平台和全国统一标准的系统,实现结构状况实时监测、数据自动采集分析、结构状况评估等功能,为桥梁日常运行和养护管理工作提供支撑。

三、工作安排

按照"试点先行、统一标准、分级建设、联网运行"工作步骤,压茬、并联推进,全面做好实施工作。

(一)部对在役公路桥梁按结构型式、跨径进行梳理,形成在役公路长大桥梁清单。组织技术单位编制《公路长大桥梁结构健康监测系统试点建设技术指南》(简称《指南》),指导试点期间系统设计、安装、验收、维护和数据采集、分析、处理和保护。各省级交通运输主管部门对照清单,抓紧开展各项准备工作,核实清单中桥梁信息,深入评估系统建设条件、技术现状、应用效果,编制实施计划,于2021年4月底前向部提交准备工作报告对于清单中拟不纳入实施范围的桥梁应说明原因并提供必要的评估论证材料,对于符合实施范围但未纳入清单的要予以增补。部将确定最终纳入实施范围的桥梁。

(二)综合考虑桥型、系统新建和改造等因素,确定河北、辽宁、江苏、浙江、安徽、广东、江西、湖北、贵州、四川在役的11座桥梁作为系统建设试点,数据平台和监测平台建设前期工作同步启动。试点桥梁所在省份交通运输主管部门组织桥梁管养单位根据《指南》要求,按照"一桥一策"制定试点桥梁系统建设具体方案。部组织技术单位对试点省份交通运输主管部门、公路管理机构、桥梁管养单位及相关企业相关人员进行宣贯培训,组织开发监测平台模板提供各地免费使用。组织技术单位对试点工作进行跟踪指导,在试点单位和省份评估总结的基础上,结合其他已开展桥梁结构健康监测的实践经验,完成《规范》制定,统一系统建设、维护标准和平台建设行业标准,并选择试点效果好的公路桥梁进行全国现场经验交流。

(三)各省级交通运输主管部门负责组织本辖区桥梁系统新建、改造以及监测平台建设、联网、运行等工作;桥梁管养单位负责在役桥梁系统建设,桥梁建设单位负责在建、新建桥梁系统建设要根据《规范》等相关标准指南,制定系统和监测平台建设具体方案。部委托技术支持单位同步开展数据平台及配套设施建设工作,建立健全协调及日常监测机制。数据平台纳入国家综合交通运输信息平台。部省两级数据应当在交通运输部数据资源共享交换平台上实现数据汇聚和共享应用。系统建设工作要加强与公路桥梁长期服役性能研究、公路长大桥梁相关野外科学观测研究基地建设工作相结合,推动数据共享与利用。要制定时间表、路线图,具备条件的抓紧建设,尽早建成发挥成效。力争2023年12月底前,完成各单桥系统构建、监测平台和数据平台建设,联调成网试运行。进行网络安全性、稳定性、可靠性测试,开展特殊事件演练。

(四)部会同省级交通运输主管部门、桥梁管养单位、桥梁建设单位组织对联网试运行开展评估、总结,不断完善系统,实现稳定运行。省级交通运输主管部门、桥梁管养单位要建立系统运行管理机制,制定管理规定,发布操作手册,培训系统维护人员,完成系统验收。2024年6月底前,系统正式投入运行,省级交通运输主管部门对辖区实施工作进行评估总结,部对全国实施工作进行总结。

1.4.10 公路桥梁基础数据库构建

2021年2月,交通运输部办公厅印发了《关于健全完善国家公路桥梁基础数据库的通知》,进一步发挥数据在公路高质量发展中的作用,强化数据驱动、集成创新、共建共享等数字化转型理念。深入贯彻落实交通运输部《关于进一步提升公路桥梁安全耐久水平的意见》(交公路发〔2020〕127号),发挥数据在公路高质量发展中的基础性作用,强化数据驱动、集成创新、共建共享等数字化转型理念,按照管理事权,部决定在各地工作基础上,充分利用各省份现有桥梁信息化系统,统一数据资源需求标准,采用线上与线下相结合的方式,实现不同系统数据提取、汇集,统一集中开展数据转换处理,通过部省联网实现数据自动更新、运维及分析,健全完善国家公路桥梁基础数据库,现将有关事项摘录如下:

健全完善国家公路桥梁基础数据库,对于及时完整准确掌握国家公路桥梁服役状态,提升国家公路桥梁运行监管能力和治理水平,深化我国公路桥梁性能规律性认识夯实桥梁养护基层基础基本功具有十分重要的作用。各省级交通运输主管部门和相关单位要充分认识这项工作的重要意义,坚持以人民为中心的发展思想,以推动高质量发展为主题,通过新一代信息技术融合部省桥梁数据资源,建立覆盖全业务链条的数据采集、传输和汇集机制,落实管理责任,构建数据治理体系,强化公路桥梁养护科学决策应用,拓展应用效能深入挖掘数据价值,逐步建立数据成果共享机制,提升数据分析能力,进一步提升公路桥梁养护科学水平和安全保障能力。要按照"统一部署,分步实施,部省联动、动态完善"的原则,坚持标准规范,加强组织领导,加大力度,狠抓落实,确保2021年5月底完成全部国家公路桥梁、公路界河桥梁静态数据和动态数据汇集。初步形成包括国家高速公路、普通国省道、公路界河桥梁在内的国家公路桥梁基础数据库。到2021年底,实现部省数据动态联动,支撑常态化桥梁技术状况监测,不断提升数据动态更新效率,提升桥梁基础数据库安全性、稳定性、可靠性。丰富应用场景,加强日常监管,到2025年底,实现国家公路桥梁运行监管能力和治理水平明显提升。

第 2 章

桥梁检查基本知识

2.1 桥梁分类

桥梁可按跨径、结构形式、使用功能、上部结构所用材料、跨越障碍类型及上部结构与行车道位置等进行分类,本节将简要介绍桥梁相关分类。

2.1.1 按跨径分类

桥梁涵洞按跨径分类见表 2-1。

桥梁涵洞按跨径分类 表 2-1

桥涵分类	多孔跨径总长 $L(\text{m})$	单孔跨径 $L_K(\text{m})$
特大桥	$L > 1000$	$L_K > 150$
大桥	$100 \leq L \leq 1000$	$40 \leq L_K \leq 150$
中桥	$30 < L < 100$	$20 \leq L_K < 40$
小桥	$8 \leq L \leq 30$	$5 \leq L_K < 20$
涵洞	—	$L_K < 5$

注:1. 单孔跨径系指标准跨径。
2. 标准跨径:梁式桥、板式桥以两桥墩中线之间长度或桥墩中线与桥台台背前缘间距为准,拱式桥和涵洞以净跨径为准,如图 2-1、图 2-2 所示。
3. 梁式桥、板式桥的多孔跨径的总长为多孔标准跨径的总长,拱式桥为两岸桥台内起拱线间的距离,其他形式桥梁为桥面系行车道长度。
4. 管涵及箱涵不论管径或跨径大小、孔数多少,均称为涵洞。

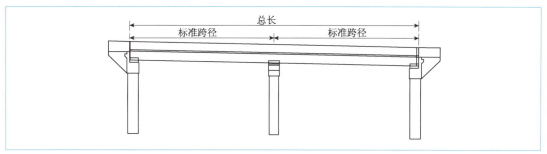

图 2-1 梁式桥、板式桥跨径示意

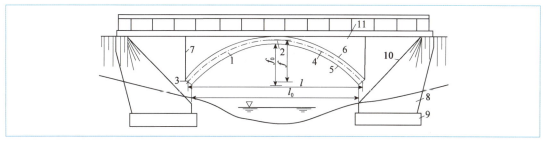

图 2-2 拱式桥的跨径示意

1-主拱圈；2-拱顶；3-拱脚；4-拱轴线；5-拱腹；6-拱背；7-伸缩缝；8-桥台；9-基础；10-锥坡；11-拱上建筑；l_0-净跨径；l-计算跨径；f_0-净矢高；f-计算矢高

2.1.2 按结构形式分类

常见的结构形式有梁桥、拱桥、刚架桥、斜拉桥及悬索桥等。

1）梁桥

梁桥是我国应用最多的桥型，主要采用钢筋混凝土和预应力混凝土结构，小跨径以预制梁桥为主，大跨径以连续梁、连续刚构桥为主，如图 2-3 所示。目前我国最大跨径连续梁桥是主跨 180m 潆水沱岷江特大桥；最大跨径连续刚构桥是主跨 235m 观音峡嘉陵江特大桥；重庆石板坡长江大桥复线桥为跨径（86.5 + 4 × 138 + 330 + 132.5）m 的连续梁与连续刚构组合结构体系桥，其主跨 330m，跨中 103m 为钢梁。

a)

b)

图 2-3 梁桥

2) 拱桥

我国公路桥中拱桥数量也较多,结构形式多样,常见的有双曲拱桥、钢桁拱桥、混凝土拱桥等,如图 2-4 所示。我国最大跨径的圬工拱桥是主跨 146m 的山西晋城丹河大桥,为世界最大跨径石拱桥。钢筋混凝土拱桥多为箱形拱,其跨径一般为 60~150m,跨径 420m 的重庆万县长江大桥为世界同类型跨径最大拱桥。进入 20 世纪 90 年代以来,钢管混凝土拱桥在我国大量涌现,其中主跨 460m 的重庆巫山长江大桥采用中承式钢管混凝土拱,是同类桥梁中的世界最大跨径。跨径更大的拱桥则为钢桁拱桥与钢箱拱桥。跨径 552m 的重庆朝天门长江大桥,居钢桁拱桥的世界首位;跨径 550m 的上海卢浦大桥,居钢箱拱桥的世界首位。

a) 双曲拱桥

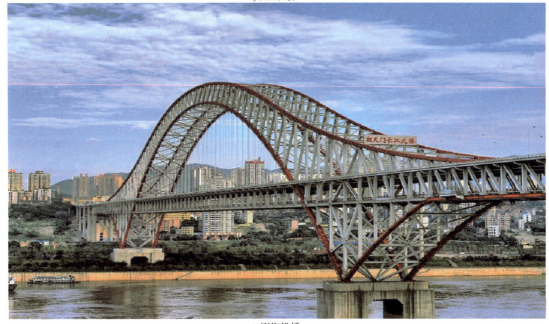

b) 刚桁拱桥

图 2-4

c)混凝土拱桥

图 2-4 拱桥

3)刚架桥

刚架桥也称刚构桥,桥跨结构(梁或板)和墩台整体相连的桥梁称为刚架桥(图 2-5),常见的刚架桥有门式刚架桥和斜腿刚架桥等。我国著名的刚架桥为主跨 176m 的安康汉江铁路桥。

a)   b)

图 2-5 刚架桥

4)斜拉桥

在我国,斜拉桥发展很快,跨径超过 400m 的斜拉桥无论在数量及跨径排名上均居世界首位,如图 2-6 所示。斜拉桥以混凝土梁斜拉桥为主,跨径最大的是湖北荆州长江公路大桥,其跨径为 (200 + 500 + 200)m,是世界第二大跨径混凝土梁斜拉桥。随着跨径的增大,斜拉桥主梁则发展为组合梁与钢梁。主跨 720m 的赤壁长江公路大桥,是世界最大的组合梁斜拉桥,实现了由 600m 级向 700m 级的跨度突破,极大地推动了桥梁技术的发展。更大跨径斜拉桥则采用钢箱梁结构,2008 年,我国建成了两座千米级斜拉桥,一是苏通长江大桥,主跨 1088m;另一座为香港昂船洲大桥,主跨 1018m。2012 年 7 月,海参崴(符拉迪沃斯托克)俄罗斯岛跨海大桥建成投入使用,主跨 1104m,超越苏通长江大桥和昂船洲大桥。

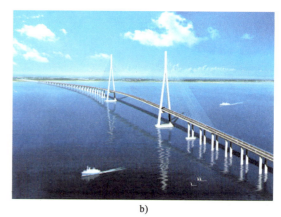

a)   b)

图 2-6　斜拉桥

图 2-7　沪通长江大桥

沪通长江大桥位于长江江苏段，连接南通市（通州区）和苏州市（张家港市），是沪通铁路全线的控制性工程，上距江阴长江大桥约45km，下距苏通长江公路大桥约40km。大桥全长11.07km，采用主跨1092m的钢桁梁斜拉桥结构，是世界上最大跨径的公铁两用斜拉桥，也是世界上首座跨度超千米的公铁两用斜拉桥，已于2020年与沪通铁路同步建成通车（图2-7）。

中国是世界上拥有斜拉桥数量最多的国家。据不完全统计，截至2019年8月，全球已建成136座主跨超过400m的斜拉桥，而中国拥有其中的78座，超过一半；而全球主跨长度排名前10位的斜拉桥中，中国占据其中7席；主跨超过600m的斜拉桥，全球仅有33座，其中27座位于中国；全球在建及拟建的主跨400m以上斜拉桥有60余座，其中超过80%在中国。

部分公路斜拉桥见表2-2。

部分公路斜拉桥　　　　　　　　　　　表 2-2

序号	所属省份	桥梁名称	主跨(m)	建成通车年
1	江苏	苏通大桥	1088	2008
2	湖北	南汉主航道桥	938	2015
3	湖北	嘉鱼长江大桥	920	2019
4	安徽	池州长江公路大桥	828	2019
5	湖北	石首长江大桥	820	2019
6	江西	九江二桥主桥	818	2013
7	湖北	荆岳大桥	816	2010

续上表

序号	所属省份	桥梁名称	主跨(m)	建成通车年
8	湖北	武穴长江大桥	808	2020
9	贵州	鸭池河特大桥(右幅)	800	2013

5)悬索桥

悬索桥是特大跨径桥梁的主要形式之一,悬索桥的主要承重构件是由抗拉强度高的钢材(钢丝、钢缆等)制作的悬索,可以充分利用材料的强度,并具有用料省、自重轻的特点,因此悬索桥在各种体系桥梁中的跨越能力最大,跨径可以达到1000m以上,见图2-8。

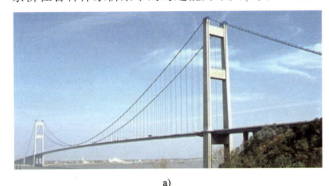

a) b)

图2-8 悬索桥

20世纪90年代至今,我国公路悬索桥建设掀开了新篇章。主跨452m的广东汕头海湾大桥被誉为中国第一座大跨度现代悬索桥;西陵长江大桥,主跨900m,是国内自主设计的第一座全焊接钢箱加劲梁悬索桥;2019年建成的跨径达1688m的坭洲水道桥,被誉为"世界第一跨度钢箱梁悬索桥"。目前已建成通车的部分大跨径公路悬索桥如表2-3所示。

目前已建成通车的部分大跨径公路悬索桥 表2-3

序号	所属省份	桥梁名称	主跨(m)	建成通车年
1	广东	坭洲水道桥	1688	2019
2	浙江	西堠门大桥	1650	2007
3	江苏	润扬长江大桥悬索桥	1490	2005
4	湖南	洞庭湖大桥(上行)	1480	2018
5	湖南	洞庭湖大桥(下行)	1480	2018
6	江苏	栖霞山长江大桥	1418	2012
7	云南	金沙江特大桥(引桥华坪岸)	1386	2020
8	江苏	江阴长江公路大桥	1385	1999
9	湖北	阳逻大桥	1280	2008
10	贵州	赤水河红军特大桥	1200	2019

2.1.3　按使用功能分类

公路桥、铁路桥、公路铁路两用桥、农用桥、人行桥、运水桥（渡槽）及其他专用桥梁（如通过各种管线等）。

2.1.4　按上部结构所用材料分类

木桥、钢筋混凝土桥、预应力混凝土桥、圬工桥（包括砖石、素混凝土桥）和钢桥。

2.1.5　按跨越障碍类型分类

跨河桥、跨线桥、高架桥和栈桥。

2.1.6　按上部结构与行车道位置分类

根据桥面系与桥跨主要承重结构（桁架、拱肋、主梁等）的相对位置进行分类，位于上面、中部或下面的桥分别称为上承式桥、中承式桥和下承式桥。

2.2　桥梁部件名词与解释

2.2.1　上部结构

图2-9　预制空心板梁桥

1）梁桥

梁桥是一种横跨在两端支承上的水平结构的桥梁，按主梁截面形式可分为预制空心板梁桥、预制T梁桥、预制小箱梁桥、现浇板梁桥、现浇箱梁桥、I形组合梁桥和工字形组合梁桥等。

（1）预制空心板梁桥

因其上部结构由多片预制板拼装而成，外形上类似空心薄板，故称之为预制空心板梁桥（图2-9、图2-10），可分为钢筋混凝土和预应力混凝土两种结构，具有外形简单，梁高小、易制作、质量轻、架设方便等优点，常用跨径在20m以下。

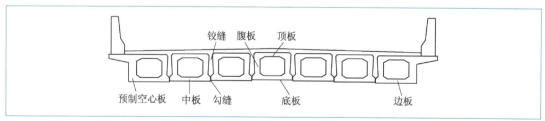

图2-10　预制空心板梁桥横断面构造示意

(2)预制 T 梁桥

上部结构由多片预制 T 形截面梁拼装组成的桥称为预制 T 梁桥(图 2-11、图 2-12),可分为钢筋混凝土和预应力混凝土两种结构,具有结构简单、受力明确、架设安装方便、跨越能力较大等优点,常用跨径为 20~40m。

图 2-11　预制 T 梁桥

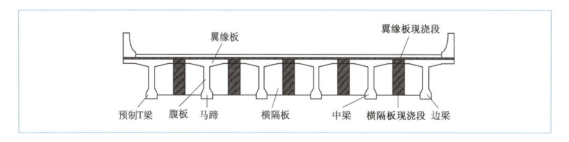

图 2-12　预制 T 梁桥横断面构造示意

(3)预制小箱梁桥

上部结构由多片预制箱形截面梁拼装组成的桥称为预制小箱梁桥(图 2-13、图 2-14),常采用部分预应力混凝土结构且先简支后连续,具有结构简单、受力明确、架设安装方便等优点,常用跨径为 30~45m。

图 2-13 预制小箱梁桥

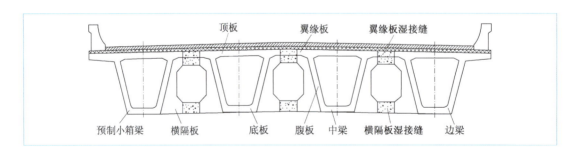

图 2-14 预制小箱梁桥横断面构造示意

(4) 现浇板梁桥

采用支架现浇法施工矩形板截面的梁桥,称为现浇板梁桥(图 2-15、图 2-16),一般有实心截面和挖孔截面,常采用钢筋混凝土结构,具有整体性及耐久性好等优点,常用跨径为 6~8m。

图 2-15 现浇板梁桥

图 2-16 现浇板梁桥横断面构造示意

（5）现浇箱梁桥

主梁为箱形截面，采用搭设满堂支架或悬臂挂篮节段现浇施工的桥梁，称为现浇箱梁桥（图 2-17~图 2-19）。结构形式可分为连续梁桥和连续刚构桥两大类，具有整体性强、耐久性好、跨越能力较大、承载能力高等优点。根据箱梁截面分室多少，可分为单箱单室、单箱双室和单箱多室。跨径一般为 20~250m，跨径为 20~60m 多采用等截面形式满堂支架现浇施工，跨径在 60m 以上采用变截面形式，采用悬臂挂篮施工。小跨径现浇箱梁多为钢筋混凝土结构，大跨径现浇箱梁多采用预应力混凝土结构。

图 2-17 连续梁桥

图 2-18 连续刚构桥

(6)I形组合梁桥

I形组合梁指横截面形式为I形的梁与钢筋混凝土桥面板组成的组合梁(图2-20、图2-21),按材料分有钢梁、钢筋混凝土梁和预应力混凝土梁,其具有结构简单、受力明确、架设安装方便等优点,常用跨径为20~40m。

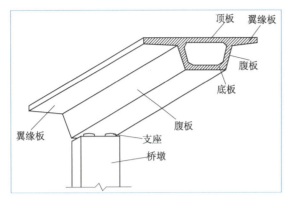

图2-19 现浇箱梁桥透视示意　　　　　图2-20　I形组合梁桥

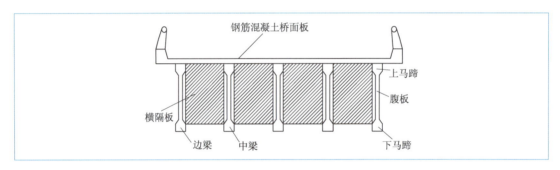

图2-21　I形组合梁桥横断面构造示意

(7)工字形组合梁桥

工字形组合梁指横截面形式为工字形的梁与钢筋混凝土板组成的一种组合结构(图2-22、图2-23)。工字形组合梁桥具有结构形式简单,受力明确,施工方便等优点,常用跨径为20~40m。

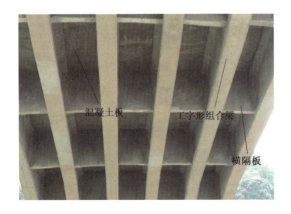 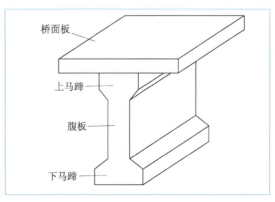

图2-22　工字形组合梁桥　　　　　图2-23　工字形组合梁桥横断面构造示意

2）拱桥

拱桥是指在竖直平面内以拱作为上部结构主要承重构件的桥梁,具有跨越能力大、耐久性好、外形美观等优点。

按建筑材料分类,拱桥可分为圬工拱桥、钢筋混凝土拱桥、钢拱桥、钢管混凝土拱桥、型钢混凝土拱桥等。按截面形式分类,拱桥可分为板拱桥、箱形拱桥、肋拱桥、双曲拱桥。按结构体系分类,拱桥可分为简单体系拱桥与组合体系拱桥。其中,简单体系拱桥的桥上全部荷载由主拱单独承受,它们是桥跨结构的主要承重构件;而组合体系拱桥一般由拱和梁、桁架或刚架等两种以上的基本结构体系组合而成,拱桥的传力结构与主拱共同承受荷载。根据构造方式及受力特点,组合体系拱桥可分为桁架拱桥、刚架拱桥、桁式组合拱桥和梁拱式组合体系桥等四大类。下面对常见的几种拱桥进行详细介绍。

(1)圬工拱桥

圬工拱桥主拱圈一般采用块石、混凝土砌块等砌筑而成(图2-24、图2-25)。按拱上建筑构造形式,圬工拱桥分为实腹式和空腹式两种。实腹式拱桥主要组成为:拱腹填料、侧墙、护拱、变形缝、防水层、泄水管及桥面。空腹式拱桥除了具有实腹式拱上建筑相同的构造外,还具有腹孔和腹孔墩。圬工拱桥具有能就地取材,节约钢材、水泥,外形美观、构造简单,耐久性能好,维护费用低等优点,跨径一般为 6～30m。

图 2-24　圬工拱桥

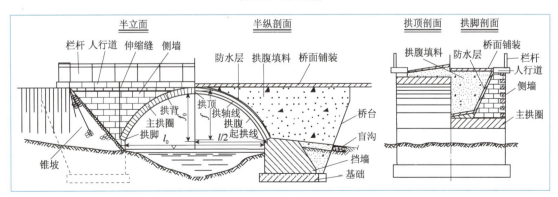

图 2-25　圬工拱桥立面布置、断面构造示意

(2)双曲拱桥

双曲拱桥的主拱圈由拱肋、拱波、拱隔板和横向联系构件等部件组成(图2-26、图2-27),其外形在纵横两个方向均呈弧形曲线。其主要特点是将主拱圈以"化整为零"的方法按先后顺序施工,再以"集零为整"的组合式整体结构承重。为了加强受力的整体性,在拱肋之间设置有横系梁。根据桥梁宽度的不同,双曲拱桥主拱圈横截面可以做成单波、双波、多波、悬半波和高低波,跨径一般为13~60m。

图2-26 双曲拱桥

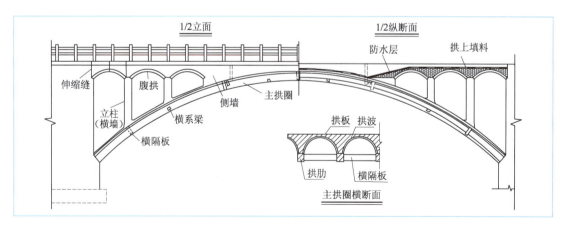

图2-27 双曲拱桥立面布置、断面构造示意

(3)箱形拱桥(图2-28、图2-29)

箱形拱桥拱肋采用箱形截面,箱形拱桥外形与板拱桥相似,由于截面挖空,箱形拱的截面抗矩较相同材料用量的板拱大很多,所以能节省材料,减轻自重,对于大跨径拱桥效果更为显

著。跨越能力大是箱形拱桥的突出特点,特别适用于大江、深谷桥位处的跨越,跨径一般为 40~150m。

图 2-28　箱形拱桥

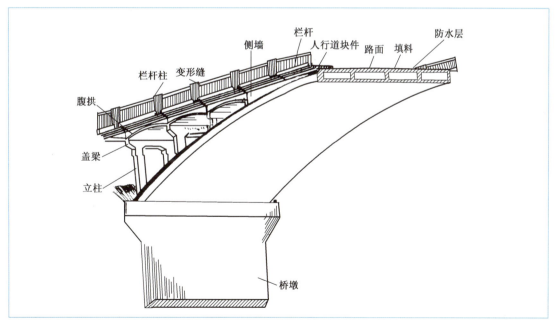

图 2-29　箱形拱桥透视示意

(4)肋拱桥(图2-30、图2-31)

拱圈由两条或两条以上分离的拱肋组成,拱肋之间用横系梁(或横隔板)连接成整体,使拱肋共同受力并增加拱肋的横向稳定性,这样的拱桥称为肋拱桥。肋拱桥的特点是横截面积小,具有自重轻、材料省、跨越能力大等特点,跨径一般为40~150m。

图2-30 肋拱桥

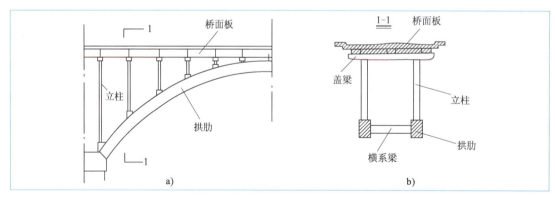

图2-31 肋拱桥立面布置、断面构造示意

(5)刚架拱桥(图2-32、图2-33)

刚架拱桥主结构由拱肋构成主拱,拱上建筑采取斜腿刚构的形式,并与主拱连接成整体,故名刚架拱桥。刚架拱桥的上部构造是由拱片、横系梁和桥面板等几部分组成,具有杆件数量少、自重轻、材料省、对地基承载力要求比其他拱桥低、经济指标较好等优点,跨径一般为20~60m。

图 2-32　刚架拱桥

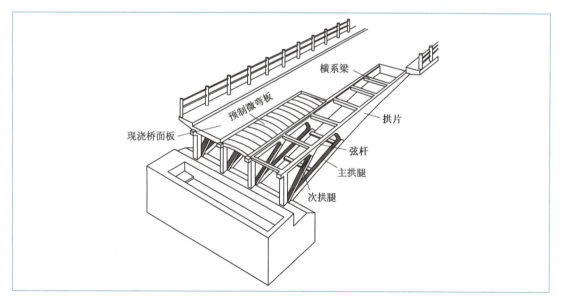

图 2-33　刚架拱桥上部构造示意

(6) 桁架拱桥(图 2-34、图 2-35)

桁架拱桥又称拱形桁架桥,是由拱和桁架两种结构体系组合而成。桁架拱桥上部结构由桁架拱片、微弯板及横向联系等部分组成。桁架拱片包括上弦杆、下弦杆、腹杆及实腹段，横向联系有横隔板、横拉杆及剪刀撑，具有用料省、自重轻、预制装备程度高及结构受力明确等特点，跨径一般为 20～60m。

图 2-34　桁架拱桥

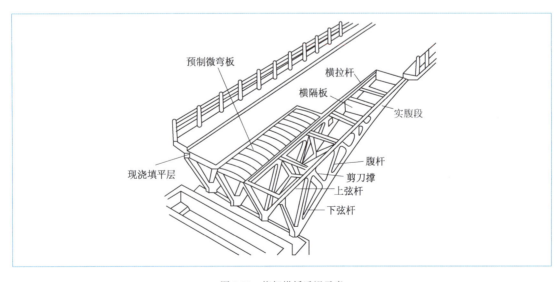

图 2-35　桁架拱桥透视示意

(7) 梁拱式组合体系桥

梁拱式组合体系桥将梁和拱两种基本结构组合起来,共同承受桥面荷载和水平推力。梁拱式组合体系桥上部结构一般由拱肋、吊杆(立柱)、系杆和行车道板组成。根据拱肋和行车道梁之间的连接方式不同,可分为有水平推力[吊杆拱桥(图2-36)]和无水平推力(系杆拱桥)两种,适宜于中等或大型桥梁,具有材料强度高、施工方便、造型美观等优点,跨径一般为60~300m。相关图示见图2-37~图2-40。

图2-36 吊杆拱桥

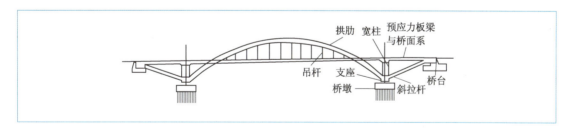

图2-37 中承式系杆拱桥立面布置示意

3) 斜拉桥(图2-41~图2-43)

斜拉桥主要由主梁、拉索、桥塔三部分组成,适用于中等或大型桥梁。该类桥梁具有梁高小、跨越能力强等优点,跨径一般为200~600m。

4) 悬索桥(图2-44~图2-46)

悬索桥亦称吊索桥,指以悬索为主要承重构件的桥,适用于大型及超大型桥梁。由于主缆采用高强钢材,受力均匀,悬索桥具有很大的跨越能力,跨径一般为500~2000m。

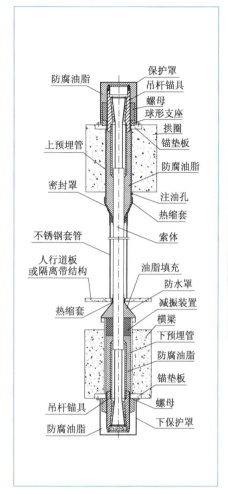

图 2-38 吊杆构造示意

图 2-39 系杆拱桥

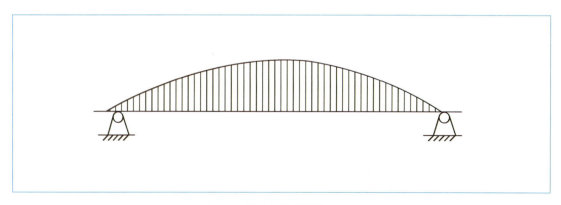

图 2-40 下承式系杆拱桥体系示意

图 2-41　斜拉桥

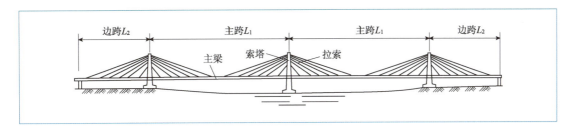

图 2-42　斜拉桥立面布置示意

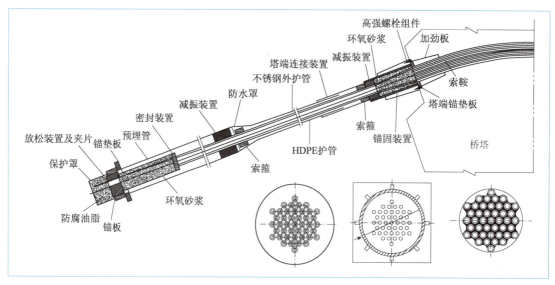

图 2-43　斜拉索构造示意

图 2-44　悬索桥

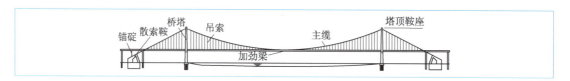

图 2-45　悬索桥立面布置示意

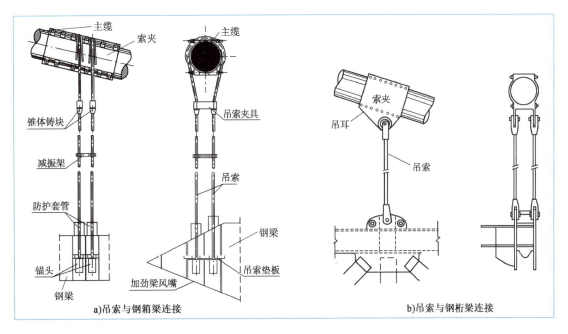

图 2-46 吊索构造示意

2.2.2 下部结构

1）桥台

桥台位于桥梁两端,支承桥梁上部结构并和路堤相衔接的建筑物,具有抵挡台后的填土压力、稳定桥头路基、使桥头线路和桥上线路可靠而平稳连接的作用。其主要形式有重力式桥台、轻型桥台、框架式桥台等。

(1) 重力式桥台(图 2-47~图 2-50)

重力式桥台也称实体式桥台,主要靠自重来平衡台后的土压力。桥台台身多用混凝土或片、块石砌筑,主要缺点是桥台体积和自重较大,也增加了对地基承载力的要求。按截面形式分类,重力式桥台可分为 U 形桥台、T 形桥台、耳墙式桥台、埋置式桥台等。

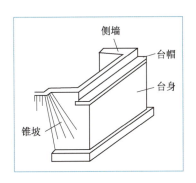

图 2-47 U 形桥台

图 2-48 T 形桥台

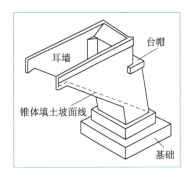

图 2-49 耳墙式桥台

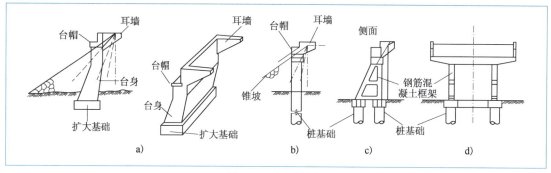

图 2-50　埋置式桥台

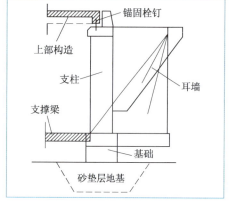

图 2-51　轻型桥台立面示意

(2) 轻型桥台(图 2-51)

轻型桥台是利用钢筋混凝土结构的抗弯能力来减少圬工体积而使桥台轻型化的一种结构形式,主要可分为薄壁轻型桥台和支撑梁轻型桥台。轻型桥台适用于小跨径桥梁,桥跨孔数与轻型桥墩配合使用时不宜超过 3 个,单孔跨径不大于 13m,多孔全长不宜大于 20m。

(3) 框架式桥台(图 2-52、图 2-53)

框架式桥台是一种在横桥向呈框架式结构的桩基础轻型桥台,其构造形式有柱式、墙式等。

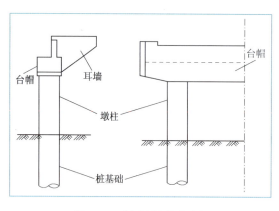

图 2-52　双柱式桥台构造示意

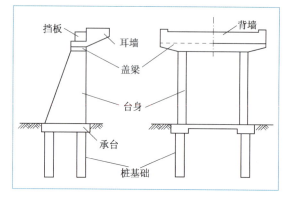

图 2-53　墙式桥台构造示意

2) 桥墩

多跨桥的中间支承结构称为桥墩,桥墩分为柱式墩、薄壁墩和实体墩等。按平面形状分类,桥墩可分为矩形墩、尖端形墩、圆形墩等。建筑桥墩的材料可用木料、石料、混凝土、钢筋混凝土、钢材等。

(1) 柱式墩(图 2-54、图 2-55)

柱式墩是在钻孔桩基础上建设立柱桥墩的墩身,在柱顶浇筑盖梁。在墩位上的横向可以布置一根或多根柱,优点是材料用量经济、施工简便,适合平原地区建桥使用。

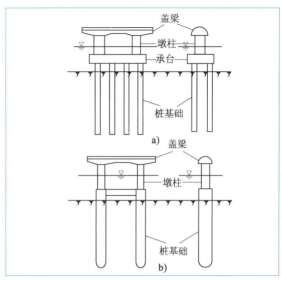

图 2-54　柱式墩　　　　　　　　　图 2-55　柱式桥墩立面构造示意

（2）薄壁墩（图 2-56、图 2-57）

薄壁墩是指横桥向长度基本和其他形式的墩尺寸相同,而纵桥向长度很小的桥墩。薄壁墩主要可分为钢筋混凝土薄壁墩、双壁墩以及 V 形墩三类,具有可节省材料、减轻桥墩的自重、增加桥梁美观等优点,适合于大跨径桥梁。

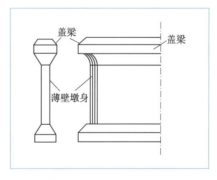

图 2-56　薄壁墩　　　　　　　　　图 2-57　薄壁墩立面构造示意

（3）实体墩（图 2-58、图 2-59）

实体墩一般为采用混凝土或石砌的实体结构,墩身上设墩帽,下接基础。实体墩的截面形状主要有圆端墩、尖端墩、圆角形及圆形墩等,具有坚固耐久、施工简易、取材方便、节约钢材等优点。

3）基础

桥梁下部结构与地基接触的部分称为基础,直接坐落在岩石或地基上,其顶端连接桥墩或桥台,是桥梁的重要组成部分。其作用是承受上部结构传来的全部荷载,并传递给地基。桥梁常用基础形式有扩大基础、桩基础、沉井基础等。

图 2-58 实体墩

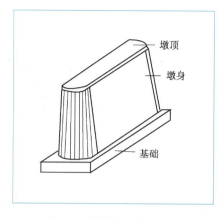

图 2-59 实体墩立面构造示意

(1)扩大基础(图 2-60)

因扩大基础是将墩(台)及上部结构的荷载由其直接传递至较浅的支承地基的一种基础形式,一般采用明挖基础的方法进行施工,故又称为明挖扩大基础或浅基础。

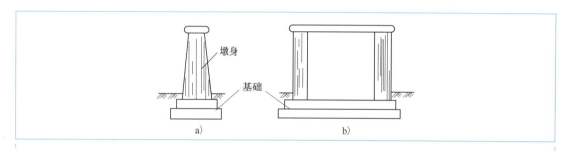

图 2-60 扩大基础构造示意

(2)桩基础(图 2-61)

桩基础由基桩和连接于桩顶的承台共同组成。桩基础按受力原理可分为摩擦桩和端承桩,按施工方式可分为预制桩和灌注桩,其中灌注桩又可分为人工挖孔和机械钻孔两类。目前,桥梁用的桩基础大多为钻孔灌注桩。

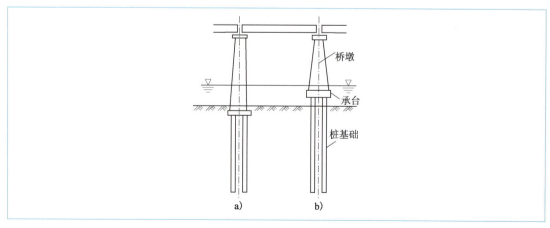

图 2-61 桩基础构造示意

(3)沉井基础(图2-62、图2-63)

以沉井作为基础结构,将上部荷载传至地基的一种深基础。沉井是一个无底无盖的井筒,一般由刃脚、井壁、隔墙等部分组成。在沉井内挖土使其下沉,达到设计高程后,进行混凝土封底、填心、修建顶盖,构成沉井基础。

图2-62 沉井基础

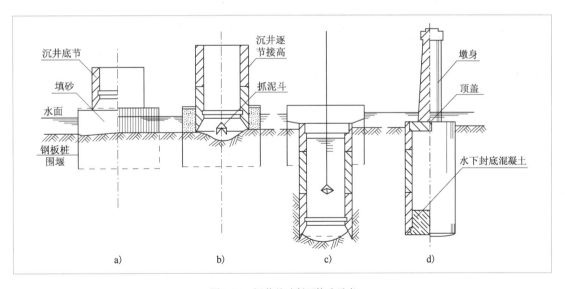

图2-63 沉井基础断面构造示意

2.2.3 支座

支座是桥梁上、下部结构的连接点。其作用是将上部结构的荷载顺适、安全地传递到桥梁墩台上去,同时要保证上部结构在支座处能自由变形。桥梁用支座形式有板式橡胶支座、盆式支座、钢支座等。

1)板式橡胶支座(图 2-64、图 2-65)

板式橡胶支座由若干层橡胶片和薄钢板为刚性加劲物组合而成,各层橡胶与钢板之间经镶嵌、黏合、硫化而牢固黏结成一体。橡胶支座具有构造简单、加工方便、节省钢材、造价低、结构高度小、安装方便等优点,常用于预制拼装桥梁中。

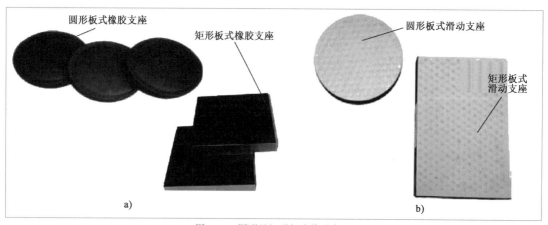

图 2-64　圆形及矩形板式橡胶支座

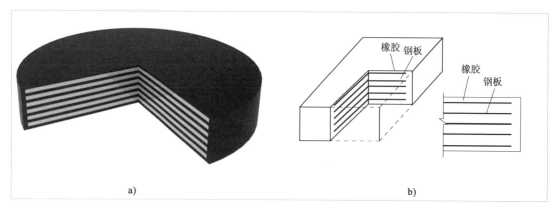

图 2-65　板式橡胶支座构造示意

2)盆式支座(图 2-66 ~ 图 2-68)

盆式支座是由不锈钢滑板、聚四氟乙烯板、盆环、氯丁橡胶块、钢密封圈、钢盆塞及橡胶防水圈等组成。它是利用设置在钢盆中的橡胶板达到对上部结构承压和转动的功能,利用聚四氟乙烯板和不锈钢之间的平面滑动来适应桥梁的水平位移要求。

图 2-66 盆式支座外观

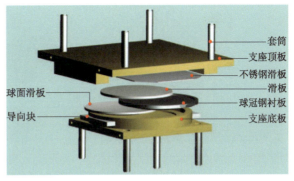

图 2-67 盆式支座结构

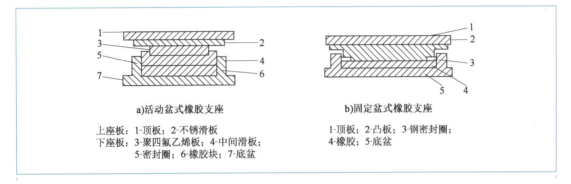

a) 活动盆式橡胶支座

上座板：1-顶板；2-不锈滑板
下座板：3-聚四氟乙烯板；4-中间滑板；
5-密封圈；6-橡胶块；7-底盆

b) 固定盆式橡胶支座

1-顶板；2-凸板；3-钢密封圈；
4-橡胶；5-底盆

图 2-68 盆式支座构造示意

3）钢支座（图 2-69 ~ 图 2-72）

钢支座是靠钢部件的滚动、摇动和滑动来完成支座的位移和转动的。它的特点是承载能力强，能适应桥梁的位移和转动的需要。钢支座主要有平板支座、弧形支座、摇轴支座、辊轴支座、球形钢支座等形式。

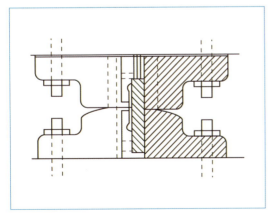

图 2-69 弧形支座

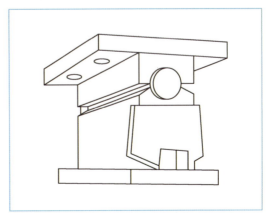

图 2-70 摇轴支座

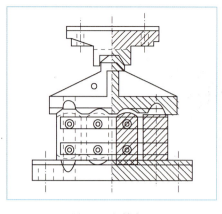

图 2-71 辊轴支座

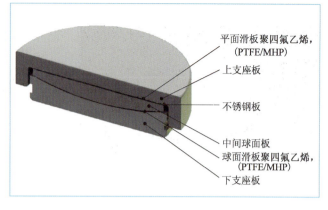

图 2-72 球形钢支座剖面构造

2.2.4 桥面系及附属设施

1）桥面铺装

桥面铺装即行车道铺装，它是车轮直接作用的部分。桥面铺装的作用在于防止车轮或履带直接磨耗行车道板，保护主梁免受雨水的侵蚀，并分散车轮的集中力。目前常见的桥面铺装形式有沥青混凝土桥面铺装及混凝土桥面铺装。

（1）沥青混凝土桥面铺装（图 2-73、图 2-74）

桥面铺装采用沥青混凝土，其柔性性能可以减轻行车荷载对桥面板的冲击，从而达到车辆行驶安全、平稳、舒适的要求。

图 2-73 沥青混凝土桥面铺装

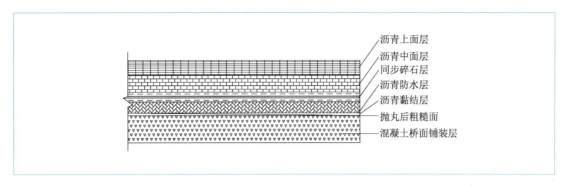

图 2-74　沥青混凝土桥面铺装构造示意

(2)混凝土桥面铺装(图 2-75)

混凝土桥面铺装因其结构简单、施工方便而被广泛采用。混凝土桥面铺装层直接承受车辆轮压的作用,既是保护层,又是受力层,具有强度高、整体性好以及抗冲击和耐疲劳性能强等特点。

图 2-75　混凝土桥面铺装

2)伸缩缝

为满足桥面变形的要求,通常在两梁端之间、梁端与桥台之间或桥梁的铰接位置上设置伸缩缝。其在平行、垂直于桥梁轴线的两个方向,均能自由伸缩,牢固可靠,车辆驶过时应平顺、无跳车与异常声响。常用伸缩缝有模数式伸缩缝、异型钢单缝式伸缩缝、橡胶式伸缩缝、梳齿式伸缩缝、板式橡胶伸缩缝等。

（1）模数式伸缩缝（图2-76、图2-77）

模数式伸缩缝是采用整体成型的异型钢材制成，由边梁、中梁、横梁、位移箱、密封橡胶带等构件组成。适用于伸缩量为160~2000mm的各种弯、坡、斜、宽的公路桥梁。

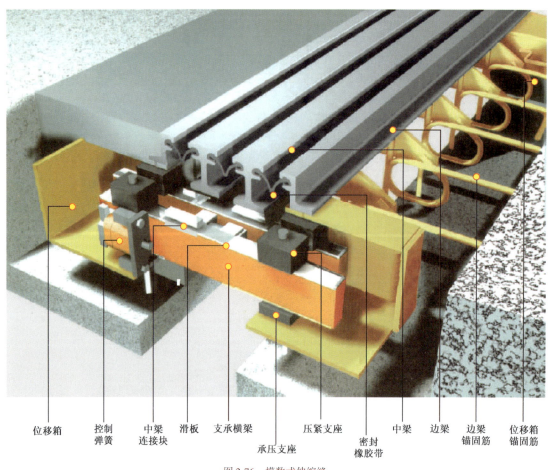

图2-76 模数式伸缩缝

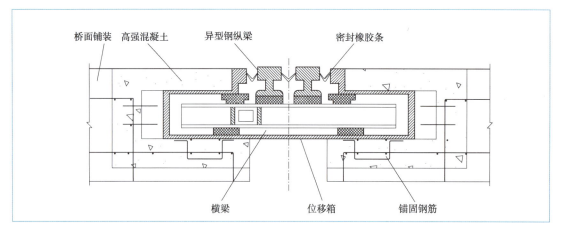

图2-77 模数式伸缩缝构造示意

(2)异型钢单缝式伸缩缝(图2-78、图2-79)

异型钢单缝式伸缩缝是由橡胶密封带及异型钢组成的伸缩装置。其中,由单缝钢和橡胶密封带组成的单缝式伸缩装置,适用于伸缩量不大于60mm的公路桥梁;由边钢梁和橡胶密封带组成的单缝式伸缩装置,适用于伸缩量不大于90mm的公路桥梁。

图2-78 异型钢单缝式伸缩缝成品

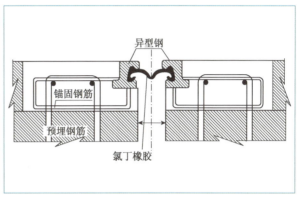

图2-79 异型钢单缝式伸缩缝构造示意

(3)橡胶式伸缩缝(图2-80、图2-81)

橡胶伸缩缝装置分板式橡胶伸缩缝装置和组合式伸缩缝装置两种,板式橡胶伸缩缝的伸缩体是由橡胶、钢板或角钢硫化为一体的板式橡胶伸缩缝,适用于伸缩量小于60mm桥梁;组合式伸缩缝的伸缩体由橡胶板和钢托板组合而成,适用于伸缩量大于120mm的桥梁。

图2-80 橡胶式伸缩缝

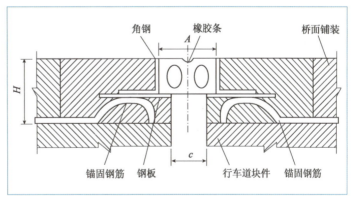

图2-81 橡胶式伸缩缝构造示意
A-伸缩缝间距;c-梁端间距;H-桥面铺装厚度

(4)梳齿式伸缩缝(图2-82、图2-83)

梳齿式伸缩缝由橡胶、钢制梳齿板组合而成,一般适用于伸缩量不大于300mm的公路桥梁。

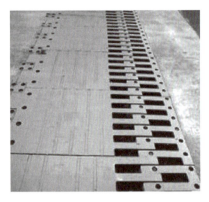

图2-82 梳齿式伸缩缝

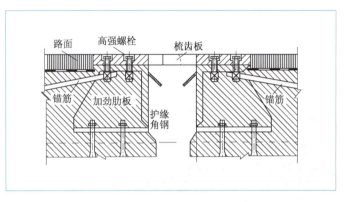

图2-83 梳齿式伸缩缝构造示意

(5)板式橡胶伸缩缝(图2-84)

板式橡胶伸缩缝就是利用橡胶剪切量低的原理设计制造而成,由橡胶的剪切变形来适应桥面的伸缩位移,水平(拉伸与压缩)反力小,对桥跨结构有利。

3)人行道(图2-85、图2-86)

人行道是用路缘石或护栏及其他类似设施加以分隔的专门供人行走的部分,按人行道的施工方法分类,人行道可分为就地浇筑式、预制装配式、部分装配和部分现浇的混合式。

图2-84 板式橡胶伸缩缝

图2-85 人行道

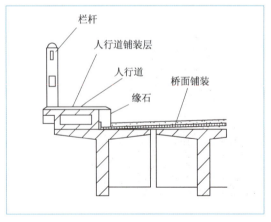

图2-86 人行道构造示意

4)栏杆、护栏

栏杆、护栏是指设置于桥梁人行道或行车道两侧起分隔、导向作用的安全设施,其目的是保障行人、车辆安全和美化桥梁建筑。

按设置位置可分为桥侧护栏、桥梁中央分隔带护栏和人行道、车道分界处护栏;按材质可分为金属栏杆、护栏和混凝土栏杆、护栏。

(1)金属栏杆、护栏(图2-87、图2-88)

金属栏杆易于制成各种图案和铸成富有艺术性的花板,可设计得更富有艺术性,由于金属栏杆要花费较大数量的金属材料且要经常进行油漆养护,故一般用于一些重要的城市桥梁或方便与钢箱连接的大跨径桥梁中。

图2-87　金属栏杆

图2-88　金属护栏

(2)混凝土栏杆、护栏(图2-89、图2-90)

公路梁式桥上多采用混凝土装配式栏杆、护栏,混凝土栏杆、护栏具有造价低、易安装等优点。

图2-89　钢筋混凝土栏杆

图2-90　钢筋混凝土护栏

5)排水系统(图2-91、图2-92)

为了迅速将雨水排出桥梁范围,防止雨水渗入梁体引起钢筋锈蚀而影响桥梁耐久性,确保公路桥梁正常使用,应对桥梁设置排水系统。

图2-91　泄水孔及箅子

图2-92　泄水管及箅子

6）锥（护）坡（图 2-93）

锥（护）坡是为保护路堤边坡不受冲刷，在桥涵与路基相接处修筑的锥形护坡，又称为锥体护坡。在采用埋置式、桩式、柱式桥台或桥台布置不能完全挡土时，为保护桥头路堤的稳定，防止冲刷，在两侧设置锥（护）坡。

图 2-93　锥（护）坡

7）照明系统及标志、标线

（1）照明系统（图 2-94）

在城市及城郊行人和车辆较多的桥梁上，要有照明设施，一般采用柱灯在桥面上照明。

图 2-94　桥梁照明系统

（2）标志、标线（图 2-95、图 2-96）

公路交通标志、标线是公路必不可少重要附属设施。标志按使用对象的不同可分为公路管理者使用（如公路编号、桥梁名称等）、驾驶员和乘客行人使用（如指路标志、地名标志、限速标志、警告标志等)。公路标线主要用于引导车辆分道行驶,达到安全畅通的目的。

图 2-95　桥上标志

图 2-96　桥上标线

2.2.5　涵洞

涵洞是使水从路下流过的通道,作用与桥梁相同,但一般孔径较小。按截面形式可分为拱涵、盖板涵、圆管涵和箱涵等(图 2-97 ~ 图 2-105)。

图 2-97　拱涵

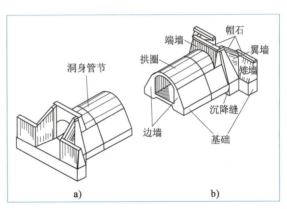

图 2-98　拱涵构造示意

图 2-99　盖板涵

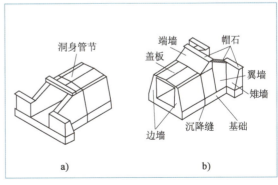

图 2-100　盖板涵构造示意

图 2-101　圆管涵

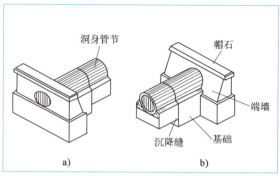
图 2-102　圆管涵构造示意

图 2-103　箱涵

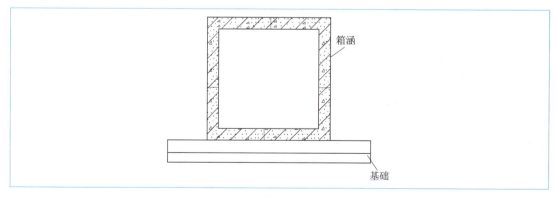
图 2-104　箱涵断面构造示意

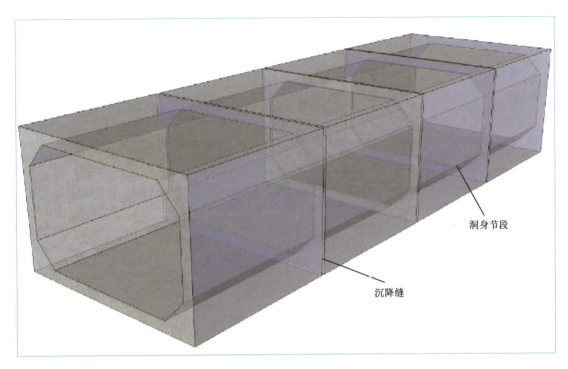

图 2-105　箱涵三维构造示意

2.3　桥梁基本状况卡片中相关术语与解释

《公路桥涵养护规范》(JTG 5120—2021)中规定,桥梁管养单位应对辖区内的所有桥梁建立如规范中附录 A 所示的桥梁基本状况卡片,见表 2-4。

桥梁基本状况卡片　　　　　　　　　　表 2-4

A 桥梁所处行政区划代码:						
B 行政识别数据						
1	路线编号		2	路线名称	3	路线等级
4	桥梁编号		5	桥梁名称	6	桥位桩号
7	功能类型	(公路、公铁两用)	8	被跨越道路(通道)名称	9	被跨越道路(通道)桩号
10	设计荷载		11	桥梁坡度	12	桥梁平曲线半径
13	建成时间		14	设计单位	15	施工单位
16	监理单位		17	业主单位	18	管养单位
C 桥梁技术指标						
19	桥梁全长(m)		20	桥面总宽(m)	21	车道宽度(m)
22	人行道宽度(m)		23	护栏或防撞墙高度(m)	24	中央分隔带宽度(m)

续上表

		C 桥梁技术指标					
25	桥面标准净空(m)		26	桥面实际净空(m)		27	桥下通航等级及标准净空(m)	
28	桥下实际净空(m)		29	引道总宽(m)		30	引道线形或曲线半径(m)	
31	设计洪水频率及其水位		32	历史洪水位		33	设计地震动峰值加速度系数	
34	桥面高程(m)			(根据测点设置列数)			
		D 桥梁结构信息					
35		桥梁分孔(m)	[根据孔数(号)设置列数]
36		结构体系	(根据种类设置列数)
上部结构形式与材料	37	主梁	
	38	主拱圈	
	39	桥(索)塔	
	40	拱上建筑	
	41	主缆	
	42	斜拉索(含索力)	(根据索数设置列数)
	43	吊杆(含索力)	(根据吊杆数设置列数)
	44	系杆(含索力)	(根据系杆数设置列数)
桥面系形式与材料	45	桥面铺装	
	46	伸缩缝	(根据孔数设置列数)
	47	人行道、路缘	
	48	栏杆、护栏	(根据部位不同设置列数)
	49	照明、标志	
下部结构形式与材料	50	桥台	(根据桥台数设置列数)
	51	桥墩	(根据桥墩数设置列数)
	52	锥坡、护坡	
	53	翼墙、耳墙	
基础形式与材料	54	基础	
	55	锚碇	(根据锚碇数设置列数)
支座形式、材料与附属设施	56	支座	
	57	桥梁防撞设施	
	58	航标及排水系统	
	…	…	
	59	调治构造物	

续上表

\multicolumn{8}{c}{E 桥梁档案资料}								
60	设计图纸	（全、不全或无）	61	设计文件	（全、不全或无）	62	竣工图纸	（全、不全或无）
63	施工文件(含施工缺陷处理)	（全、不全或无）	64	验收文件	（全、不全或无）	65	行政审批文件	（全、不全或无）
66	定期检查资料	（全、不全或无）	67	特殊检查资料	（全、不全或无）	68	历次维修、加固资料	（全、不全或无）
69	其他档案	(如计算书、专题研究报告、地质水文勘测报告等相关文件)	70	档案形式	（纸质、电子文件）	71	建档时间（年/月）	

\multicolumn{6}{c}{F 桥梁检测评定历史(根据需要设置行数)}					
72	73	74		75	76
评定时间	检测类别	桥梁技术状况评定结果/特殊检查结论		处治对策	下次检测时间

\multicolumn{11}{c}{G 养护处治记录(根据需要设置行数)}									
77	78	79	80	81	82	83	84	85	86	87
时间(段)	处治类别(维修、加固、改造)	处治原因	处治范围	工程费用（万元）	经费来源	处治质量评定	建设单位	设计单位	施工单位	监理单位

\multicolumn{2}{c}{H 需要说明的事项(含桥梁管养单位的变更情况)}	
88	

\multicolumn{6}{c}{I 其他}					
89	桥梁总体照片	（照片）	90	桥梁正面照片	（照片）
91	桥梁工程师	92 填卡人		93 填卡日期	年 月 日

桥梁基本状况卡片填写说明如下，其中术语后括号内容为对应的表格中该项的编号。

A 桥梁所处行政区划代码

B 行政识别数据

1. 路线编号（1）

《公路路线标识规则和国道编号》（GB/T 917—2017）：

普通公路的路线编号，应由一位公路行政等级字母标识符"G（S/X/Y/C/Z）"和三位数字编号"×××"组配表示。

国家高速公路的首都放射线、北南纵线、东西横线和地区环线等主线编号,应由一位国道字母标识符"G"和不超过两位的数字编号"×"或"××"组配表示;国家高速公路的城市绕城环线、联络线和并行线编号,应由一位国道字母标识符"G"和两位主线缩号"××"、一位路线类型识别号"*"和一位顺序号"#"组配的四位数字编号表示。

省级高速公路的省会放射线、北南纵线、东西横线等主线编号,应由一位省道字母标识符"S"和不超过两位的数字编号"×"或"××"组配表示;省级高速公路的城市绕城环线和联络线的编号,宜由一位省道字母标识符"S"和两位数字编号"××"组配表示。

2. 路线名称(2)

上述第1项路线编号中所述国标规定的路线命名,用文字填写。

3. 路线等级(3)

3.1 公路行政等级

公路按行政等级分为国道、省道、县道、乡道、村道和专用公路六个等级。其中,国道包括国家高速公路和普通国道,省道包括省级高速公路和普通省道。

3.2 公路技术等级

公路按技术等级分为高速公路、一级公路、二级公路、三级公路和四级公路五个等级。其中,高速公路以外的其他公路称为普通公路。

4. 桥梁编号(4)

国标《公路桥梁命名编号和编码规则》(GB 11708—1989)规定的桥梁编号,由1位标识符和四位数字组成。

5. 桥梁名称(5)

即桥梁的全名,用文字填写。对既有桥梁采用原有标称的桥名,对新建桥梁采用国标《公路桥梁命名编号和编码规则》(GB 11708—1989)规定命名。

6. 桥位桩号(6)

1/2桥长处的路线里程,即桥梁中心桩号,填写形式为:K×××+×××,可参考设计或竣工文件等填写。

7. 功能类型(7)

采用文字方式填写,功能类型如下:
①跨河桥(跨非通航河道);
②跨航道桥;
③跨线桥(简单立交桥-分离立交);
④互通式立交桥;
⑤跨山谷桥;
⑥高架桥;
⑦其他,需具体说明。

8. 被跨越道路(通道)名称(8)

被跨越道路(通道)为非通航河流、航道、铁路和山谷等时,仅填写其文字名称,不填写编号。被跨越道路(通道)为公路时,按上述第1、2项路线编号和路线名称的规定填写。

9. 被跨越道路(通道)桩号(9)

被跨越道路(通道)为公路,则填写下穿公路中心线与桥轴交点处下穿公路的里程,填写方式同第6项桥位桩号规定。非公路的下穿通道,则填写"/"。

10. 设计荷载(10)

按照设计或竣工文件中的桥梁设计荷载等级标准填写设计荷载,即《公路工程技术标准》(JTG B01—2014)中的公路—Ⅰ级、公路—Ⅱ级;《公路工程技术标准》(JTG B01—2014)中的汽车—10级、拖—60;汽车—15级、挂车—80;汽车—20级、挂车—100;汽车—超20级、挂车—120等。

11. 桥梁坡度(11)

坡度是指桥面纵向或横向与水平面所成的夹角。

当桥面纵坡大于正常排水要求的2.5%时,应将其视为坡桥,填写其最大纵坡值,精确至0.5%。填写时需考虑以下几种情形。

情形一:双向坡桥,按里程增长方向顺序填写,形式为: +×.×%, -×.×%。

情形二:单向坡桥,若沿里程增长方向为下坡,则填写为: -×.×%;反之,则填写为 +×.×%。

情形三:桥梁一侧有纵坡而另一侧为正常排水纵坡或无纵坡,则填写为0.0%, +×.×% 或 -×.×%,0.0%。

12. 桥梁平曲线半径(12)

平曲线半径即圆曲线半径,当道路由一段直线转到另一段直线上去时,其转角的连接部分均采用圆弧形曲线,这种圆弧的半径称为平曲线半径。采用" +R……"或" -R……"形式填写弯曲半径,精确至1m。其中" +"表示右弯," -"表示左弯,所谓右弯是指弯曲中心位于桥梁右侧。

13. 建成时间(13)

即桥梁建造竣工交付使用的年月,年用4位数字表示,月用2位数字表示,填写形式为年/月。

14. 设计单位(14)

设计单位全称。

15. 施工单位(15)

施工单位全称。

16. 监理单位(16)

监理单位全称。

17. 业主单位(17)

业主单位全称。

18. 管养单位(18)

管养单位填写县级或相当于县级的公路管养单位的全称。

C 桥梁技术指标

19. 桥梁全长(m)(19)

有桥台桥梁的桥长为两岸桥台侧墙或八字墙尾端间沿桥面中心线的长度,无桥台桥梁的桥长为桥面系行车道沿桥面中心线的长度,精确到0.1m。

20. 桥面总宽(m)(20)

填写上部构造外缘之间垂直于桥轴线方向的宽度,按桥面全宽填写,为桥面净宽+中央分隔带宽度+两侧防撞设施宽度+人行道宽度,精确至0.1m。

21. 车道宽度(m)(21)

车道宽度为两侧缘石或护栏带内侧之间宽度,若桥面中央设有分隔带,该宽度应为不包括分隔带在内的有效行车宽度,包含所设置的加(减)速车道、紧急停车道、爬坡车道、慢车道或错车道的宽度,精确至0.1m。

22. 人行道宽度(m)(22)

人行道宽度为外侧护栏道车道宽度,精确至0.1m。

23. 护栏或防撞墙高度(23)

护栏或防撞墙顶部到桥面的高度,精确至0.1m。

24. 中央分隔带宽度(m)(24)

左右幅桥梁间间距,精确至0.1m。

25. 桥面标准净空(m)(25)

桥面标准净空是指桥梁设计时规定的桥面上方的最小净空高度。上承式桥,桥上无竖向净空限制,此项填写"/";中承或下承式和桥上有竖向净空限制的上承式桥,填写行车顶面上跨结构限制的最小竖向高度,精确至0.1m。

26. 桥面实际净空(m)(26)

实际净空则是指桥面上方的实际净空高度。上承式桥,桥上无竖向净空限制,此项填写"/";中承或下承式和桥上有竖向净空限制的上承式桥,填写行车顶面上跨结构限制的实际最小竖向高度,精确至0.1m。

27. 桥下通航等级及标准净空(m)(27)

如桥梁跨越航道,说明航道等级及最高通航水位时通航孔净空,精确至0.1m。

28. 桥下实际净空(m)(28)

桥下实际净空指的是为满足桥下通过行车、行人的需要,对上部结构底缘以下规定的空间限界,精确至 0.1m。

29. 引道总宽(m)(29)

桥梁引道是指桥梁两端与道路连接的路段。由于桥梁需跨越道路、河流或沟谷,所以两侧桥头比地面高很多,所以需通过引道连接原地面和桥梁。填写外缘之间垂直于轴线方向的宽度,按全宽填写,为净宽+中央分隔带宽度+两侧防撞设施宽度+人行道宽度,精确至 0.1m。

30. 引道线形或曲线半径(m)(30)

列出引道线形,引道有弯度时采用"+R……"或"-R……"形式填写弯曲半径,精确至 1m。其中"+"表示右弯,"-"表示左弯,所谓右弯是指弯曲中心位于桥梁右侧。

31. 设计洪水频率及其水位(31)

按设计文件的数据填写,精确至 0.1m,并注明设计洪水频率。填写形式为 B/A,其中 A 为设计洪水频率,B 为设计洪水位。

32. 历史洪水位(32)

通过查询有关档案资料,并根据现场调查,填写过去曾经发生的洪水位,精确至 0.1m。

33. 设计地震动峰值加速度系数(33)

《公路工程技术标准》(JTG B01—2014)中表征地震影响的参数采用地震动峰值加速度系数,规范中按地震基本烈度表示,可参考设计或竣工文件等填写。

34. 桥面高程(m)(34)

填写 1/2 桥长处桥面纵向竖曲线顶点处行车道中心点的高程,精确至 0.01m,根据测点设置列数。

D 桥梁结构信息

35. 桥梁分孔(m)(35)

桥跨按里程增长方向顺序编号,起始为 1。填写与桥梁跨数相对应的孔号,填写形式为:××(小编号)~××(大编号)或××,不同结构形式分栏填写。

36. 结构体系(36)

按①、②、③先后顺序用文字方式填写下述内容,不同结构形式分栏填写。

①行车道位置。

a)上承式,一般可不注明;

b)中承式;

c)下承式。

②截面形式。

a)板式:实体板、空心板、肋板;

b)肋梁式:π形、I形、T形、矩形等;
c)箱形:单箱单室、单箱多室、双箱单室、双箱多室等;
d)板-梁组合:RC 微弯板-I 字梁组合,RC 板-I 字梁组合;
e)桁架;
f)其他,需具体说明。
③结构体系类型。
a)梁式桥:简支梁、悬臂梁、连续梁、T形刚构、连续-刚构等;
b)拱桥:实腹拱、双曲线拱、桁架拱、刚架拱、系杆拱等;
c)刚架桥:门形刚架、斜腿刚架、连续刚架;
d)其他,需具体说明。

37. 主梁(37)

采用文字方式(也可用代码)填写下列项目之一:
①钢筋混凝土(RC)。
②预应力混凝土。
a)先张(PrePC);
b)后张(PostPC)。
③素混凝土。
④石料或砖。
a)干砌;
b)浆砌。
⑤钢材。
a)铆接;
b)焊接;
c)栓接;
d)混合连接,如栓焊、铆焊等。
⑥木材。
⑦组合的,应注明组成材料。
⑧其他,需具体说明。
在填写①~③项时,应注明预制现浇;在填写④项时,应注明石料的种类,如:料石、片石或块石等。

38. 主拱圈(38)

分为板拱桥、肋拱桥、双曲拱桥、箱形拱桥;材料类型可按第37项填写。

39. 桥(索)塔(39)

分为独柱型、双柱型、门或 H 形、A 形、钻石形、倒 Y 形、花瓶形等;材料类型有钢筋混凝土、钢混、钢结构等。

40. 拱上建筑(40)

拱上桥道梁一般分为简支梁体系、连续梁体系和连续梁-连续钢构组合体系,材料类型可按第37项填写。

41. 主缆(41)

主缆可采用钢丝绳和平行钢丝束两种形式。

42. 斜拉索(含索力)(42)

斜拉索可采用平行钢筋索、钢丝索、钢绞线索等,根据索数设置列数。

43. 吊杆(含索力)(43)

吊杆有钢丝绳、钢绞线或平行钢丝等多种结构形式,根据吊杆数设置列数。

44. 系杆(含索力)(44)

系杆有钢丝绳、钢绞线、平行钢丝、钢结构等多种结构形式,根据系杆数设置列数。

45. 桥面铺装(45)

常见的桥面铺装有沥青混凝土桥面铺装及混凝土桥面铺装,采用文字方式填写桥面铺装类型,如沥青处治、沥青混凝土、水泥混凝土和其他类型(需具体说明)。

46. 伸缩缝(46)

用文字方式填写下列伸缩缝类型,不同类型分栏填写,根据孔数设置列数。
① 橡胶伸缩缝。
a) 橡胶带(板)伸缩缝;
b) 组合伸缩缝:橡胶与型钢组合、橡胶与钢板组合。
② 钢制伸缩缝。
a) 板式:滑动型、梳型;
b) 拼板式;
c) 毛勒缝。
③ 锌铣皮伸缩缝即 U 形伸缩缝。
④ 简易接缝。

47. 人行道、路缘(47)

人行道分为沥青混凝土、水泥混凝土、预制混凝土砌块路面、沥青混合料平面砌块路面等;路缘可采用水泥混凝土或天然石材等材料。

48. 栏杆、护栏(48)

栏杆、护栏分为混凝土护栏、波形梁钢护栏、梁柱式钢护栏、组合式护栏、缆索护栏、混凝土仿木水泥栏杆(仿石护栏、仿树皮护栏或仿竹护栏等)。

49. 照明、标志(49)

照明、标线、防眩板、桥铭牌等。

50. 桥台(50)

桥台按里程增长方向顺序编号,起始号为0。基础类型(包括桩数量)均相同的桥台填写一栏,否则应分栏填写。

用文字方式进行填写,不同结构形式分栏填写。材料参照第37项主梁材料填写。

桥台形式:
①重力式桥台:U形、八字式、一字式、埋置式;
②轻型桥台:薄壁式、支撑梁式;
③框架式桥台:双柱、多柱、墙式、半重力式;
④组合桥台:锚定板式、过梁式、台墙组合式;
⑤承拉桥台;
⑥齿槛式桥台;
⑦空腹式桥台,即L形桥台。

51. 桥墩(51)

桥墩按里程增长方向顺序编号,起始号为0。根据桥墩数设置列数,基础类型(包括桩数量)均相同的桥台填写一栏,否则应分栏填写。

用文字方式进行填写,不同结构形式分栏填写。材料参照第37项主梁材料填写。

桥墩形式
①实体墩;
②空心墩;
③桩(柱)式墩:单排、多排;
④柔性墩;
⑤薄壁墩:双壁式、V形、X形或Y形墩;
⑥单向推力墩:半重力式、悬臂式、斜撑式。

52. 锥坡、护坡(52)

用文字方式填写下列桥台护坡及锥坡类型。
①土质;
②植物保护;
③石料铺砌;
④混合型;
⑤其他(需说明);
⑥若无锥坡、护坡,则填写"/"。

53. 翼墙、耳墙(53)

翼墙是为保证桥台两侧路基边坡稳定并起引导河流的作用而设置的一种挡土结构物。材料有浆砌片石、钢筋混凝土等。耳墙就是U台中两边的侧墙,在桥台的后边的两侧。

54. 基础(54)

用文字方式填写下列基础类型,不同类型分栏填写。

①浅置基础或扩大基础。
②桩基础：
a)打入桩：钢筋混凝土桩、预应力混凝土桩、钢桩、木桩；
b)现浇钢筋混凝土桩：钻孔桩、挖孔桩；
c)管柱。
③沉井。
④其他，需另行注明。

55. 锚碇(55)

锚碇在结构上主要分为重力式锚碇、隧道式锚碇和岩锚。

56. 支座(56)

用文字方式填写下列支座类型：
①油毡支座；
②钢板支座；
③辊轴支座；
④钢铰支座；
⑤钢筋混凝土摆柱式支座；
⑥钢筋混凝土铰座；
⑦板式橡胶支座；
⑧盆式橡胶支座；
⑨其他，应另行注明。

57. 桥梁防撞设施(57)

防撞设施有墩柱式防撞设施、围堰式防撞设施、漂浮拦网式防撞设施、消能组件式防撞设施、套箱式防撞设施等，如桥梁不通航或者未设防撞设施，则填写"/"。

58. 航标及排水系统(58)

跨河桥梁设置的桥涵标、桥柱灯，增设供引导船舶分别进入上、下通航孔的水上标志等。

59. 调治构造物(59)

用文字方式填写下列调治构造物类型：
①导流坝；
②封闭式导流堤；
③梨形堤；
④顺水坝；
⑤丁坝；
⑥其他，应另行注明。

E 桥梁档案资料

桥梁基本状况卡片中第60项～第68项，仅填写文件的全、不全、无三种情况。

60. 设计图纸(60)

包括初步设计图纸、施工设计图纸等。

61. 设计文件(61)

是指除设计图纸以外的所有设计文件,包括招标文件、设计任务书、设计计算书等。

62. 竣工图纸(62)

包括施工图、竣工图等。

63. 施工文件(含施工缺陷处理)(63)

是指除施工图、竣工图之外的所有施工文件,包括施工合同文件、隐蔽工程记录、材料试验报告等。

64. 验收文件(64)

包括监理文件、竣工验收文件及承载能力试验鉴定等文件。

65. 行政审批文件(65)

66. 定期检查资料(66)

定期检查报告、原始记录、照片等。

67. 特殊检查报告(67)

指专项检测、应急检测等特殊检查报告,由具有资质的检测单位出具。

68. 历次维修、加固资料(68)

指中、大修及改造的设计文件和图纸。

69. 其他档案(69)

计算书、专题研究报告、地质水文勘测报告等相关文件。

70. 档案形式(70)

纸质、电子文件。

71. 建档时间(年/月)(71)

最初建立桥梁档案的日期,由档案保存单位提供。

F 桥梁检测评定历史(根据需要设置行数)

72. 评定时间(72)

填写形式同第13项。

73. 检测类别(73)

用文字方式填写:①初始检查;②定期检查;③特殊检查。

74. 桥梁技术状况评定结果/特殊检查结论(74)

根据桥梁技术状况评定结果,填写一类、二类、三类、四类、五类中的一种。

75. 处治对策(75)

根据全桥梁状况评分进行填写,按下列类型进行填写:

①一类桥,正常保养或预防养护;②二类桥,修复养护、预防养护;③三类桥,修复养护、加固或更换较大缺陷构件;必要时可进行交通管制;④四类桥,修复养护、加固或改造;及时进行交通管制,必要时封闭交通;⑤五类桥,及时封闭交通,改建或重建。

76. 下次检测时间(76)

按规范中对不同桥梁的检查频率的要求进行推算,填写形式同第13项。

G 养护处治记录(根据需要设置行数)

77. 时间(段)(77)

填写建造,改善与维修工程的开工至竣工年月,填写形式同第13项。

78. 处治类别(维修、加固、改造)(78)

用文字方式填写下列类别之一:
①维修;②大修或加固;③改造或重建。

79. 处治原因(79)

用文字方式只填写维修、加固、改建或重建的原因。

80. 处治范围(80)

填写维修加固的工程范围。

81. 工程费用(万元)(81)

填写维修加固工程的总费用,精确至0.1万元。

82. 经费来源(82)

用文字方式填写经费来源。

83. 处治质量评定(83)

依据工程验收文件用文字填写。

84. 相关单位(84~87)

填写建造、改善与维修工程建设单位、设计单位、施工单位和监理单位的全称。

H 需要说明的事项(含桥梁管养单位的变更情况)

85. (88)

需要进一步说明的问题。

I 其他

86. 桥梁总体照片(89、90)

上游侧立面照,尽量将上部结构和下部结构拍摄在同一张照片中。如果上下游结构形式不一样,应分别拍照;如果是加固改造后检查,应采用加固改造后的照片。

87. 桥梁工程师(91)

桥梁工程师签名。

88. 填卡人(92)

填卡人签名。

89. 填卡日期(93)

填写填卡的具体日期,填写形式为:××××(年)/××(月)/××(日)。

2.4 桥梁养护有关专业术语与解释

2.4.1 基本概念

1)小修保养

对公路及其沿线设施经常进行保养和修补其轻微损坏部分的作业。

2)中修工程

对公路及其沿线设施的一般性损坏部分进行定期的修理加固,以恢复公路原有技术状况的工程。

3)大修或改造工程

对公路及其沿线设施的较大损坏进行周期性的综合修理,以全面恢复到原技术标准的工程。

4)改建工程

对公路及其沿线设施因不适应现有交通量增长和荷载需要而进行全线或逐段提高技术等级指标,显著提高其通行能力的较大工程项目。

5)主桥

多孔桥梁的主要跨段。

6)引桥

桥梁中连接主桥和路堤的部分,引桥跨径一般较小,结构形式相比主桥简单。

7)桥梁部件

结构中同类构件的统称,如梁、桥墩等。

8)桥梁构件

组成桥梁结构的最小单元,如一片梁、一个桥墩等。

9)主要承重构件

其自身失效将直接影响或危及桥梁结构安全的桥梁承重构件。

10)调治构造物

为引导和改变水流方向,使水流平顺通过桥孔并减缓水流对桥位附近河床、河岸的冲刷而修建的水工构造物。

11）危桥

处于危险状态,不能满足通行安全的桥梁。

12）养护

为保证桥涵及其附属物的正常使用而进行的经常性保养和维修作业;预防和修复桥涵的灾害性损坏及为提高桥涵使用质量和服务水平而进行的改造。

13）加固

当桥涵构造物局部损坏或承载力不足时进行的修复和补强等工程措施。

14）抢修

因水毁、地震等灾害及车辆超载、船舶撞击等意外事故造成桥涵交通中断或严重影响通行时,所采取的迅速恢复交通的工程措施。

15）桥梁结构承载能力

指桥梁承受荷载的能力,是桥梁结构在使用期间各力学性能的综合反映,是评价结构安全性、可靠性的依据。

16）结构强度

指结构抗断裂的性质。

17）结构刚度

指结构抗变形的能力,即结构能够保证在使用范围内不出现弹性不稳定,且变形符合要求。

18）稳定性

指构件受力时保持外形稳定的能力。

19）跨中挠度

桥梁结构或构件在荷载作用下跨中截面产生的竖向位移。一般有上拱和下挠两种情况。

20）结构位移

因荷载引起的结构或构件的某点位置或某线段方向改变称为位移。点的位置改变称为线位移;线段方向改变称为角位移。

21）桥梁加固

采取增强、局部更换或调整结构内力等措施,使桥梁结构承载能力满足规范要求的工程措施。

22）原构件

桥梁实施加固前的原有构件。

23）纤维复合材料

高强度的连续纤维按一定规律排列,经用胶黏剂浸渍、黏结固化后形成的具有纤维增强效应的复合材料。

24）植筋

运用高强度黏合剂,使钢筋、螺杆等与混凝土产生握裹力的工艺方法。

25）结构胶黏剂

用于承重构件能长期承受外力和环境作用的胶黏剂。

26）聚合物砂浆

掺有改性环氧乳液或其他改性共聚物乳液的高强度水泥砂浆。

27）环氧混凝土

以改性环氧树脂乳液为主剂,掺入石子、砂等材料形成的高强度混凝土。

28）阻锈剂

对混凝土结构钢筋起保护作用,能抑制或减轻其锈蚀的材料。

29）增大截面加固法

通过增大原结构构件的截面面积并增配钢筋,以提高其承载力和刚度的方法。

30）粘贴钢板加固法

采用结构胶黏剂粘贴钢板（或型钢）以提高结构或构件承载力的方法。

31）粘贴纤维复合材料加固法

采用结构胶黏剂粘贴纤维复合材料以提高结构或构件承载力的方法。

32）体外预应力加固法

通过施加体外预应力,使原结构或构件的受力得到改善或调整的方法。

33）改变结构体系加固法

通过改变结构体系,使原结构或构件的受力得到改善或调整的方法。

34）裂缝表面封闭法

采用沿构件表面涂刷水泥砂浆、胶黏剂等材料来修补构件表面的细小的混凝土裂缝。

35）裂缝压力灌注法

以一定的压力将裂缝修补胶液或水泥浆注入裂缝腔内,达到充填密实的效果。

36）裂缝自动低压渗注法

借助于较小的压力装置,利用注浆材料良好的渗透性能进行修补的方法。

2.4.2 病害名词

本小节针对较常见的和不易掌握的病害加以说明。

病害类型：梁体下挠（图 2-106）。

病害描述：梁体向下变形。

病害类型：裂缝（图 2-107）。

图 2-106　梁体下挠

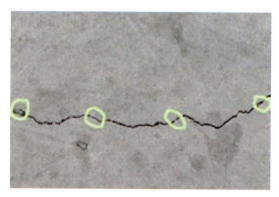

图 2-107　裂缝（横向）

病害描述：构件表面的开裂现象，常见于混凝土构件及桥面铺装层。可依据裂缝走向分为横向裂缝、纵向裂缝、竖向裂缝、斜向裂缝及网状裂缝。

病害类型：混凝土破损（图2-108）。

病害描述：构件表面成片开裂，局部裂成碎块等现象。常见于混凝土构件及桥面铺装层。

病害类型：露骨（图2-109）。

病害描述：混凝土表面集料裸露的现象。常见于混凝土构件及铺装层。

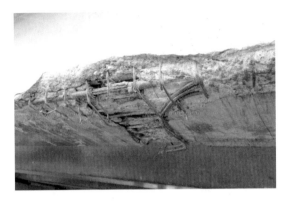

图2-108　混凝土破损

图2-109　露骨

病害类型：混凝土剥落、露筋（图2-110）。

病害描述：混凝土表层脱落、粗集料外露的现象，严重时，成片状脱落，钢筋外露。

病害类型：渗水、泛白吸附（图2-111）。

病害描述：结构渗入的水分，滞留在混凝土构件表面，并出现白色析出物。

图2-110　混凝土剥落、露筋

图2-111　渗水、泛白吸附

病害类型：蜂窝（图2-112）。

病害描述：混凝土局部不密实或松散，混凝土表面多砂少浆，呈蜂窝状。

病害类型：麻面（图2-113）。

病害描述：混凝土表面局部缺浆、粗糙，或有大量小凹坑的现象。

图 2-112　蜂窝

图 2-113　麻面

病害类型:空洞(图 2-114)。
病害描述:混凝土表面局部无混凝土,呈空洞状,常伴有露筋现象。
病害类型:错台(图 2-115)。
病害描述:接缝或裂缝处相邻构件存在高差的现象。

图 2-114　空洞

图 2-115　错台

病害类型:钢筋锈胀(图 2-116)。
病害描述:内部钢筋锈蚀,体积变大,严重时致使混凝土胀开、剥落,钢筋外露的现象。
病害类型:风化(图 2-117)。
病害描述:由于受水、大气、气温或动植物作用,混凝土构件表面疏松,失去原有的强度。

图 2-116　钢筋锈胀

图 2-117　风化

病害类型:桥梁基础冲刷、淘空(图2-118)。

病害描述:在水流作用下,基础周围埋置物被冲刷淘空的现象。

病害类型:勾缝脱落(图2-119)。

病害描述:勾缝脱落是指相邻空心板板底间或砌块之间的填缝砂浆脱落。

图2-118 桥梁基础冲刷、淘空

图2-119 勾缝脱落

病害类型:车辙(图2-120)。

病害描述:车轮长期作用形成的一种桥面病害,是车辆在路面上行驶后留下的车轮永久压痕。

病害类型:拥包(图2-121)。

病害描述:在车辆荷载的反复作用下,沥青混凝土桥面挤压变形形成鼓包、波浪等现象。

图2-120 车辙

图2-121 拥包

病害类型:桥头跳车(图2-122)。

病害描述:桥台与后台路基之间存在高差,车辆经过时出现的跳车现象。

病害类型:坑槽(图2-123)。

病害描述:桥面材料缺失后形成的凹坑。

病害类型:磨光(图2-124)。

病害描述:水泥混凝土桥面在车辆的长期作用下,表面磨耗脱损的现象。

病害类型:型钢断裂(图2-125)。

病害描述:伸缩装置的钢构件出现断裂。

图 2-122　桥头跳车

图 2-123　坑槽

图 2-124　磨光

图 2-125　型钢断裂

病害类型：腐蚀（图 2-126）。
病害描述：钢构件表面与周围介质发生化学及电化学作用，涂层破坏产生锈蚀。
病害类型：涂层缺陷（图 2-127）。
病害描述：钢构件表面涂层出现气泡、白化、起皱、起皮等现象。

图 2-126　腐蚀

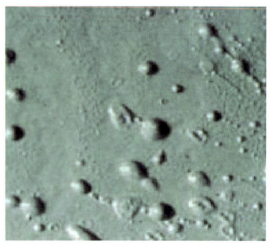

图 2-127　涂层缺陷（气泡）

病害类型：变色起皮（图2-128）。
病害描述：钢构件表面油漆变色或漆皮剥离。
病害类型：吊索索力松弛（图2-129）。
病害描述：在役桥梁拉索的索力与竣工时比较，拉索力减小的现象。

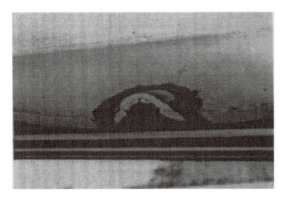 

图2-128　变色起皮　　　　　　　　　　图2-129　吊索索力松弛

病害类型：拉索PE护套开裂、划伤（图2-130）。
病害描述：受到车辆的碰撞或其他原因，PE护套破损露出内部拉索。
病害类型：支座老化（图2-131）。
病害描述：高分子橡胶材料在加工、储存和使用过程中，由于受环境或自身因素的作用，其性能逐渐变坏，失去弹性变形能力，最终丧失使用价值的现象。

图2-130　拉索PE护套开裂、划伤　　　　　图2-131　支座老化

病害类型：支座胶体开裂（图2-132）。
病害描述：高分子橡胶材料由于老化、变形过大引起橡胶体出现裂缝的现象。
病害类型：支座剪切变形过大（图2-133）。
病害描述：橡胶支座的剪切变形过大，剪切角超过35°。
病害类型：支座脱空（图2-134）。
病害描述：支座与上部混凝土或下部垫石之间存在空隙，空隙的存在使支座承压不均匀。
病害类型：支座安装偏位（图2-135）。
病害描述：支座安装位置与设计位置出现偏差，使得支座受力不均匀。

图 2-132　支座胶体开裂

图 2-133　支座剪切变形过大

图 2-134　支座脱空

图 2-135　支座安装偏位

病害类型：支座外鼓不均匀（图 2-136）。
病害描述：橡胶支座承压不均引起的外轮廓鼓胀不均匀。
病害类型：支座位置串动（图 2-137）。
病害描述：支座安装不密贴或梁板变胀过大导致支座位置发生异常变动。

图 2-136　支座外鼓不均匀

图 2-137　支座位置串动

病害类型：支座整体破坏（图2-138）。
病害描述：支座胶体开裂严重或剪切变形过大导致支座失去变形及支承功能。

图2-138　支座整体破坏

2.5　桥梁汽车荷载与解释

我国公路桥涵的设计标准在20世纪50年代主要使用基于苏联标准模式为主的《公路工程设计准则》，1961年编制了《公路桥涵设计规范》（试行），70年代初我国进行了大量的科学研究，并自主编制了《公路桥涵设计规范》（1975年）。1989年修订出版了《公路桥涵设计通用规范》（JTJ 021—89）（简称"89"规范）；2004年、2015年，再次对上述标准进行了全面的修订，先后有《公路桥涵设计通用规范》（JTG D60—2004）（简称"04"规范）和《公路桥涵设计通用规范》（JTG D60—2015）（简称"15"规范），与之配套公路桥涵设计标准也已批准颁布。目前的标准体系已较完善，内容极大丰富。以下对"89"规范、"04"规范和"15"规范中车辆设计荷载标准的相关规定做简单介绍。

2.5.1　"89"规范中车辆荷载的规定

"89"规范中对桥梁设计荷载以汽车车队表示，分汽车—10级、汽车—15级、汽车—20级和汽车—超20级四个等级，对应的验算荷载分为履带—50、挂车—80、挂车—100和挂车—

120。该规范规定,1989年以后新建与改建工程中不再使用汽车—15级和挂车—80两种荷载等级设计桥涵,但在形式上仍予以保留。车队的纵向排列和横向布置应符合图2-139～图2-141的规定,其主要技术指标按表2-5的规定采用。

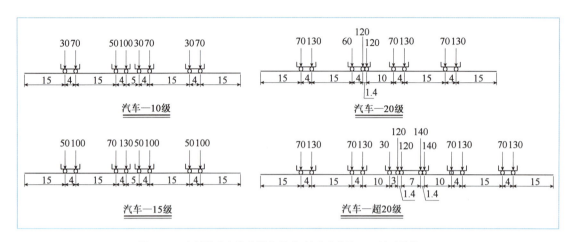

图2-139 各级汽车车队的纵向排列(轴重力单位:kN;尺寸单位:m)

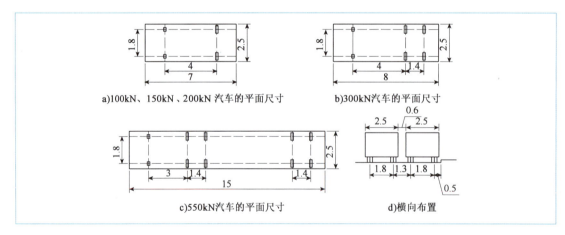

图2-140 各级汽车的平面尺寸和平面布置(尺寸单位:m)

车辆荷载等级选用表　　　表2-5

公路等级	汽车专用公路			一般公路		
	高速公路	一级公路	二级公路	二级公路	三级公路	四级公路
计算荷载	汽车—超20级	汽车—超20级 汽车—20级	汽车—20	汽车—20级	汽车—20级	汽车—10级
验算荷载	挂车—120	挂车—120 挂车—100	挂车—100	挂车—100	挂车—100	履带—50

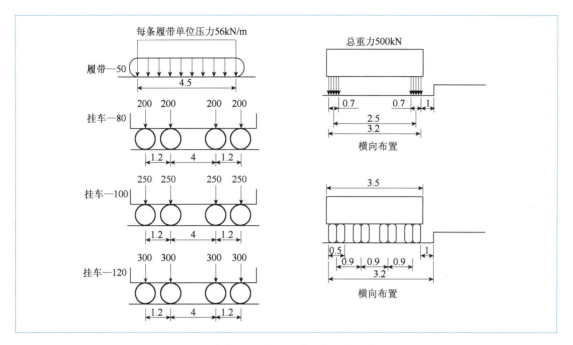

图 2-141 平板挂车和履带车的纵向排列和横向布置(轴力单位:kN;尺寸单位:m)

2.5.2 "04"规范中车辆荷载的规定

"04"规范中车辆荷载的规定主要如下:

(1)规范 4.3.1 条规定汽车荷载分为公路—Ⅰ级和公路—Ⅱ级两个等级。汽车荷载由车道荷载和车辆荷载组成。车道荷载和车辆荷载作用不得叠加。

(2)车道荷载由均布荷载和集中荷载组成,桥梁结构的整体计算采用车道荷载。

(3)桥梁结构的局部加载、涵洞、桥台和挡土墙土压力等的计算采用车辆荷载。

(4)各级公路桥涵设计的汽车荷载等级应符合表 2-6 的规定。

各级公路桥涵的汽车荷载等级　　表 2-6

公路等级	高速公路	一级公路	二级公路	三级公路	四级公路
汽车荷载等级	公路—Ⅰ级	公路—Ⅰ级	公路—Ⅱ级	公路—Ⅱ级	公路—Ⅱ级

注:1. 二级公路为干线公路且重型车辆多时,其桥涵的设计可采用公路—Ⅰ级汽车荷载。
　　2. 四级公路重型车辆少时,其桥涵设计所采用的公路—Ⅱ级车道荷载的效应可乘以 0.8 的折减系数,车辆荷载的效应可乘以 0.7 的折减系数。

1)车道荷载

车道荷载的计算图式如图 2-142 所示。

(1)公路—Ⅰ级车道荷载的均布荷载标准值为 $q_k = 10.5 \text{kN/m}$。

集中荷载标准值按以下规定选取:

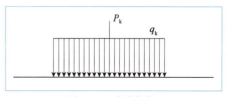

图 2-142 车道荷载

桥梁计算跨径小于或等于 5m 时,$P_k = 180 \text{kN}$;桥梁计算跨径等于或大于 50m 时,$P_k = 360 \text{kN}$;桥梁计算跨径在 5~50m 之间时,P_k 值采用直线内插求得。计算剪力效应时,上述集

中荷载标准值 P_k 应乘以 1.2 的系数。

（2）公路—Ⅱ级车道荷载的均布荷载标准值 q_k 和集中荷载标准值 P_k 按公路—Ⅰ级车道荷载的 0.75 倍采用。

（3）桥梁设计车道数取用，按表 2-7 要求。

桥涵设计车道数   表 2-7

桥面宽度 W(m)		桥涵设计车道数
车辆单向行驶时	车辆双向行驶时	
W < 7.0	6.0 ≤ W < 14.0	1
7.0 ≤ W < 10.5		2
10.5 ≤ W < 14.0	14.0 ≤ W < 21.0	3
14.0 ≤ W < 17.5		4
17.5 ≤ W < 21.0	21.0 ≤ W < 28.0	5
21.0 ≤ W < 24.5		6
24.5 ≤ W < 28.0	28.0 ≤ W < 35.0	7
28.0 ≤ W < 31.5		8

2）车辆荷载

车辆荷载的立面、平面尺寸见图 2-143、图 2-144，公路—Ⅰ级和公路—Ⅱ级汽车荷载采用相同的车辆荷载标准值。车辆荷载的主要技术指标见表 2-8。

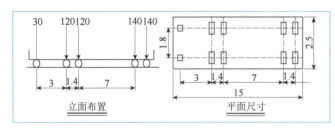

图 2-143 车辆荷载的立面、平面尺寸（尺寸单位：m）

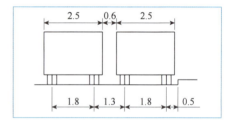

图 2-144 车辆荷载横向布置（尺寸单位：m）

车辆荷载的主要技术指标   表 2-8

项目	单位	技术指标	项目	单位	技术指标
车辆重力标准值	kN	550	轮距	m	1.8
前轴重力标准值	kN	30	前轮着地宽度及长度	m	0.3 × 0.2
中轴重力标准值	kN	2 × 120	中、后轮着地宽度及长度	m	0.6 × 0.2
后轴重力标准值	kN	2 × 140	车辆外形尺寸（长×宽）	m	15 × 2.5
轴距	m	3 + 1.4 + 7 + 1.4			

2.5.3 "15"规范中车辆荷载的规定

"15"规范中 4.3.1 条车辆荷载的规定主要如下：

（1）汽车荷载分为公路—Ⅰ级和公路—Ⅱ级两个等级。

（2）汽车荷载由车道荷载和车辆荷载组成。桥梁结构的整体计算采用车道荷载；桥梁结构的局部加载、涵洞、桥台和挡土墙土压力等的计算采用车辆荷载。车道荷载与车辆荷载的作用不得相互叠加。

(3) 各级公路桥涵设计的汽车荷载等级应符合表 2-9 的规定。

各级公路桥涵的汽车荷载等级 表 2-9

公路等级	高速公路	一级公路	二级公路	三级公路	四级公路
汽车荷载等级	公路—Ⅰ级	公路—Ⅰ级	公路—Ⅱ级	公路—Ⅱ级	公路—Ⅱ级

①二级公路作为集散公路且交通量小、重型车辆少时,其桥涵的设计可采用公路—Ⅱ级汽车荷载。

②对交通组成中重载交通量比重较大的公路桥涵,宜采用与该公路交通组成相适应的汽车荷载模式进行结构整体和局部验算。

(4) 车道荷载的计算图式如图 2-142 所示。

①公路—Ⅰ级车道荷载的均布荷载标准值为 $q_k = 10.5 \text{kN/m}$。

集中荷载标准值按以下规定选取:

a. 桥梁计算跨径小于或等于 5m 时,$P_k = 270 \text{kN}$;

b. 桥梁计算跨径等于或大于 50m 时,$P_k = 360 \text{kN}$;

c. 桥梁计算跨径 $5m < L_0 < 50m$,$P_k = 2(L_0 + 130) \text{kN}$。

②公路—Ⅱ级车道荷载的均布荷载标准值 q_k 和集中荷载标准值 P_k 按公路—Ⅰ级车道荷载的 0.75 倍采用。

③车道荷载的均布荷载标准值应满布于使结构产生最不利效应的同号影响线上;集中荷载标准值只作用于相应影响线中一个影响线峰值处。

④桥梁设计车道数取用,按表 2-7 要求。

(5) 车辆荷载布置与"04"规范一致。

第3章

桥梁检查与评定体系

参考《公路桥涵养护规范》(JTG 5120—2021),公路桥梁的检查分为初始检查、日常巡查、经常检查、定期检查和特殊检查。

初始检查是桥梁建成或改造后的首次检查,反映桥梁的初始技术状态,作为日后各项检查与评定的基准,是桥梁养护工作的基础。

日常巡查在《公路养护技术规范》(JTG H10—2009)第5.1.3条已明确规定,应加强桥涵的日常巡查。桥涵的日常巡查是桥涵日常工作的重要内容之一,应予以充分重视,发现隐患或病害应及时处治。本章补充了该部分的内容。

公路桥梁养护检查等级应分为Ⅰ、Ⅱ、Ⅲ级,分级标准应符合下列规定:

(1)单孔跨径大于150m的特大桥、特别重要桥梁的养护检查等级为Ⅰ级。

(2)单孔跨径小于或等于150m的特大桥、大桥,以及高速公路或一、二级公路上的中桥、小桥的养护检查等级为Ⅱ级。

(3)三、四级公路上的中桥、小桥的养护检查等级为Ⅲ级。

(4)技术状况评定为3类的大、中、小桥应提高一级进行检查。

(5)技术状况评定为4类的桥梁在加固维修前应按Ⅰ级进行检查。

桥梁养护人员应熟悉和掌握初始检查、日常巡查、经常检查知识,了解定期检查和特殊检查知识。

3.1 初始检查

1. 初始检查时机及要求

初始检查宜尽早进行,以确保如实反映桥梁的初始技术状况。初始检查宜与交工验收同时进行,最迟不得超过交付使用后一年。与交工验收同时进行,是为了避免一些参数重复检查或漏检。交工验收是以抽检的形式按《公路工程质量检验评定标准》(JTG F80)对桥梁工程质量进行检测评定;初始检查是以全面检查的形式进行检查评定;交工验收检测不能替代初始检查,初始检查可以沿用交工验收检测报告里已经包含的参数数据,避免重复检测,节约养护费用。

初始检查应委托有相应资质和能力的单位承担。鉴于初始检查的重要性,承担单位应具备类似桥梁检查、荷载试验的业绩和专项资质。

2. 初始检查内容

(1)定期检查需测定的项目,并按相关要求设置永久观测点。
(2)测量桥梁长度、桥宽、净空、跨径等;测量主要承重构件尺寸,包括构件的长度与截面尺寸等;测定桥面铺装层厚度及拱上填料厚度等。
(3)测定桥梁材质强度、混凝土结构的钢筋保护层厚度。
(4)检测钢管混凝土拱桥钢管内混凝土密实度。
(5)养护检查等级为Ⅰ级的桥梁,通过静载试验测试桥梁结构控制截面的应力、应变、挠度等静力参数,计算结构校验系数;通过动载试验测定桥梁结构的基频、振型、冲击系数、阻尼比等动力参数。
(6)量测缆索结构的拉索索力及吊杆索力等。
(7)有水中基础,养护检查等级为Ⅰ、Ⅱ级的桥梁,应进行水下检测。
(8)当交、竣工验收资料中已经包含上述检查项目或参数的实测数据时,可直接引用。

初始检查内容中包含有桥梁总体尺寸、主要承重构件尺寸、材质强度、钢筋保护层厚度等检测内容,在桥梁没有明显腐蚀、锈蚀、损伤或经历改造的情况下,上述参数不会发生能影响结构评定的变化,因此在后期的定期检查和专项检查中可直接沿用上述参数在初始检查时得到的数据,避免检查工作的重复,节约养护资源。

3. 桥梁初始检查报告

初始检查后应提交技术状况评定报告,并包含下列内容:

(1)桥梁基本状况卡片、桥梁初始(定期)检查记录表、桥梁技术状况评定表。
(2)典型缺损和病害的照片、文字说明及缺损分布图,缺损状况的描述应采用专业标准术语,说明缺损的部位、类型、性质、范围、数量和程度等。
(3)三张总体照片。一张桥面正面照片,两张桥梁两侧立面照片。桥梁改建后应重新拍照,并标注清楚。
(4)检查内容的成果。
(5)提出养护建议。

3.2 日常巡查

日常巡查指对桥涵总体使用状况进行的日常巡视、检查。

1)人员配备要求

由经过培训的专职桥梁管理人员或有一定经验的工程技术人员负责。

2) 检查周期要求

日常巡查的检查频率可根据桥梁养护检查等级和技术状况确定。养护检查等级为Ⅰ、Ⅱ级的桥梁巡查频率为每天进行1次;养护检查等级为Ⅲ级的桥梁巡查频率每周不应少于1次。恶劣天气条件下应增加巡查频率。

3) 检查目的

及时掌握桥梁现状及养护工作状态,检查小修保养生产情况。

4) 检查方法

日常巡查可以乘车目测为主,并做好记录,可参考表3-1填写日常巡查报表,一旦发现明显缺损应及时上报。

桥梁日常巡查报表　　　　　　表3-1

桥梁名称(编号)			巡查单位		
检查项	完好	损坏类型	损坏程度(数量)	损坏位置	备注
桥名牌	□是 □否				
限高牌、限载牌	□是 □否				
车行道	□是 □否				
人行道	□是 □否				
伸缩缝	□是 □否				
栏杆	□是 □否				
排水设施	□是 □否				
桥路连接位置	□是 □否				
桥梁保护区域内施工					
其他危及行人、行船、行车安全的病害					
巡查人		巡查日期	年　月　日 星期　　天气		

5) 检查注意事项

当巡检过程中发现设施明显损坏,影响车辆和行人安全时,应立即设置警示标志,及时向上级部门报告,并应采取相应的维护措施。

6) 检查主要内容

检查内容主要包括桥面及以上部分的桥梁构件及桥梁结构异常变位情况的目测检查,即:

(1) 桥路连接处是否异常。

(2) 桥面铺装、伸缩缝是否有明显破损。

(3) 栏杆或护栏等有无明显缺损。

(4) 标志标牌是否完好。

(5) 桥梁线形是否存在明显异常。

3.3 经常检查

经常检查主要是指对桥面设施、上部结构、下部结构及附属构造物的技术状况进行检查。

1) 人员配备要求

根据辖区内桥梁数量和路线间隔合理安排,桥梁养护人员若干名。

2) 检查周期要求

经常检查的周期应根据桥梁技术状况而定,一般每月不得少于一次,对支座一般可每季度一次,汛期应加强不定期检查。

3) 检查目的

通过检查估计缺损范围及养护工作量,提出相应的小修保养措施,为编制辖区内的桥梁养护(小修保养)计划提供依据。当场应填写"桥梁经常检查记录表",现场要记录所检查项目的缺损类型。

4) 检查方法

采用人工目测方法为主,也可配以简单工具进行测量。

5) 基本检查工具

基本检查工具有照相机、裂缝测宽仪、激光测距仪、望远镜、梯子、照明工具、钢卷尺、记录表及笔等。

6) 检查注意事项

经常检查中发现桥梁重要部件存在明显缺损时,应及时向上级提交专项报告。

3.3.1 经常检查的基本内容

经常检查应包括以下内容:

(1) 桥梁外观是否整洁,有无杂物堆积、杂草蔓生。构件表面的涂层是否完好,有无损坏、老化变色、开裂、起皮、剥落、锈迹。

(2) 桥面铺装是否平整,有无裂缝、局部坑槽、积水、沉陷、波浪、碎边;混凝土桥面是否有剥离、渗漏,钢筋是否露筋、锈蚀,缝料是否老化、损坏,桥头有无跳车。

(3) 排水设施是否良好,桥面泄水管是否堵塞和破损。

(4) 伸缩缝是否堵塞卡死,连接部件有无松动、脱落、局部破损。

(5) 人行道、缘石、栏杆、扶手、防撞护栏和引道护栏(柱)有无撞坏、断裂、松动、错位、缺件、剥落、锈蚀等。

(6) 观察桥梁结构有无异常变形,异常的竖向振动、横向摆动等情况,然后检查各部件的技术状况,查找异常原因。

(7) 支座是否有明显缺陷,活动支座是否灵活,位移量是否正常。

(8) 桥位区段河床冲淤变化情况。

(9) 基础是否受到冲刷损坏、外露、悬空、下沉,墩台及基础是否受到生物腐蚀。

(10) 墩台是否受到船只或漂浮物撞击而受损。

(11) 翼墙(侧墙、耳墙)有无开裂、倾斜、滑移、沉降、风化剥落和异常变形。

（12）锥坡、护坡、调治构造物有无塌陷，铺砌面有无缺损、勾缝脱落、灌木杂草丛生。

（13）交通信号、标志、标线、照明设施以及桥梁其他附属设施是否完好。

（14）其他显而易见的损坏或病害。

根据《公路桥涵养护规范》（JTG 5120—2021）要求，经常检查应当场填写表3-2所示的桥梁经常检查记录表。

桥梁经常检查记录表 表3-2

公路管理机构名称：					
1 路线编号		2 路线名称		3 桥位桩号	
4 桥梁编号		5 桥梁名称		6 养护单位	
7 检查项目		缺损类型	缺损范围	处治建议	
8 主梁					
9 主拱圈					
10 拱上建筑					
11 桥(索)塔(含索鞍)					
12 主缆					
13 斜拉索					
14 吊杆					
15 系杆					
16 桥面铺装					
17 伸缩缝					
18 人行道、缘石					
19 栏杆、护栏					
20 标识、标线					
21 排水系统					
22 照明系统					
23 桥台及基础(含冲刷)					
24 桥墩及基础(含冲刷)					
25 锚碇(含散索鞍、锚杆)					
26 支座					
27 翼墙(耳墙、侧墙)					
28 锥坡、护坡					
29 桥路连接处(桥头搭板)					
30 航标、防撞设施					
31 调治构造物					
32 减振装置					
33 其他					
34 负责人		35 记录人		36 检查日期	年 月 日

3.3.2 现场记录基本要求

规范要求养护人员需根据经常性检查结果,现场登记所检查项目的缺损类型,估计缺损范围及养护工作量,提出相应的小修保养措施。为此,对现场记录提出如下要求:

1)拍摄照片要求

照片应清晰,每处病害要求至少两张照片,一张局部照及一张结构整体照。

2)现场记录要求

记录的内容应准确、完整、表述清楚,字迹清晰、工整,并记录照片编号,以便录入电子版时查询、对照。

3.3.3 基本检查工具

经常检查应配备简单工具有钢卷尺等简单测量设备,裂缝测宽仪、照相机、梯子、望远镜、照明设备等辅助设施。具体如下:

1)简单测量设备:钢卷尺(图3-1)

图3-1 钢卷尺

用途:用于测量结构物宽度、长度以及结构病害范围。

2)裂缝测宽仪(图3-2)

用途:测量裂缝宽度。

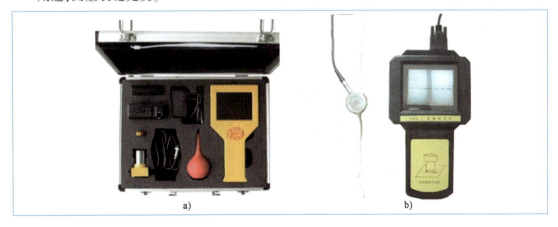

图3-2 裂缝测宽仪

3)照相机(图3-3)

用途:记录每处结构病害图像,便于病害查询,并与记录文字复核。

图3-3　照相机

4)梯子(图3-4)

用途:接近重要部件对典型病害进行详细检查。

图3-4　梯子

5)望远镜(图3-5)

用途:在无法使用其他辅助工具时,观测高处或远处结构物。

图3-5　望远镜

6)照明设备:强光电筒、探照灯等(图3-6)

用途:当光线不足时,用于照明。

a)强电光筒　　　　　　b)探照灯

图3-6　照明设备

3.3.4　检查工作流程

1)流程框图

桥梁经常检查参考《公路桥涵养护规范》(JTG 5120—2021)实施,主要工作流程框架如图3-7所示。

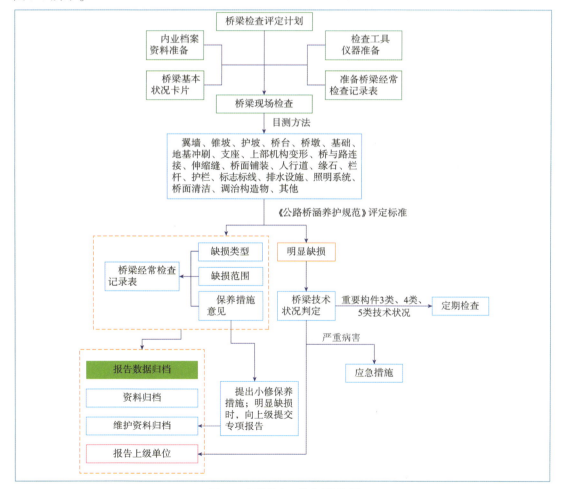

图3-7　经常检查工作流程框架图

2)工作要点

步骤一:制订检查计划

要点1:检查计划应不少于以下内容:

(1)明确检查对象,准备桥梁基本状况卡片和经常检查记录表空表;

(2)确定人员及详细分工;

(3)准备检查工具、装备及车辆;

(4)具体工作内容及时间计划。

要点2:内业档案资料准备应包括桥梁竣工图纸、桥梁历次检测报告(包括经常检查、定期检查和特殊检查,以及试验的成果等)或记录等。

要点3:桥梁基本状况卡片应按本书第2章的相关内容参考填写。空表见本书第2章表2-4。

要点4:检查工具仪器应根据本书3.3.3节的相关内容配备相应工具仪器。具体数量根据待检桥梁的数量而定。

步骤二:开展现场检查

要点1:检查工作内容,见本书本章第3.3.1节内容及《公路桥涵养护规范》(JTG 5120—2021)。

要点2:现场记录基本要求按本章3.3.2要求。

步骤三:根据检查结果制定应对措施

要点1:检查发现的明显缺损,可参考本书第2章病害术语确定病害类型,并参考本书第4~7章节内容对照判断。

要点2:记录病害的缺损类型、缺损范围和保养措施意见,可参考本书第4~7章节内容对照填写。"桥梁经常检查记录表"填写示例,见本章表3-2。

要点3:桥梁出现病害,且病害持续发展或超出限值要求[见本书第4~7章节内容或《公路桥涵养护规范》(JTG 5120—2021)的限值],应尽快上报,及时安排定期检查。

要点4:桥梁出现严重病害(见本书第4~6章内容),应立即上报,并采取相应交通管制措施,如限载、限行,设置隔离带等。

要点5:桥梁遭受突发自然灾害(地震、洪水、泥石流、冰雪等)、遭受意外撞击(船舶、车辆)和火灾等,公路桥梁养护人员应立即上报,并立即采取相应应急交通管制措施;建议主管部门委托相关有资质的单位开展应急检测,并采取进一步措施。

(1)对地震灾害采取的应急措施:

①采取交通管制、封闭或限载、限行等措施;

②采取贝雷架、钢管桩临时支撑,应急支垫等措施;

③采取临时桥梁、临时便道,防落梁等措施;

④采取防落石措施。

(2)对洪水灾害采取的应急措施:

①采取交通管制、封闭或限载、限行,设置隔离带等措施;

②采取抛石、砂袋等防冲刷防护措施;

③采取抽水、排水或止水砂袋等措施;

④采取松木桩、钢板桩支护等措施;
⑤采取贝雷架、钢管柱临时支撑措施;
⑥采取应急桥梁、改道等措施。
(3)对泥石流灾害采取的应急措施:
①采取交通管制、封闭、设置隔离带等措施;
②采取应急桥梁、改道等措施。
(4)冰雪灾害采取的应急措施:
①采取交通管制、封闭、限行等措施;
②采取撒融雪剂、除冰盐等措施;
③采取铲雪、吹雪等措施。
(5)对意外撞击采取的应急措施:
①采取交通管制、封闭或限载、限行、设置隔离带等措施;
②采取应急桥梁、改道等措施;
③采取贝雷架、钢管柱临时支撑等措施。
(6)对火灾采取的应急措施:
①采取交通管制、封闭或限载、限行、设置隔离带等措施;
②采取贝雷架、钢管柱临时支撑等措施;
注意:梁体应自然冷却,禁止对过火混凝土结构洒水。

3.3.5 检查结束后应提交的文件

(1)桥梁经常检查记录表。应清晰注明缺损类型,估计缺损范围及养护工作量,提出相应的小修保养措施。

(2)经常检查中发现桥梁重要部件存在明显缺损时,应及时向上级提交专项报告。

3.4 定期检查

1)人员配备要求

根据定期检查的桥梁数量和路线间隔合理安排,配若干名具有相应资质且属于具有相应资质的检测单位的检查人员。

2)检查周期要求

(1)定期检查的周期根据技术状况确定,最长不得超过三年。

(2)新建桥梁和加固桥梁交付使用一年后,进行第一次全面检查;临时桥梁每年不少于一次。

(3)重要部(构)件缺损明显达到3类、4类、5类技术状况的桥梁,立即安排一次定期检查。

3)检查目的

定期检查的目的是对桥梁主体结构及其附属构造物的技术状况进行定期跟踪的全面检查。主要检查结构各部件的功能是否完善有效,构造是否合理耐用,发现需要大中修、改善或限制交通的桥梁缺损状况,为制订桥梁养护维修计划提供科学依据。

4)检查方法

定期检查以目测观察结合仪器观测进行,必须接近各部件检查桥梁各部件的缺损情况。

5)基本检查工具

定期检查主要仪器设备及工具除经常检查常用的主要仪器设备及工具外,还需配备桥梁检测车、高空作业车、全站仪、水准仪、裂缝测宽仪等。

3.4.1 检查的基本内容

参考《公路桥涵养护规范》(JTG 5120—2021)要求,定期检查主要包括以下内容:

(1)现场校核桥梁基本数据(桥梁基本状况卡片)。
(2)现场填写"桥梁定期检查记录表",记录各部件缺损状况并作出技术状况评分。
(3)实地判断缺损病害,确定维修范围及方式。
(4)对难以判断损坏原因和程度的部件,提出特殊检查(专门检查)的要求。
(5)对损坏严重、危及安全运行的危桥,提出限制交通或改建的建议。
(6)根据桥梁的技术状况,确定下次检查时间。

具体内容可参考该规范第3.5节的相关规定。

3.4.2 现场记录基本要求

(1)发现的各种缺损均应在现场将其范围和日期标记清楚;
(2)发现3类以上技术状况的桥梁及有严重缺损和难以判明损坏原因和程度的桥梁,应做影像记录,并附病害状况说明;
(3)特大型、大型桥梁应设立永久性观测点,定期进行控制检测。

3.4.3 基本检查工具

定期检查应配备仪器工具有:钢卷尺、全站仪及水准仪等测量设备,回弹仪、非金属超声波检测仪及裂缝测宽仪、裂缝测探仪等混凝土无损检测设备,钢筋探测仪、钢筋锈蚀测量仪、混凝土电阻率测试仪、氯离子含量快速测试仪、取芯机等钢筋及锈蚀状况检测设备,照相机、梯子、桥梁检测车、高空作业车、照明设备等辅助设施等。

1)简单测量设备:钢卷尺(图3-1)

用途:用于测量结构物宽度、长度以及结构病害范围。

2)全站仪(图3-8)

用途:检测结构变形,监测永久性观测点,跟踪坐标变化情况。

3)水准仪(图3-9)

用途:检测结构变形,监测永久性观测点,跟踪结构挠度变化情况。

4)回弹仪(图3-10)

用途:用于混凝土强度检测,测量测区混凝土回弹值。

第 3 章　桥梁检查与评定体系

图 3-8　全站仪

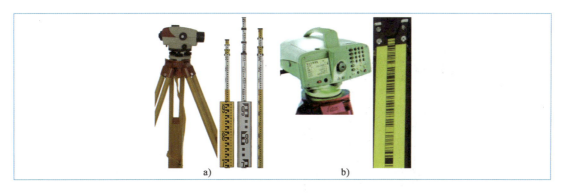

图 3-9　水准仪

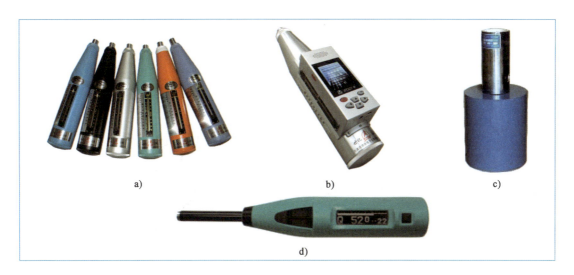

图 3-10　回弹仪

5) 非金属超声波检测仪 (图 3-11)

用途：用于混凝土强度检测，测量测区混凝土声时值；同时可测试混凝土内部缺陷。

6) 裂缝测宽仪 (图 3-12)

用途：测量裂缝宽度。

图 3-11　非金属超声波检测仪

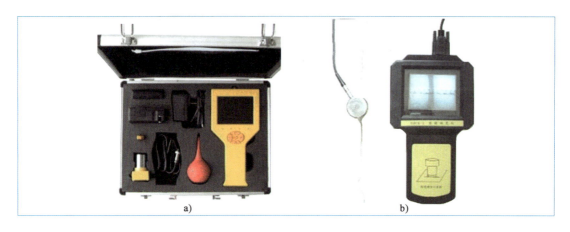

图 3-12　裂缝测宽仪

7) 裂缝测深仪（图 3-13）

用途：测量典型裂缝深度，便于跟踪结构裂缝深度变化。

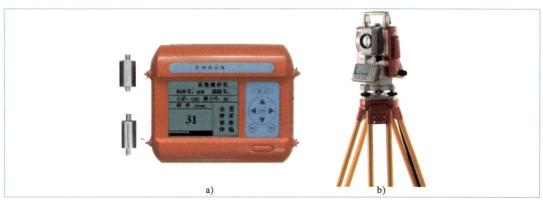

图 3-13　裂缝测深仪

8) 钢筋探测仪（图 3-14）

用途：测试混凝土保护层厚度以及钢筋布置情况。

图 3-14　钢筋探测仪

9）钢筋锈蚀测试仪（图 3-15）

图 3-15　钢筋锈蚀测试仪

用途：检测桥梁结构钢筋状况，判断内部钢筋是否锈蚀。

10）混凝土电阻率测试仪（图 3-16）

用途：检测桥梁结构表面混凝土电阻率，判断钢筋可能的锈蚀速率。

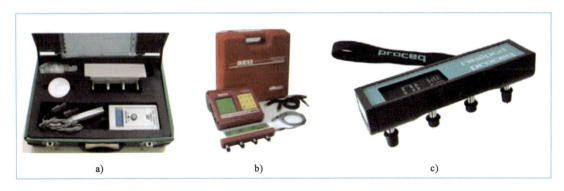

图 3-16　混凝土电阻率测试仪

11）氯离子含量快速测试仪（图 3-17）

用途：检测桥梁结构混凝土氯离子含量，判断诱发钢筋锈蚀的可能性。

12）取芯机（图3-18）

用途：混凝土钻孔取芯，沥青混凝土铺装取芯等，检测强度、厚度等参数。

图3-17　氯离子含量快速测试仪

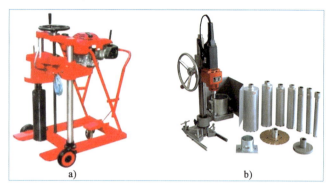

图3-18　取芯机

13）照相机（图3-3）

用途：记录每处结构病害图像，便于病害查询，并与记录文字复核。

14）梯子（图3-4）

用途：接近重要部件对典型病害进行详细检查。

15）桥梁检测车、高空作业车（图3-19）

a) 桥梁检测车　　　　　　　　　　　　b) 高空作业车

图3-19　桥梁检测车、高空作业车

用途：接近各部件便于详细检查。

16）照明设备：强光电筒、探照灯等（图3-6）

用途：当光线不足时，用于照明。

3.4.4　检查结束后应提交的文件

（1）桥梁定期检查数据表。当天检查的桥梁现场记录，应在次日整理成每座桥梁定期检查数据表。

（2）典型缺损和病害的照片和说明。缺损状况的描述应采用标准专业术语，说明缺损的部位、类型、性质、范围、数量和程度等。

（3）两张总体照片，一张是桥梁上游侧立面照片，另一张是桥面正面照片。桥梁改建后应重新拍照一次,如果桥梁拓宽改造后,上下游桥梁结构不一致,还应有桥梁下游侧立面照片,并标注清楚。

(4)桥梁清单。

(5)桥梁基本状况卡片。定期检查完成后,应将本次检查的桥梁各部件技术状况评定结果登记在桥梁基本状况卡片上。

(6)定期检查报告。该报告应包含下列内容:

①辖区内所有桥梁的小修保养情况;

②需要大、中修和改造的桥梁计划,说明修理的项目,拟用的修理方案、估计费用和实施时间;

③要求进行特殊检查桥梁的报告,说明检验的项目及理由;

④需限制桥梁交通的建议报告。

3.5 特殊检查

特殊检查是指查清桥梁的病害原因、破损程度、承载能力、抗灾能力、确定桥梁技术状况的工作。特殊检查又分为专门检查和应急检查。

专门检查是指根据经常检查和定期检查的结果,对需要进一步判明损坏原因、缺损程度和使用能力的桥梁,针对病害进行的专门的现场试验检测、验算与分析等鉴定工作。

应急检查是指桥梁受到灾害性(地震、洪水、风灾、车辆撞击或超重车辆自行通过等紧急情况)损伤后,为了查明破损情况,采取应急措施、组织恢复交通,对结构进行详细检查和鉴定等工作。

有下列情况时,应对桥梁进行专门检查:

(1)定期检查中难以判明桥梁损坏原因及程度的桥梁;

(2)桥梁技术状况为4、5类的桥梁;

(3)拟通过加固手段提高荷载等级的桥梁;

(4)条件许可时,特殊重要的桥梁在正常使用期间可周期性进行荷载试验。

桥梁遭受洪水、流冰、滑坡、地震、风灾、漂流物或船舶撞击,因超重车辆自行通过或其他异常情况影响造成损害时,应进行特殊检查。

特殊检查应委托有相应资质和能力的单位承担。

第 4 章

上部结构检查

4.1 梁桥的一般病害检查

4.1.1 预制空心板梁桥的一般病害检查

预制空心板梁桥的一般病害有跨中附近板底横向裂缝,边板跨中附近腹板竖向裂缝,板底纵向裂缝,边板支座附近腹板斜向裂缝,板间铰缝开裂、渗水、泛白吸附、勾缝混凝土脱落,板底勾缝处板间错台,混凝土剥落,露筋等。

1)跨中附近板底横向裂缝(图4-1)

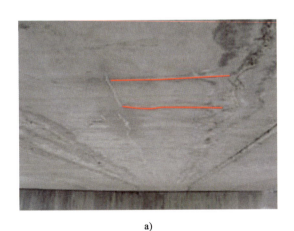 

a)　　　　　　　　　　　　　　　　　b)

图4-1 跨中附近板底横向裂缝

（1）记录内容：位置、长度、宽度、走向、典型裂缝深度、照片编号等。

（2）病害成因：①截面抗弯承载力不足；②混凝土收缩等。

（3）处理措施：对钢筋混凝土结构和预应力混凝土结构的病害，应采取不同的处理措施。

①对钢筋混凝土结构，当裂缝宽度小于 0.15mm 时，应加强观测；当裂缝宽度继续变大或大于 0.25mm 时，应及时上报相关部门。

②对预应力混凝土结构，当板底出现横向裂缝时，应及时上报相关部门；当出现多条横向裂缝或宽度较大时，应立即上报相关部门。

2）边板跨中附近腹板竖向裂缝（图 4-2）

（1）记录内容：位置、长度、宽度、走向、典型裂缝深度、照片编号等。

（2）病害成因：①车辆荷载作用；②跨中下挠过大；③抗弯能力不足；④混凝土保护层厚度不足；⑤温度作用等。

（3）处理措施：对钢筋混凝土结构和预应力混凝土结构的病害，应采取不同的处理措施。

①对钢筋混凝土结构，当裂缝宽度小于 0.15mm 时，应加强观测；当裂缝宽度继续变大或大于 0.25mm 时，应及时上报相关部门。

②对预应力混凝土结构，当跨中附近腹板出现竖向裂缝时，应及时上报相关部门；当出现多条竖向裂缝或宽度较大时，应立即上报相关部门。

图 4-2　边板跨中附近腹板竖向裂缝分布示意

3）板底纵向裂缝（图 4-3）

图 4-3　板底纵向裂缝

(1)记录内容:位置、长度、宽度、走向、典型裂缝深度、照片编号等。

(2)病害成因:①空心板底板混凝土施工厚度不足;②底板混凝土浇筑时振捣不密实;③施工期间养护不到位;④混凝土保护层厚度不足,钢筋锈胀引起混凝土开裂。

(3)处理措施:对钢筋混凝土结构和预应力混凝土结构的病害,应采取不同的处理措施。

①对钢筋混凝土结构,当裂缝宽度小于0.15mm时,应加强观测;当裂缝宽度继续变大或超限时,应及时上报相关部门。

②对预应力混凝土结构,当裂缝宽度小于0.10mm时,应加强观测;当裂缝宽度继续变大或超限时,应及时上报相关部门。

4)边板支座附近腹板斜向裂缝(图4-4)

(1)记录内容:位置、长度、宽度、走向、典型裂缝深度、照片编号等。

(2)病害成因:①抗剪承载力不足;②混凝土保护层厚度偏小,钢筋锈胀引起混凝土开裂。

(3)处理措施:对钢筋混凝土结构和预应力混凝土结构的病害,应采取不同的处理措施。

①对钢筋混凝土结构,当裂缝宽度小于0.15mm时,应加强观测;当裂缝宽度继续变大或超限时,应及时上报相关部门。

②对预应力混凝土结构,当边板支座附近腹板出现裂缝时,应及时上报相关部门。

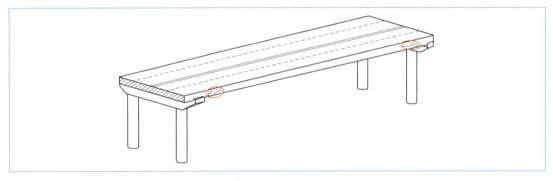

图4-4 边板支座附近腹板斜向裂缝分布示意

5)板间铰缝开裂、渗水、泛白吸附、勾缝混凝土脱落(图4-5)

a)

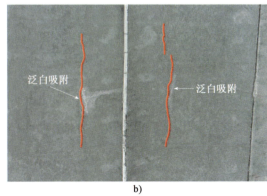
b)

图4-5 板间铰缝开裂、渗水、泛白吸附、勾缝混凝土脱落

(1)记录内容:位置、长度、渗水、泛白吸附处数、照片编号等。

(2)病害成因:①超重车辆的长期冲击作用,板间铰缝出现细小裂缝;②施工时铰缝混凝土质量差,振捣不密实,桥面铰缝处出现细小裂缝,雨水顺桥面铺装的细小裂缝渗透到梁板勾缝处;③板梁刚度较弱,板底勾缝施工较差,振动导致勾缝脱落;④桥面雨水顺板间铰缝处渗出,长期形成泛碱甚至泛白吸附。

(3)处理措施:①仅板间底面勾缝混凝土脱落,应注意加强观测;②当勾缝混凝土脱落,伴有渗水、泛碱,桥面出现较明显反射纵向裂缝,甚至重车过桥时出现单板受力时,应采取交通管理措施,并立即上报相关部门。

6)板底勾缝处板间错台(图4-6)

(1)记录内容:板号、位置、错台高度、照片编号等。

(2)病害成因:①铰缝破坏,板梁单板受力,相邻板变形不一致;②安装时存在错台;③板的张拉应力控制不均匀,反拱相差较大等。

(3)处理措施:当板间未出现明显渗水现象,且板本身未出现受力裂缝时,以观测为主;当板间渗水现象明显或对应桥面出现纵向裂缝,单板受力现象明显时,应采取交通管制措施,并立即上报相关部门。

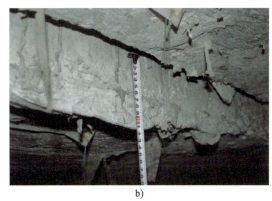

a)　　　　　　　　　　　　b)

图4-6　板底勾缝处板间错台

7)混凝土剥落(图4-7)

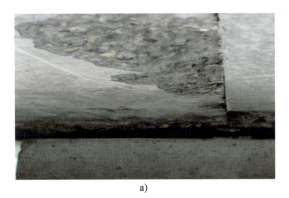
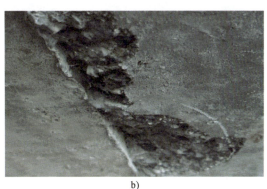

a)　　　　　　　　　　　　b)

图4-7　混凝土剥落

(1)记录内容:位置、范围、面积、露筋根数、长度、照片编号等。

(2)病害成因:①混凝土表层施工质量不良;②施工过程中磕碰;③雨水冲蚀致钢筋锈胀引起混凝土剥落。

(3)处理措施:及时对混凝土剥落进行修补。

8)露筋(图4-8)

(1)记录内容:位置、根数、长度、照片编号等。

(2)病害成因:①混凝土保护层厚度不足;②施工中钢筋定位偏差或钢筋被移位等。

(3)处理措施:及时对外露钢筋除锈后进行修补。

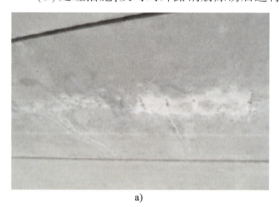 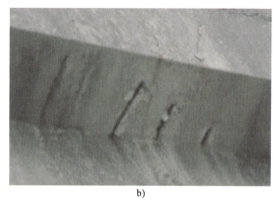

a)　　　　　　　　　　　　　　　b)

图4-8　露筋

4.1.2　预制T梁桥的一般病害检查

预制T梁桥的一般病害有T梁整体滑移,跨中下挠过大,跨中附近腹板竖向裂缝,支点附近腹板斜向裂缝,预应力混凝土T梁马蹄纵向裂缝,翼板底面纵向裂缝,横隔板损坏、开裂、失效,T梁间湿接缝开裂、渗水、泛白吸附,混凝土剥落,露筋等。

1)T梁整体滑移(图4-9)

(1)记录内容:支座与梁体之间的相对位移、梁体与墩柱之间的相对位置、梁端伸缩缝宽度、滑移方向以及照片编号等。

a)　　　　　　　　　　　　　　　b)

图4-9　T梁整体滑移

(2)病害成因:①桥梁横、纵坡设计不合理,恒载作用下出现滑移;②超载车冲击影响;③墩柱变位;④基础不均匀沉降等。

(3)处理措施:应采取交通管制措施,并立即上报相关部门。

2)跨中下挠过大(图4-10)

(1)记录内容:各个测点高程、位置以及照片编号等。

(2)病害成因:①结构病害及材料退化造成承载力不足;②结构截面受到削弱,如梁发生开裂等,致使桥梁刚度变小;③车辆长期作用下形成的变形等。

(3)处理措施:挠度值小于跨度的1/1400,以观测为主;挠度不断增加或超过限值时,应及时上报相关部门。

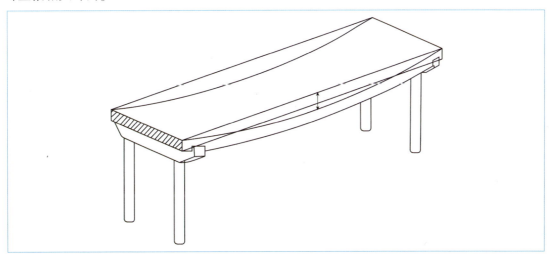

图4-10 跨中下挠过大

3)跨中附近腹板竖向裂缝(图4-11)

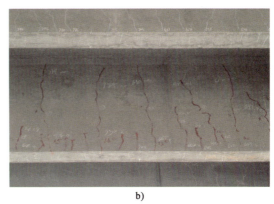

a)　　　　　　　　　　　　　　　　　　b)

图4-11 跨中附近腹板竖向裂缝

(1)记录内容:位置、长度、宽度、走向、典型裂缝深度、照片编号等。

(2)病害成因:①截面抗弯承载力不足,梁受弯挠曲产生裂缝;②混凝土收缩;③混凝土保护层厚度不足,钢筋锈胀引起混凝土开裂;④车辆荷载作用等。

(3)处理措施:对钢筋混凝土结构和预应力混凝土结构的病害,采取不同的处理措施。

①对钢筋混凝土结构,当裂缝宽度小于0.15mm时,应加强观测;当裂缝宽度继续变大或超限时,应及时上报相关部门。

②对预应力混凝土结构,当板底出现横向裂缝时,应及时上报相关部门。

4)支点附近腹板斜向裂缝(图4-12)

(1)记录内容:位置、长度、宽度、走向、典型裂缝深度、照片编号等。

(2)病害成因:①抗剪承载力不足;②混凝土收缩引起;③混凝土保护层厚度不足,钢筋锈胀引起混凝土开裂;④车辆荷载作用等。

(3)处理措施:对钢筋混凝土结构和预应力混凝土结构的病害,采取不同的处理措施。

①对钢筋混凝土结构,当裂缝宽度小于0.15mm时,应加强观测;当裂缝宽度继续变大或超限时,应及时上报相关部门。

②预应力混凝土结构,当腹板出现斜向裂缝时,应及时上报相关部门。

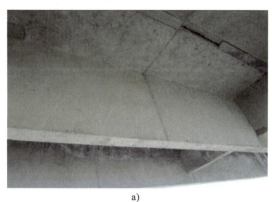 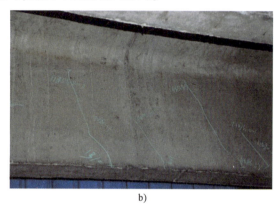

a) b)

图4-12 支点附近腹板斜向裂缝

5)预应力混凝土T梁马蹄纵向裂缝(图4-13)

(1)记录内容:位置、长度、宽度、走向、典型裂缝深度、照片编号等。

(2)病害成因:①纵向预应力及管道的影响;②混凝土收缩;③混凝土保护层厚度不足,钢筋锈胀引起混凝土开裂。

(3)处理措施:当裂缝宽度小于0.10mm时,应加强观测;当裂缝宽度继续变大或超限时,应及时上报相关部门。

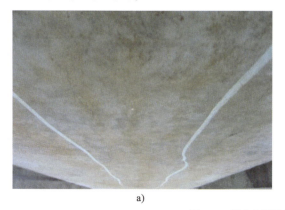 

a) b)

图4-13 预应力混凝土T梁马蹄纵向裂缝

6)翼板底面纵向裂缝(图4-14)

(1)记录内容:位置、长度、宽度、走向、典型裂缝深度、照片编号等。

(2)病害成因:①混凝土收缩开裂;②翼板横向跨度过大,荷载作用导致底缘开裂;③新旧混凝土界面处理不好等。

(3)处理措施:当裂缝宽度小于0.15mm时,应加强观测;当裂缝宽度继续变大或超限时,应及时上报相关部门。

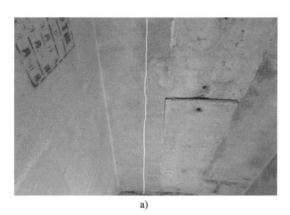 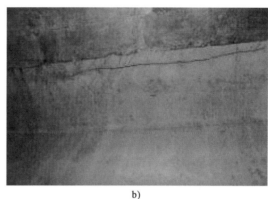

a)　　　　　　　　　　　　　　　　　　b)

图4-14　翼板底面纵向裂缝

7)横隔板损坏、开裂(图4-15)、失效

(1)记录内容:位置、范围、形式、照片编号等。

(2)病害成因:①后拼装施工构件,自身连接不牢靠;②车辆荷载反复作用,导致连接损坏等。

(3)处理措施:局部破损、开裂,进行修补处理;开裂、破损严重,应及时上报相关部门。

a)损坏　　　　　　　　　　　　　　　　b)开裂

图4-15　横隔板损坏、开裂

8)T梁间湿接缝开裂、渗水、泛白吸附(图4-16)

(1)记录内容:位置、数量、照片编号等。

(2)病害成因:湿接缝处不密实,存在缝隙,长期渗水作用出现泛白吸附。

(3)处理措施:及时防水处理。

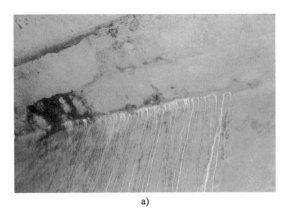

图 4-16　T 梁间湿接缝开裂、渗水、泛白吸附

9）混凝土剥落（图 4-17）

（1）记录内容：位置、范围、面积、露筋根数、长度、照片编号等。

（2）病害成因：①混凝土表层质量不良的影响；②施工中磕碰；③雨水冲蚀致钢筋锈胀引起混凝土剥落。

（3）处理措施：及时进行修补。

图 4-17　混凝土剥落

10）露筋（图 4-18）

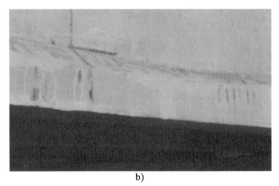

图 4-18　露筋

(1) 记录内容:位置、根数、长度、照片编号等。
(2) 病害成因:①混凝土保护层厚度不足;②施工中钢筋定位偏差或钢筋移位等。
(3) 处理措施:及时对外露钢筋除锈后进行修补。

4.1.3 预制小箱梁桥的一般病害检查

预制小箱梁桥一般均为预应力混凝土结构,一般病害表现为湿接缝纵向裂缝,腹板和底板纵向裂缝,跨中附近腹板竖向裂缝,跨中附近底板横向裂缝,渗水、泛白吸附等。

1) 湿接缝纵向裂缝(图 4-19)
(1) 记录内容:位置、长度、宽度、走向、典型裂缝深度、照片编号等。
(2) 病害成因:①主要原因是车辆长期作用使桥面板的局部受力变大和桥梁结构的整体变形过大;②新旧混凝土的处理不当;③未设中横梁,局部接缝处受力过大等。
(3) 处理措施:当裂缝宽度小于 0.15mm 时,应加强观测;当裂缝继续发展或超限时,应及时上报相关部门。

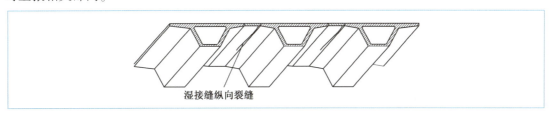

图 4-19 湿接缝纵向裂缝示意

2) 腹板和底板纵向裂缝(图 4-20)

图 4-20 腹板和底板纵向裂缝

(1)记录内容:位置、长度、宽度、走向、典型裂缝深度、照片编号等。

(2)病害成因:①底板一般一次浇筑,腹板为分次浇筑,为施工工艺原因;②施工养护不到位;③截面过渡段受力过大引起开裂等。

(3)处理措施:当跨中附近底板或腹板出现横向或竖向裂缝时,应及时上报相关部门。

3)跨中附近腹板竖向裂缝(图4-21)

(1)记录内容:位置、长度、宽度、走向、典型裂缝深度、照片编号等。

(2)病害成因:①施工养护不足,出现收缩裂缝;②混凝土温差变形裂缝。

(3)处理措施:当裂缝宽度小于0.10mm时,应加强观测;当裂缝宽度大于或等于0.10mm或断续发展时,应及时上报相关部门。

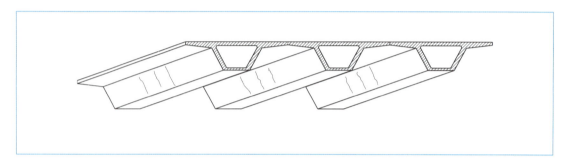

图4-21 跨中附近腹板竖向裂缝分布示意图

4)跨中附近底板横向裂缝(图4-22)

(1)记录内容:位置、长度、宽度、走向、典型裂缝深度、照片编号等。

(2)病害成因:①施工养护不足,出现收缩裂缝;②弯曲裂缝。

(3)处理措施:底板出现横向裂缝时,应及时上报相关部门。

5)混凝土剥落、露筋、空洞等(图4-23)

(1)记录内容:位置、范围、面积、露筋根数、长度、空洞深度、照片编号等。

(2)病害成因:混凝土施工质量不良。

(3)处理措施:及时进行修补。

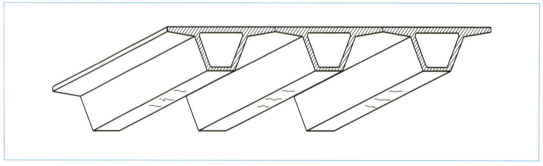

a)

图 4-22

b)

图 4-22 跨中附近底板横向裂缝

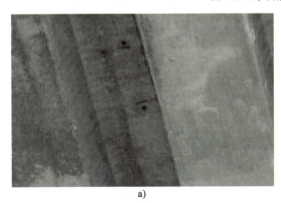

a)

b)

图 4-23 混凝土剥落、露筋、空洞等

6) 渗水、泛白吸附（图 4-24）

a)

b)

图 4-24 渗水、泛白吸附

（1）记录内容：位置、范围、数量、照片编号等。
（2）病害成因：①接缝处不密实，存在缝隙，长期渗水作用出现泛白吸附；②梁内积水顺板梁裂缝渗出。
（3）处理措施：及时进行修补或排空梁内积水。

4.1.4 现浇板梁桥的一般病害检查

现浇板梁桥由于跨径小，一般均为钢筋混凝土结构，一般病害表现为板底纵、横向裂缝，混凝土剥落，空洞、露筋，混凝土渗水、泛白吸附等。

1）板底纵、横向裂缝（图4-25）
（1）记录内容：位置、长度、宽度、走向、典型裂缝深度、照片编号等。
（2）病害成因：
①整体现浇混凝土板梁施工过程中养护不当产生收缩裂缝；
②混凝土保护层厚度不足，钢筋锈胀引起混凝土开裂，产生顺筋裂缝；
③弯曲裂缝等。
（3）处理措施：当裂缝宽度小于0.15mm时，实时进行观测，并进行封闭处理；当裂缝宽度继续变大或超限时，应及时上报相关部门。

a) 纵向裂缝

b) 横向裂缝

图4-25 板底纵、横向裂缝

2）混凝土剥落（图4-26）

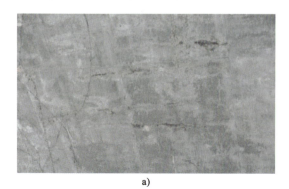
a)   b)

图4-26 混凝土剥落

(1)记录内容:位置、范围、面积、露筋根数、长度、照片编号等。
(2)病害成因:
①混凝土施工质量较差,保护层不够等;
②钢筋锈蚀造成混凝土剥落等。
(3)处理措施:及时进行修补。
3)空洞、露筋(图4-27)
(1)记录内容:位置、露筋根数、长度、照片编号等。
(2)病害成因:
①混凝土保护层厚度不足;
②施工中钢筋定位偏差或钢筋移位等。
(3)处理措施:及时对外露钢筋除锈后进行修补。

a)

b)

图4-27 空洞、露筋

4)混凝土渗水、泛白吸附(图4-28)
(1)记录内容:位置、范围、数量、照片编号等。
(2)病害成因:
①接缝处不密实,存在缝隙,长期渗水作用出现泛白吸附;
②桥面破损,雨水顺桥面裂缝下渗,如现浇板出现开裂现象,雨水沿裂缝渗出等。
(3)处理措施:及时进行修补及防水处理等。

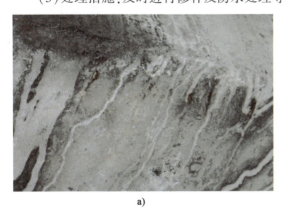
a)

b)

图4-28 混凝土渗水、泛白吸附

4.1.5 现浇箱梁桥的一般病害检查

现浇箱梁桥一般病害表现为跨中附近腹板竖向裂缝,支座附近腹板斜向裂缝,跨中附近底板横向裂缝,底板纵向裂缝,箱内顶板纵向裂缝,跨中下挠过大,梁体横向变位,混凝土剥落、露筋、渗水、泛白吸附等。

1)跨中附近腹板竖向裂缝(图 4-29)

(1)记录内容:位置、长度、宽度、走向、典型裂缝深度、照片编号等。

(2)病害成因:①施工中由于养护不及时或措施不当引起收缩裂缝;②混凝土温度裂缝;③荷载作用下引起的弯曲裂缝等。

(3)处理措施:对钢筋混凝土结构和预应力混凝土结构的病害,采取不同的处理措施。

①对钢筋混凝土结构,当裂缝宽度小于 0.15mm 时,应加强观测;当裂缝宽度继续变大或超限时,应及时上报相关部门。

②对预应力混凝土结构,当跨中附近腹板出现竖向裂缝时,应及时上报相关部门。

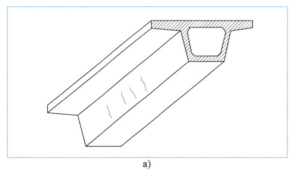

图 4-29 跨中附近腹板竖向裂缝

2)支座附近腹板斜向裂缝(图 4-30)

(1)记录内容:位置、长度、宽度、走向、典型裂缝深度、照片编号等。

(2)病害成因:①箱梁截面高度和腹板尺寸偏小;②支座附近梁端剪力较大,弯剪应力共同作用;③箱梁底板钢束锚固齿板与顶板钢束锚固齿板之间在梁的水平方向错开距离偏小;④纵向预应力无弯起钢束;⑤竖向预应力筋的有效预应力较低等。

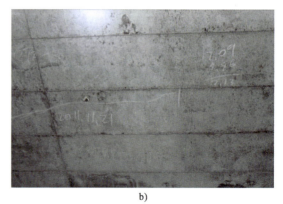

图 4-30 支座附近腹板斜向裂缝

(3)处理措施:对钢筋混凝土结构和预应力混凝土结构的病害,采取不同的处理措施。

①对钢筋混凝土结构,当裂缝宽度小于 0.15mm 时,应加强观测;当裂缝宽度继续变大或超限时,应及时上报相关部门。

②对预应力混凝土结构,当支座附近腹板出现斜向裂缝时,应及时上报相关部门。

3)跨中附近底板横向裂缝(图 4-31)

(1)记录内容:位置、长度、宽度、走向、典型裂缝深度、照片编号等。

(2)病害成因:①施工养护措施不当,混凝土收缩;②混凝土温差;③箱梁弯曲作用等。

(3)处理措施:对钢筋混凝土结构和预应力混凝土结构的病害,采取不同的处理措施。

①对钢筋混凝土结构,当裂缝宽度小于 0.15mm 时,应加强观测;当裂缝宽度继续变大或超限时,应及时上报相关部门。

②对预应力混凝土结构,当跨中附近底板出现横向裂缝时,应及时上报相关部门;当跨中附近底板出现较多、较宽横向裂缝时,应立即上报相关部门。

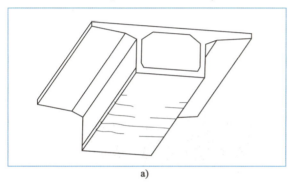
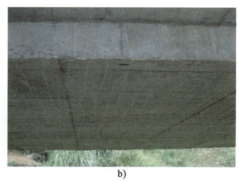

图 4-31 跨中附近底板横向裂缝

4)底板纵向裂缝(图 4-32)

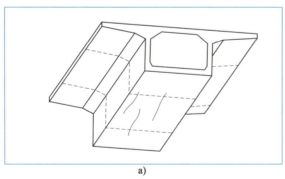
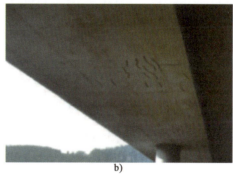

图 4-32 底板纵向裂缝

(1)记录内容:位置、长度、宽度、走向、典型裂缝深度、照片编号等。

(2)病害成因:①底板横向弯矩和拉应力过大致混凝土开裂;②箱梁空间横向弯曲效应;③底板横向配筋不足;④底板横向刚度不足;⑤预应力钢束及管道不直引起;⑥箱梁内外温差过大产生过大温度应力等。

(3)处理措施:对钢筋混凝土结构和预应力混凝土结构的病害,采取不同的处理措施。

①对钢筋混凝土结构,当裂缝宽度小于 0.15mm 时,应加强观测;当裂缝宽度继续变大或

超限时,应及时上报相关部门。

②对预应力混凝土结构,当板底出现纵向裂缝时,应及时上报相关部门。

5)箱内顶板纵向裂缝(图4-33)

(1)记录内容:位置、长度、宽度、走向、典型裂缝深度、照片编号等。

(2)病害成因:①底板横向弯矩过大,无横向预应力;②箱梁横向弯矩空间效应、板厚偏小、横向配筋不足;③箱梁内外温差过大产生温度应力等。

(3)处理措施:对钢筋混凝土结构和预应力混凝土结构的病害,采取不同的处理措施。

①对钢筋混凝土结构,当裂缝宽度小于0.15mm时,应加强观测;当裂缝宽度继续变大或超限时,应及时上报相关部门。

②对预应力混凝土结构,当出现纵向裂缝时,应加强观测;当裂缝宽度继续变大或超限时,应及时上报相关部门。

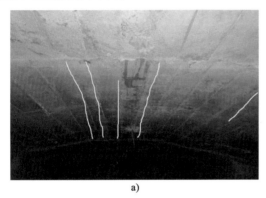 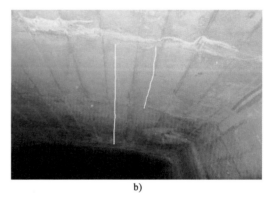

a) b)

图4-33 箱内顶板纵向裂缝

6)跨中下挠过大(图4-34)

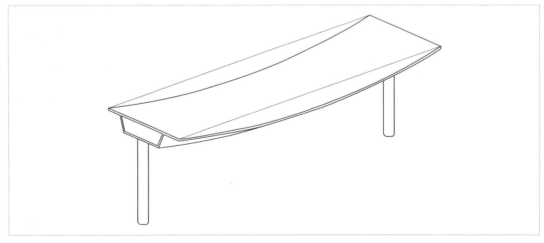

图4-34 跨中下挠过大示意

(1)记录内容:各个测点高程、位置以及照片编号等。

(2)病害成因:①结构病害及材料退化削弱了结构截面,造成结构刚度变小;②车辆长期作用下形成的变形等。

(3)处理措施:当挠度值小于跨度的1/1400时,应加强观测;当挠度不断增加或超过限值时,应上报相关部门,进行专项检测。

7)梁体横向变位(图4-35)

(1)记录内容:梁体相对位移以及照片编号等。

(2)病害成因:①横向稳定性安全储备不足;②桥梁横、纵坡设计不合理,恒载作用下滑移;③曲线箱梁横向变位;④汽车冲击影响等。

(3)处理措施:及时上报相关部门。在处理前,采取限载限行措施,确保桥梁结构安全和行车安全。

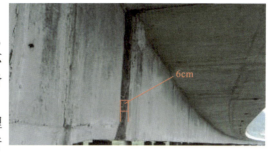

图4-35 梁体横向变位

8)混凝土剥落、露筋(图4-36)

(1)记录内容:位置、范围、面积、露筋根数、长度、照片编号等。

(2)病害成因:①混凝土施工质量较差,保护层不够等;②钢筋锈胀引起混凝土开裂。

(3)处理措施:及时进行修补。

a)剥落　　　　　　　　　　　　　　b)露筋

图4-36 混凝土剥落、露筋

9)渗水、泛白吸附(图4-37)

(1)记录内容:位置、范围、数量、照片编号等。

(2)病害成因:①接缝处不密实,存在缝隙,长期渗水作用出现泛白吸附;②梁内积水顺裂缝渗出。

(3)处理措施:及时进行修补及防水处理等。

a)　　　　　　　　　　　　　　b)

图4-37 渗水、泛白吸附

4.1.6 钢梁桥的一般病害检查

钢梁桥即用钢材作为主要建造材料的桥梁,具有强度高,刚度大的特点,相对于混凝土桥可减小梁高和自重。钢梁桥一般采用工厂预制,工地拼接,具有施工周期短,加工方便且不受季节影响等优点,但钢梁桥的耐火性、耐腐蚀性差,需要经常检查、维修。

钢梁桥的一般病害主要有涂层破损、脱落,涂层表面变色,涂层粉化,涂层起皮,涂层裂纹,涂层剥落,涂层生锈,铆钉松动和铆钉烂头,高强螺栓缺失,高强螺栓的松动,高强螺栓的锈蚀,焊缝开裂,钢结构表面锈蚀,钢板裂纹,钢杆件伤损等。

1)涂层破损、脱落

记录内容:涂层缺陷位置、面积以及照片编号等。

病害成因:①涂装前抛丸、喷丸有遗漏或除锈不彻底;②涂装时因操作困难,涂刷漆膜未按要求做到。

处理措施:局部涂装破损、脱落,采取局部涂刷防腐涂料进行处理即可;大面积涂装破损、脱落,应及时上报相关部门。

图 4-38 涂层表面变色

2)涂层表面变色(图 4-38)

(1)记录内容:构件编号、位置、范围、照片编号等。

(2)病害成因:①与涂层本身颜色种类和材料性质有关;②受到紫外线、温度、酸、碱及污染物影响等。

(3)处理措施:涂层发生变色是其性能开始降低的先兆,可根据涂层变色范围大小,结合其他涂层病害一并采取重新涂装处理。

3)涂层粉化(白垩化)

(1)记录内容:构件编号、位置、范围、照片编号等。

(2)病害成因:①配方颜料问题;②漆膜太薄;③漆料质量不好;④环境条件的影响等。

(3)处理措施:可根据涂层粉化(白垩化)范围大小,结合其他涂层病害一并采取重新涂装处理。

4)涂层起皮(图 4-39)

(1)记录内容:构件编号、位置、范围、照片编号等。

(2)病害成因:腐蚀介质渗透或钢料表面涂刷前处理不净,有残留物侵蚀。

(3)处理措施:有机涂层起皮说明涂层已经开始老化,可根据起皮范围大小,结合其他涂层病害一并采取重新涂装处理。

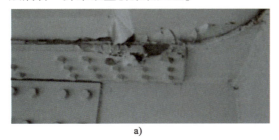
a)

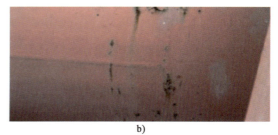
b)

图 4-39 涂层起皮

5)涂层裂纹

(1)记录内容:构件编号、位置、范围、照片编号等。

(2)病害成因:①油漆因年久氧化;②上、下两道漆性质不同;③底漆未干或太厚不能干透、漆膜不当;④环境条件的影响等。

(3)处理措施:可根据涂层裂纹或龟裂范围大小,结合其他涂层病害一并重新涂装。

6)涂层剥落(图4-40)

(1)记录内容:构件编号、位置、范围、照片编号等。

(2)病害成因:①漆质不良;②钢料表面不净或旧漆膜太光滑新漆膜附着不牢;③稀释过度或底漆未干;④环境条件的影响等。

(3)处理措施:可根据涂层剥落范围大小,结合其他涂层病害一并重新涂装处理。

a)

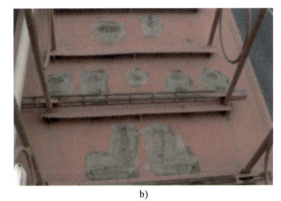
b)

图4-40 涂层剥落

7)涂层生锈(图4-41)

(1)记录内容:构件编号、位置、范围、照片编号等。

(2)病害成因:①钢结构表面有铁锈、水分、其他尘埃、酸液、盐分等杂物,杂物未清除干净;②除锈不易彻底;③环境条件的影响等。

(3)处理措施:可根据钢结构生锈范围大小,结合其他涂层病害一并重新涂装处理。

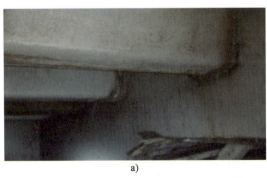
a)

b)

图4-41 涂层生锈

8)铆钉松动和铆钉烂头

(1)记录内容:构件编号、位置、范围、照片编号等。

(2)病害成因:①铆钉连接施工质量问题;②车辆荷载作用;③桥梁养护不善等。

(3)处理措施:如铆钉完好,松动后应重新拧紧;如铆钉烂头,则应更换新铆钉。

9)高强螺栓缺失(图4-42)

(1)记录内容:缺失螺栓的构件编号、螺栓位置、数量、照片编号等。

(2)病害成因:①制造加工原因;②高拉应力水平下腐蚀断裂;③安装偏差、强行装配等。

(3)处理措施:如少量高强螺栓的缺失,可采用同种型号新的高强螺栓重新安装;如出现大面积的缺失,则应及时上报相关部门。

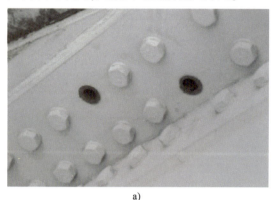 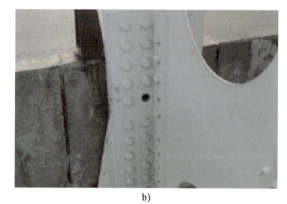

a)   b)

图4-42 高强螺栓缺失

10)高强螺栓的松动

(1)记录内容:松动螺栓的构件编号、位置、数量、照片编号等。

(2)病害成因:①装配面不符合要求;②安装施工时紧固力不满足要求;③安装过程中未严格按紧固要求施工等。

(3)处理措施:可重新紧固。

11)高强螺栓的锈蚀(图4-43)

(1)记录内容:锈蚀螺栓的构件编号、位置、数量、照片编号等。

(2)病害成因:①涂装不到位;②环境潮湿或有水作用等。

(3)处理措施:除锈、阻锈处理,并对漏水、积水进行处理。

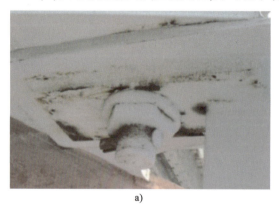 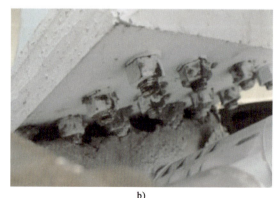

a)   b)

图4-43 高强螺栓的锈蚀

12）焊缝开裂（图 4-44）

(1) 记录内容：开裂位置、宽度、长度以及照片编号等。

(2) 病害成因：①钢材和焊缝中含碳、硫、磷量过高；②施焊时部件固定的刚度过大；③焊缝施工质量问题，如漏焊、缺焊等；④局部受力过大，导致开裂；⑤疲劳开裂等。

(3) 处理措施：发现焊缝开裂，应及时上报相关部门。

a)

b)

图 4-44 焊缝开裂

13）钢结构表面锈蚀（图 4-45）

(1) 记录内容：钢梁表面腐蚀位置、面积以及照片编号等。

(2) 病害成因：①施工遗留锈蚀；②环境腐蚀作用，如雨水、酸性潮湿环境作用；③选择涂料不当，防锈及遮盖力差，或涂层时稀释过度，漆膜过薄；④运输、堆码时擦碰损伤等机械损伤引起局部锈蚀；⑤涂装失效。

(3) 处理措施：轻度锈蚀，重新涂刷防腐涂料进行处理；锈蚀严重时，应及时上报相关部门。

a)

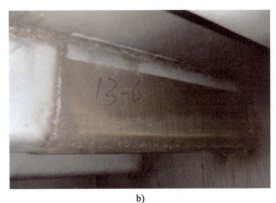
b)

图 4-45 钢结构表面锈蚀

14）钢板裂纹

(1) 记录内容：构件编号、裂缝位置、长度、数量、照片编号等。

(2) 病害成因：①局部弯曲和承压过大；②加劲肋连接部位未设置水平连接板等。

(3) 处理措施：及时上报相关部门。

15) 钢杆件伤损(图 4-46)

(1) 记录内容:构件编号、伤损位置、长度、数量、照片编号等。

(2) 病害成因:①车辆活载或撞击作用等外部原因造成构件局部变形;②施工质量原因造成杆件损伤或弯曲;③受力情况发生变化;④构件局部洞孔造成局部应力集中等。

(3) 处理措施:对结构无明显影响时,应加强观测;损伤严重时,应及时上报相关部门。

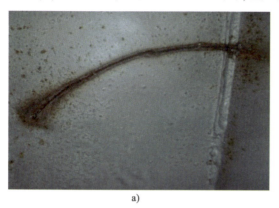
a)

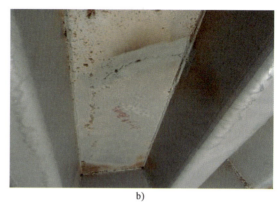
b)

图 4-46 钢杆件伤损

4.2 拱桥的一般病害检查

4.2.1 圬工拱桥的一般病害检查

圬工拱桥的一般病害表现为主拱圈异常变形,主拱圈开裂,拱石断裂、脱落,拱圈渗水,拱石风化,砌块灰缝脱落,拱上建筑侧墙与主拱圈脱离,腹拱圈裂缝,立柱或横墙裂缝,侧墙鼓胀、外倾等。

1) 主拱圈异常变形(图 4-47)

a)

b)

图 4-47 主拱圈异常变形

(1) 记录内容:描述异常变形位置、严重程度以及照片编号等。

(2) 病害成因:①卸落拱架后,因砂浆不饱满或强度偏低造成主拱圈在卸落拱架后的短期内由于砂浆层的破碎而发生主拱圈永久性变形;②超载车辆作用;③拱腿变位,拱顶下沉。

(3)处理措施:立即上报相关部门。

2)主拱圈开裂(图4-48)

(1)记录内容:裂缝长度、宽度、位置、走向以及照片编号等。

(2)病害成因:①施工拱架的强度不够,预拱度不足造成拱轴线偏离,产生较大的附加内力;②超载车辆荷载作用,拱圈产生偏心受拉,造成腹拱圈拉裂等。

(3)处理措施:竖向裂缝高小于截面高的1/3,且缝宽不大于0.20mm时,采用聚合物砂浆涂抹,并应加强观测;若裂缝高度、宽度持续发展或超限或出现横向裂缝时,应及时上报相关部门。

图4-48 主拱圈开裂

3)拱石断裂、脱落(图4-49)

(1)记录内容:拱石断裂、脱落块数以及照片编号等。

(2)病害成因:①拱顶填料厚度设计不够;②勾缝砂浆不饱满或脱落;③超限车辆荷载对拱圈的冲击作用。

(3)处理措施:①个别砌块压碎或脱落,应采用新砌块填塞更换;②砌筑砂浆发生脱落,凿除后重新用干硬性砂浆或微膨胀砂浆填筑,表面重新勾缝;③当拱石断裂数量超过3块时,应立即上报相关部门。

4)拱圈渗水(图4-50)

(1)记录内容:渗水面积、位置以及照片编号等。

(2)病害成因:①桥面排水系统设置不合理,雨水顺排水管渗流到拱腹上;②桥面防水较差、排水不畅,而拱上建筑填料不密实,桥面积水顺拱上填料渗出。

(3)处理措施:①仅存在拱圈渗水,而未发生变形,需改善桥面排水、防水,对拱圈进行防护处理,防止病害进一步恶化;②若同时存在拱圈变形,应及时上报相关部门。

图4-49 拱石断裂、脱落　　　　　　　　图4-50 拱圈渗水

图4-51 拱石风化

5)拱石风化(图4-51)

(1)记录内容:风化位置、面积以及照片编号等。

(2)病害成因:①周围环境中空气污染严重,各种有害气体、污水长期侵蚀、腐蚀拱石;②桥龄较长,石料自然风化。

(3)处理措施:风化面积较小时,进行观测、检测;较大时,应及时上报相关部门。

6)砌块灰缝脱落(图4-52)

(1)记录内容:灰缝脱落位置、数量以及照片编号等。

(2)病害成因:①砂浆等砌筑材料强度和密实度低;②雨水作用导致砂浆等砌筑材料脱落等。

(3)处理措施:灰缝脱落量较少时,重新采用水泥砂浆勾缝;灰缝脱落数量较大,且砌块存在断裂等其他病害时,应及时上报相关部门。

7)拱上建筑侧墙与主拱圈脱离(图4-53)

(1)记录内容:脱离位置、开裂宽度、长度以及照片编号等。

(2)病害成因:①墩台基础之间的不均匀沉降和水平位移过大;②砌筑施工方法不合理;③砌筑砂浆质量不良等。

(3)处理措施:脱离轻微、裂缝宽度较小且不再发展,进行修补即可;脱离严重或继续发展或因墩台位移引起时,应立即上报相关部门。

图 4-52 砌块灰缝脱落

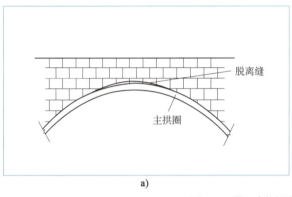
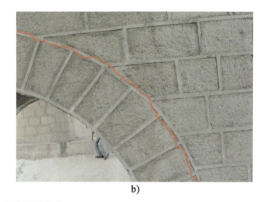

图 4-53 拱上建筑侧墙与主拱圈脱离

8) 腹拱圈裂缝（图 4-54）

(1) 记录内容：位置、长度、宽度、走向及照片编号等。

(2) 病害成因：①腹拱圈两拱脚变形不协调，腹拱圈出现纵向裂缝；②腹拱圈砌筑缝，结构整体性差，重车作用下引起开裂；③构造原因，如未设变形缝引起开裂等。

(3) 处理措施：当裂缝宽度小于 0.20mm 时，对裂缝进行封闭处理，并经常观测；当裂缝持续宽度发展或超限时，应及时上报相关部门。

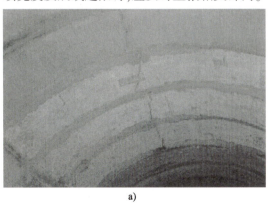
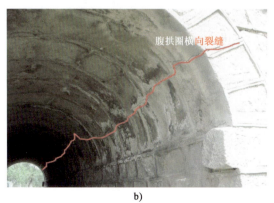

图 4-54 腹拱圈裂缝

9）立柱或横墙裂缝（图4-55）

（1）记录内容：位置、长度、宽度、走向及照片编号等。

（2）病害成因：①各排横墙和立柱的抗推刚度不协调、相差较大，荷载作用下产生裂缝；②主拱圈下挠，产生裂缝。

（3）处理措施：裂缝宽度小于0.20mm，对裂缝进行封闭处理，并应加强观测；裂缝宽度持续变大或超限时，应及时上报相关部门。

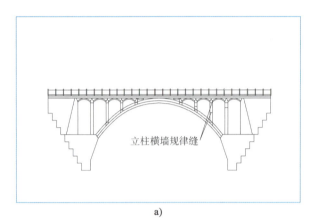

a)

b)

图4-55　立柱或横墙裂缝

图4-56　侧墙鼓胀、外倾

10）侧墙鼓胀、外倾（图4-56）

（1）记录内容：外倾位移、外鼓高度以及照片编号等。

（2）病害成因：①侧墙过高、填料进水、体积膨胀、土压力增大造成侧墙鼓胀外倾；②砌筑施工问题等。

（3）处理措施：鼓胀、外倾轻微且不再发展，可作一般修补处理；鼓胀、外倾严重或继续发展中，应立即上报相关部门。

4.2.2　双曲拱桥的一般病害检查

双曲拱桥的一般病害表现为主拱圈异常变形，主拱圈纵向裂缝，主拱圈竖向裂缝，主拱圈拱波顶纵向裂缝，腹拱拱脚变位，腹拱圈横桥向裂缝，横系梁开裂、脱落，拱上建筑侧墙开裂，立柱或横墙裂缝，侧墙鼓胀、外倾等。

1）主拱圈异常变形（图4-57）

（1）记录内容：描述异常变形位置、严重程度、照片编号等。

（2）病害成因：①横向联系设置偏弱，易开裂、失效，拱肋受力不均匀，导致单肋变形过大；②基础变位，导致拱肋变形较大。

（3）处理措施：应立即上报相关部门。

图 4-57 主拱圈异常变形

2) 主拱圈纵向裂缝

(1) 记录内容：位置、长度、宽度、走向、典型裂缝深度、照片编号等。

(2) 病害成因：①主拱圈横向不均匀变形，使腹拱墩台发生不均匀沉降和位移变形而引起腹拱纵向开裂；②桥台水平位移或不均匀沉陷的影响。

(3) 处理措施：当裂缝宽度小于 0.15mm 时，采用表面封闭法处理裂缝，并加强观测；当缝宽继续变大或超限时，应及时上报相关部门。

3) 主拱圈竖向裂缝（图 4-58）

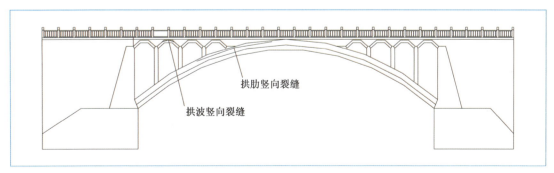

图 4-58 主拱圈竖向裂缝

(1)记录内容:位置、长度、宽度、走向、照片编号等。

(2)病害成因:①拱腿段拱背产生弯曲裂缝,裂缝沿拱肋截面竖向发展;②桥台发生过大的水平位移,拱顶附近拱肋产生竖向裂缝。

(3)处理措施:当裂缝宽度小于0.15mm时,应加强观测;当缝宽继续变大或超限时,应及时上报相关部门。

4)主拱圈拱波顶纵向裂缝(图4-59)

(1)记录内容:位置、长度、宽度、走向、照片编号等。

(2)病害成因:①对于早期的填平式拱板,由于波顶为最弱截面,现浇混凝土厚度大,收缩多,容易因收缩而在波顶出现拉裂;②当采用拉杆作为横向联系构件时,由于横系梁刚度小,连接松动,往往因横向不同拱肋扭转及横向挠度过大而引起波顶纵缝。

(3)处理措施:当裂缝宽度小于0.35mm时,应加强观测;当缝宽继续变大或超限时,应及时上报相关部门。

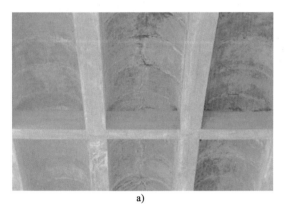
a)

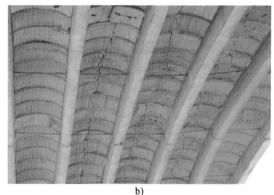
b)

图4-59 主拱圈拱波顶纵向裂缝

5)腹拱拱脚变位(图4-60)

(1)记录内容:腹拱位置、变位量、照片编号等。

(2)病害成因:①主拱圈变形过大;②横墙或立柱变位;③桥台变位等。

(3)处理措施:应立即上报相关部门。

6)腹拱圈横桥向裂缝(图4-61)

(1)记录内容:位置、长度、宽度、走向、照片编号等。

(2)病害成因:①横墙或立柱变位;②腹拱圈两拱脚变形不协调;③构造原因,如未设变形缝等。

(3)处理措施:当裂缝宽度小于0.35mm时,应加强观测;当缝宽继续变大或超限时,应及时上报相关部门。

图4-60 腹拱拱脚变位

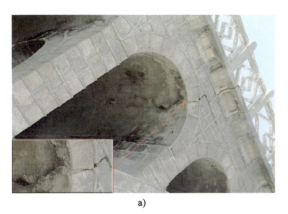
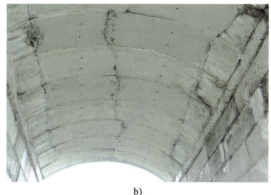

图 4-61 腹拱圈横桥向裂缝

7）横系梁开裂、脱落（图 4-62）

（1）记录内容：裂缝长度、宽度、位置、走向、脱落面积以及照片编号等。

（2）病害成因：①超载荷载作用下，横向不同拱肋产生较大的内力和变形，进而导致横系梁开裂、混凝土脱落；②横向拱肋的受力与变形的不均匀，导致横系梁病害等。

（3）处理措施：①当横系梁轻微破损、开裂，裂缝宽度小于 0.15mm 时，应加强观测；②当横系梁破损、开裂严重甚至脱落时，应及时上报相关部门。

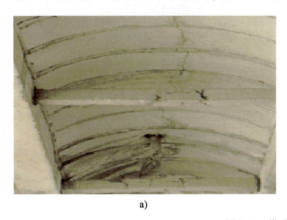
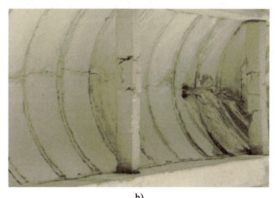

图 4-62 横系梁开裂、脱落

8）拱上建筑侧墙开裂（图 4-63）

（1）记录内容：裂缝长度、宽度、位置、走向、脱落面积以及照片编号等。

（2）病害成因：腹拱上未设变形缝，在长期的温度应力作用下，引起的腹拱圈破坏，进而造成腹拱墩顶侧墙的开裂。

（3）处理措施：当裂缝宽度小于 0.35mm 时，应加强观测；当缝宽继续变大或超限时，应及时上报相关部门。

图 4-63 拱上建筑侧墙开裂

9)立柱或横墙裂缝(图4-64)

(1)记录内容:裂缝长度、宽度、位置、走向、脱落面积以及照片编号等。

(2)病害成因:①各排横墙和立柱的抗推刚度不协调、相差较大,荷载作用下,导致裂缝出现;②个别主拱圈下挠,导致裂缝产生。

(3)处理措施:当宽度小于0.15mm的裂缝时,应加强观测;当缝宽持续发展或超限时,应及时上报相关部门。

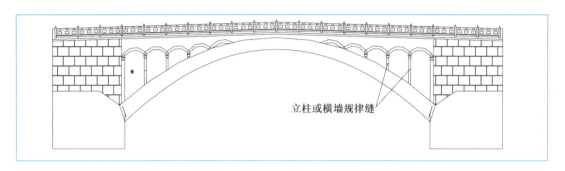

a)

b)横墙

c)立柱

图4-64 立柱或横墙裂缝

10)侧墙鼓胀、外倾(图4-65)

(1)记录内容:外倾位移、外鼓尺寸以及照片编号等。

(2)病害成因:①侧墙过高、填料进水体积膨胀、土压力增大造成侧墙鼓胀、外倾;②砌筑施工问题等。

(3)处理措施:轻微开裂、鼓胀且不再发展,应加强观测;外倾明显或严重时,应及时上报相关部门。

4.2.3 箱形拱桥的一般病害检查

箱形拱桥的一般病害表现为主拱圈下挠过大,拱肋底面纵向裂缝,拱肋底面横向裂缝,箱形拱圈拼装处缺陷等。

1) 主拱圈下挠过大(图 4-66)

(1) 记录内容：各个测点高程、位置以及照片编号等。

(2) 病害成因：①基础不均匀位移；②超限车辆作用。

(3) 处理措施：应及时上报相关部门。

图 4-65　侧墙鼓胀、外倾

图 4-66　主拱圈下挠过大

2) 拱肋底面纵向裂缝(图 4-67)

(1) 记录内容：位置、长度、宽度、走向、典型裂缝深度、照片编号等。

(2) 病害成因：①施工期间的收缩裂缝；②锈胀钢筋引起混凝土纵向开裂；③拱肋横向联系弱，箱梁预制拼装接缝处开裂。

(3) 处理措施：当裂缝宽度小于 0.15mm 时，应加强观测；当裂缝宽度继续变大或超限时，应及时上报相关部门。

a)

b)

图 4-67　拱圈底面纵向裂缝

3) 拱肋底面横向裂缝(图 4-68)

(1) 记录内容：位置、长度、宽度、走向、典型裂缝深度、照片编号等。

(2) 病害成因：①荷载作用弯曲裂缝；②基础变位引起净跨径变大，产生次应力等。

(3) 处理措施：当裂缝宽度小于 0.15mm 时，应加强观测；当裂缝宽度继续变大或超限时，应及时上报相关部门。

图 4-68　拱肋底面横向裂缝

4）箱形拱圈拼装处缺陷（图4-69）

（1）记录内容：位置、状态描述、照片编号等。

（2）病害成因：①拼装施工采用钢板连接，未用混凝土封闭，钢板长期暴露在大气中出现锈蚀；②因拱圈拼接处构造较弱，加之车辆荷载冲击作用和构件变形不协调，致使拼接处出现开裂；③施工导致接缝处的偏差，导致错台甚至开裂。

（3）处理措施：拼接处的一般缺陷，及时上报相关部门；若拼接处产生开裂，应立即上报相关部门。

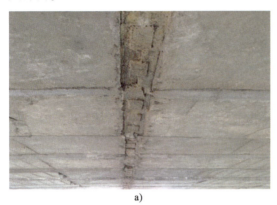
a)
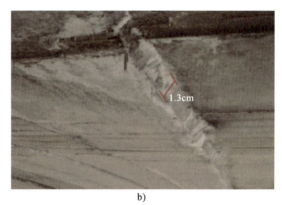
b)

图4-69　箱形拱圈拼装处缺陷

4.2.4　刚架拱桥的一般病害检查

刚架拱桥的一般病害表现为拱肋异常变形，主拱腿、次拱腿横向裂缝，拱肋实腹段横向裂缝，主拱腿、次拱腿与拱座连接处开裂、破损，横向联系构件开裂、松动、脱落，微弯板开裂、破损、脱落等。

图4-70　拱肋异常变形

1）拱肋异常变形（图4-70）

（1）记录内容：描述异常变形位置、严重程度及照片编号等。

（2）病害成因：①基础不均匀沉陷；②刚架拱桥为预制安装，各构件之间的连接强度不足，在长期车辆荷载冲击、振动作用下，各拱肋受力不均匀，致使拱肋下挠；③超载车辆作用。

（3）处理措施：及时上报相关部门。

2）主拱腿、次拱腿横向裂缝（图4-71）

（1）记录内容：位置、长度、宽度、走向、典型裂缝深度、照片编号等。

（2）病害成因：①墩台位移，造成拱腿弯曲受力，导致拱背出现裂缝；②超限车辆荷载长期作用等。

（3）处理措施：当裂缝宽度小于0.15mm时，应加强观测；当裂缝宽度继续变大或超限时，应及时上报相关部门。

图 4-71 主拱腿、次拱腿横向裂缝

3)拱肋实腹段横向裂缝(图 4-72)

(1)记录内容:位置、长度、宽度、走向、典型裂缝深度、照片编号等。

(2)病害成因:①超限车辆荷载作用,拱顶普遍出现弯曲裂缝;②拱肋基础位移。

(3)处理措施:当裂缝宽度小于 0.15mm 时,应加强观测;当裂缝宽度继续变大或超限时,应及时上报相关部门。

4)主拱腿、次拱腿与拱座连接处开裂、破损(图 4-73)

图 4-72 拱肋实腹段横向裂缝

(1)记录内容:位置、裂缝长度、宽度、走向、脱落面积、照片编号等。

(2)病害成因:拱片变形过大,使得主拱腿、次拱腿连接处出现开裂、破损。

(3)处理措施:及时上报相关部门。

图 4-73 主拱腿、次拱腿与拱座连接处开裂、破损

5)横向联系构件开裂、松动、脱落(图 4-74)

(1)记录内容:位置、裂缝长度、宽度、走向、脱落面积、照片编号等。

(2)病害成因:刚架拱桥结构整体性较弱,在车辆荷载作用下桥梁整体振动较大,长期的频繁振动导致刚架拱片与横系梁的连接部位破损,引起横系梁损坏。

(3)处理措施:当裂缝宽度小于 0.15mm 时,应加强观测;当裂缝宽度继续变大或超限甚至横向联系脱落时,应及时上报相关部门。

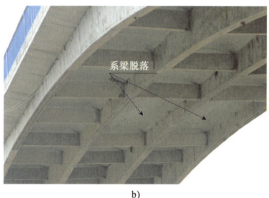

a) b)

图 4-74　横向联系构件开裂、松动、脱落

6)微弯板开裂、破损(图 4-75)、脱落

(1)记录内容:位置、长度、宽度、走向、典型裂缝深度、照片编号等。

(2)病害成因:①横向联系差,导致相邻拱片间的竖向位移相差过大,使得微弯板两端产生较大位移差,导致微弯板施工缝处开裂;②该类型桥为组装结构,在使车辆荷载反复作用下,微弯板开裂、破损。

(3)处理措施:当裂缝宽度小于 0.15mm 时,应加强观测;当裂缝宽度继续增大或超限甚至微弯板脱落时,应及时上报相关部门。

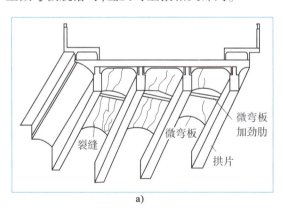
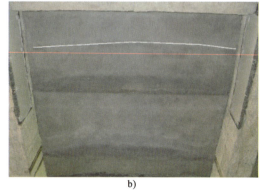

a) b)

图 4-75　微弯板开裂、破损

4.2.5　肋拱桥的一般病害检查

肋拱桥的一般病害表现为主拱圈异常变形,拱肋底面横向裂缝,横系梁开裂、破损、脱落、拱上立柱开裂、偏位等。

1)主拱圈异常变形(图 4-76)

(1)记录内容:各个测点高程、位置以及照片编号等。

(2)病害成因:①基础不均匀位移;②超限车辆作用;③拱脚水平位移等。

(3)处理措施:应及时上报相关部门。

2)拱肋底面横向裂缝(图 4-77)

(1)记录内容:位置、长度、宽度、走向、典型裂缝深度、照片编号等。

图 4-76　主拱圈异常变形

(2)病害成因:①荷载作用弯曲裂缝;②基础变位引起的弯曲裂缝。

(3)处理措施:当裂缝宽度小于 0.15mm 时,应加强观测;当裂缝宽度继续变大或超限时,应及时上报相关部门。

3)横系梁开裂、破损、脱落(图 4-78)

(1)记录内容:开裂位置、裂缝长度、宽度、走向、破损位置及范围、脱落位置、典型照片等。

(2)病害成因:①拱肋间横系梁连接弱,超限车辆长期作用,导致横向联系开裂、破损等病害;②拱肋不均匀位移;③接头处质量差等。

(3)处理措施:当裂缝宽度小于 0.15mm 时,应加强观测;当裂缝宽度继续变大或超限甚至横向联系脱落时,应及时上报相关部门。

图 4-77　拱肋底面横向裂缝

图 4-78　横系梁开裂、破损、脱落

4)拱上立柱开裂、偏位(图 4-79)

(1)记录内容:裂缝位置、长度、宽度、走向、偏位位移度、照片编号等。

(2)病害成因:①各排横墙和立柱的抗推刚度不协调,温度及车辆制动等水平力荷载作用下,导致裂缝出现;②混凝土收缩裂缝;③个别主拱圈下挠,导致裂缝产生;④安装施工造成偏差等。

(3)处理措施:当裂缝宽度小于 0.15mm 时,应加强观测;当裂缝宽度继续变大或超限

图 4-79　拱上立柱开裂、偏位

时,应及时上报相关部门。

4.2.6 桁架拱桥的一般病害检查

桁架拱桥的一般病害表现为桁架拱异常变形、开裂,下弦杆裂缝,上弦杆裂缝,横向联系裂缝,微弯板开裂等。

1)桁架拱异常变形、开裂(图4-80)

(1)记录内容:各个测点高程、位置、裂缝宽度、长度、走向、照片编号等。

(2)病害成因:①基础不均匀位移;②超限车辆作用。

(3)处理措施:应及时上报相关部门。

图4-80 桁架拱异常变形、开裂

2)下弦杆裂缝(图4-81)

(1)记录内容:位置、长度、宽度、走向、照片编号等。

(2)病害成因:①超限车辆荷载作用;②振动疲劳荷载作用等。

(3)处理措施:当裂缝宽度小于0.15mm时,应加强观测;当裂缝宽度继续变大或超限时,应及时上报相关部门。

3)上弦杆裂缝(图4-82)

(1)记录内容:位置、长度、宽度、走向、典型裂缝深度、照片编号等。

(2)病害成因:①超限车辆荷载作用;②振动疲劳荷载作用等。

(3)处理措施:当裂缝宽度小于0.15mm时,应加强观测;当裂缝宽度继续变大或超限时,应及时上报相关部门。

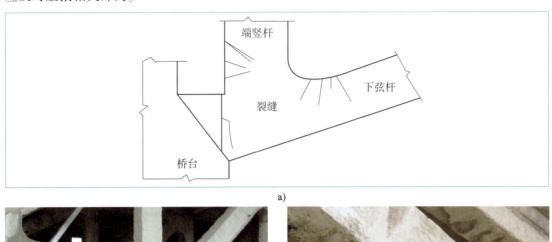

a)

b)

c)

图 4-81 下弦杆裂缝

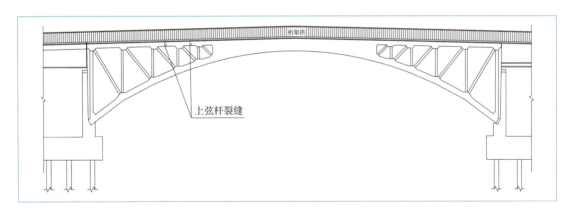

图 4-82 上弦杆裂缝

4) 横向联系裂缝(图 4-83)

(1) 记录内容：位置、长度、宽度、走向、典型裂缝深度、照片编号等。

(2) 病害成因：①超限车辆作用造成桁架拱竖向变形较大，使横向联系开裂，甚至脱落；②桁架拱桥结构整体性较弱，在车辆荷载作用下桥梁整体振动较大，长期的频繁振动导致钢拱片与横系梁的连接松动，引起横系梁损坏。

图4-83 横向联系裂缝

(3)处理措施:当裂缝宽度小于0.15mm时,应加强观测;当裂缝宽度继续变大或超限甚至横向联系脱落时,应及时上报相关部门。

5)微弯板开裂

(1)记录内容:裂缝长度、宽度、位置、走向以及照片编号等。

(2)病害成因:①超限车辆荷载作用,导致相邻拱片间的竖向位移差过大,使得微弯板两侧支撑面产生位移差,导致微弯板开裂;②车辆荷载作用,微弯板弯曲裂缝。

(3)处理措施:当裂缝宽度小于0.15mm时,应加强观测;当裂缝宽度继续变大或超限甚至横向联系脱落时,应及时上报相关部门。

4.2.7 梁拱式组合体系桥的一般病害检查

该类拱桥一般病害表现为吊杆索力松弛,上锚头封锚混凝土开裂、混凝土下渗、锚杯积水、锚头锈蚀,下锚箱积水、下锚头锈蚀,拉索PE防护老化开裂、划伤、钢丝锈蚀、起皮,桥面以上防护罩内防腐材料老化、变质、索体钢丝锈蚀,混凝土拱肋裂缝,拱肋涂层破损、剥落等,钢梁等钢构件病害请参见4.1.6钢梁桥的一般病害检查。

1)吊杆索力松弛(图4-84)

图4-84 吊杆索力松弛

(1) 记录内容:松弛吊杆根数以及照片编号等。

(2) 病害成因:①拉索往往由于腐蚀和振动等原因受到损害,导致拉索的索力松弛;②吊杆索夹滑移或松脱,进而导致吊杆索力松弛。

(3) 处理措施:及时上报相关部门。

2) 上锚头封锚混凝土开裂、混凝土下渗、锚杯积水、锚头锈蚀(图4-85)

(1) 记录内容:开裂、渗水处数位置以及照片编号等。

(2) 病害成因:①锚下混凝土振捣不密实、厚度不均匀造成应力集中,在薄弱位置发生破坏;②钢筋或钢结构锈胀致混凝土开裂;③锚具周围钢筋较弱,局部受力过大;④混凝土收缩裂缝。

(3) 处理措施:当封锚混凝土有明显开裂、积水或下渗时,应立即上报相关部门。

a) 封锚混凝土开裂

b) 混凝土下渗

c) 锚杯积水

d) 锚头锈蚀

图4-85 上锚头封锚混凝土开裂、混凝土下渗或锚杯积水、锚头锈蚀

3) 下锚箱积水、下锚头锈蚀(图4-86)

(1) 记录内容:锚罩、锚箱出现病害个数、状态描述以及照片编号等。

(2) 病害成因:①锚头外露,无及时除锈、防锈处理;②锚头盖板未安装,或盖板固定螺栓松动脱落或密封不严,有水、气侵入;③锚头防护措施失效,如环氧树脂、橡胶板、涂料膜等老化、龟裂、脱落失效;④雨水或空气中的水汽通过长时间的毛细作用,或通过将军帽与锚头间的细微裂缝进入索和锚头内,在锚头某些部位形成积水。

a)索体内积水

b)下锚头钢丝锈蚀

c)下锚头锚杯锈蚀

图 4-86　下锚箱积水、下锚头锈蚀

（3）处理措施：下锚箱积水、锚罩有明显锈蚀时，应立即上报相关部门。

4）拉索 PE 防护老化开裂、划伤（图 4-87）

（1）记录内容：PE 防护划伤位置和面积、开裂长度和位置以及照片编号等。

（2）病害成因：①材料老化失效，开裂；②人为划伤或车辆剐蹭、撞击作用。

（3）处理措施：当拉索 PE 防护老化出现开裂、划伤时，应及时上报相关部门。

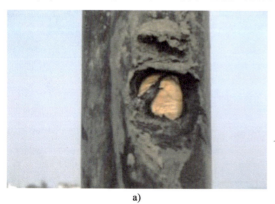
a)　　　　　　　　　　　　　　b)

图 4-87　拉索 PE 防护老化开裂、划伤

5)钢丝锈蚀、起皮(图4-88)

(1)记录内容:钢丝锈蚀、起皮位置、面积以及照片编号等。

(2)病害成因:钢丝在水或水汽作用下发生锈蚀。

(3)处理措施:当出现钢丝锈蚀、起皮时,应立即上报相关部门;当出现钢丝被拉长甚至断裂时,应立即上报相关部门。

图4-88 钢丝锈蚀、起皮

6)桥面以上防护罩内防腐材料老化、变质(图4-89)、索体钢丝锈蚀

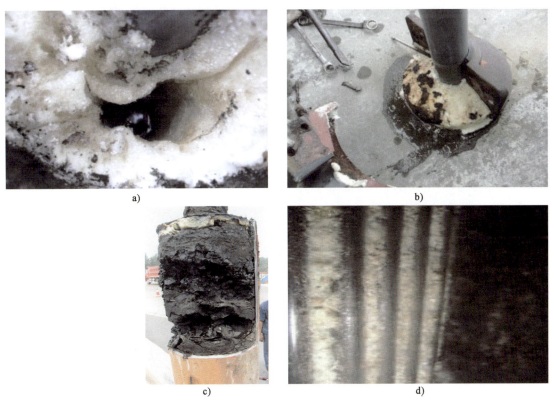

图4-89 桥面以上防腐罩内防腐材料老化、变质

(1)记录内容:导管内积水与钢丝发生锈蚀的位置、状态描述以及照片编号等。

(2)病害成因:①排水槽失效,导致导管内发生积水。积水后,钢丝长时间浸在水中发生锈蚀。②导管套筒上有裂缝,导致雨水、空气侵入,发生化学反应,使钢丝锈蚀。

(3)处理措施:防护罩内防腐材料老化、变质时,应及时上报相关部门。

7)混凝土拱肋裂缝(图4-90)

(1)记录内容:位置、长度、宽度、走向、典型裂缝深度、照片编号等。

(2)病害成因:①桥台、墩基础的不均匀沉降,使拱脚、拱顶处出现弯曲裂缝;②混凝土收缩裂缝。

(3)处理措施:当裂缝宽度小于0.15mm时,应加强观测;当裂缝宽度继续变大或超限时,应及时上报相关部门。

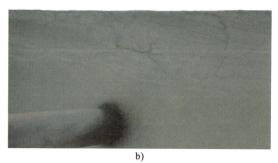

图4-90 混凝土拱肋裂缝

8)拱肋涂层破损、剥落(图4-91)

(1)记录内容:图层破损位置、面积以及照片编号等。

(2)病害成因:①在长期暴露环境作用下,涂层老化、失效,甚至脱落;②在接近桥面位置,因人为作用对涂层的破坏作用。

(3)处理措施:拱肋涂层破损面积较小时,可局部修补、涂装;大面积涂层破损、剥落时,应及时上报相关部门。

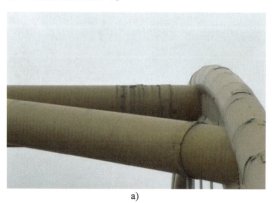

图4-91 拱肋涂层破损、剥落

4.3　斜拉桥的一般病害检查

斜拉桥一般病害表现为斜拉索钢丝锈蚀、断裂，索塔承台和塔座表面裂缝，主梁线形过大，主梁锚固区混凝土裂缝，锚头锈蚀等，钢梁等钢构件病害请参见 4.1.6 钢梁桥的一般病害检查。

1）斜拉索钢丝锈蚀、断裂（图 4-92）

（1）记录内容：锈蚀、断裂根数、位置以及照片编号等。

（2）病害成因：①套筒式拉索护套内注水泥浆，但有注浆不满、浆液离析、套筒裂缝等病害，导致雨水侵入等；②聚乙烯或橡胶护套在拉索架设中损坏（如被割破、拉裂），又未进行及时修补，雨水侵入；③应力腐蚀，因斜拉索体系承受很大的拉力，在高应力、反复荷载、风振的作用下，钢丝更易腐蚀。

（3）处理措施：及时上报相关部门。

a)　　　　　　　　　　　　　　　b)

图 4-92　斜拉索钢丝锈蚀、断裂

2）索塔承台和塔座表面裂缝（图 4-93）

（1）记录内容：位置、长度、宽度、走向、典型裂缝深度、照片编号等。

（2）病害成因：

①塔座棱线两侧有两个夹角较小的临空面，棱线处往往是缺少骨料的砂浆，该处水分易散失，施工养护不当而导致出现裂缝；

②大体积混凝土水化热高，养护不及时，内外温差导致面层混凝土被拉裂。

（3）处理措施：当裂缝宽度小于 0.15mm 时，应加强观测；当裂缝宽度继续变大或超限时，应及时上报相关部门。

3）主梁线形变形过大

（1）记录内容：各个测点位置、高程以及照片编号等。

（2）病害成因：

①拉索断裂或索力松弛。

②施工桥梁线形不符合设计要求。施工控制参数与计算模型拟定数据不符,反馈不及时,施工荷载变化,与设计假定不符。

③挂篮前端支承拉索松弛或吊篮后锚、压重装置变形松弛。以梁内劲性骨架作为挂篮的承重结构,骨架刚度不足,浇筑混凝土时挠度较大。

(3)处理措施:及时上报相关部门。

a)

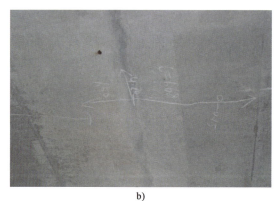
b)

图4-93 索塔承台和塔座表面裂缝

4)主梁锚固区混凝土裂缝

(1)记录内容:位置、长度、宽度、走向、典型裂缝深度、照片编号等。

(2)病害成因:

①构造措施或配筋不合理,局部应力过大;

②混凝土未达到设计张拉强度,张拉时间过早。

(3)处理措施:及时上报相关部门。

5)锚头锈蚀(图4-94)

a)

b)

图4-94 锚头锈蚀

(1)记录内容:锚头锈蚀出现病害个数、位置以及照片编号等。

(2)病害成因:

①锚头安装后没有及时除锈、涂润滑脂或防锈涂料;

②锚头盖板未安装,或盖板固定螺栓松动脱落以致盖板脱落或密封不严,水、气进入;
③锚头防护层措施,如环氧树脂、橡胶板、涂料膜等老化、龟裂、脱落失效。
(3)处理措施:及时上报相关部门。

4.4 上部结构的严重病害

4.4.1 预制空心板梁桥的严重病害

1)严重病害名称:单板受力

横向分配作用是预制空心板梁桥上部结构受力的体系特点,即相邻多块空心板利用铰缝传递作用共同分担受力。所谓单板受力,就是铰缝部分丧失传力功能或全部失效,使得车辆荷载直接由单块空心板梁承担。出现单板受力,一般会导致空心板梁底板出现严重弯曲裂缝,严重时发生断板。

2)形成严重病害的早期病害特征
(1)桥面铺装铰缝处纵向裂缝。
(2)空心板梁底铰缝勾缝处出现泛白吸附或钟乳状悬挂物或勾缝处长期渗水。
(3)板梁底勾缝脱落,相邻板错台严重(非设计构造及施工安装原因)。
(4)支座脱空或失效。
(5)重车过桥时,单板明显下挠。

3)严重病害的危害
当一孔空心板梁桥出现上述5种病害特征中的1~2种时,病害继续发展则很容易出现单板受力病害,一旦发生,则会导致空心板梁断裂。桥梁养护人员应引起高度重视。

4)出现严重病害后须采取的措施
(1)当一孔空心板梁桥出现上述5种病害特征中的1~2种时,应尽快委托有资质的单位进行专项检测,尽快实施维修加固。
(2)当出现严重病害后,应立即限载、封闭交通,禁止无关人员靠近;必要时采取临时支撑等措施,并尽快找专业单位采取进一步维修加固措施。

4.4.2 预制T梁桥的严重病害

1)严重病害名称:整体滑移、落梁

结构简单、受力明确、节省材料、架设安装方便、跨越能力较大是预制T梁桥体系的优势,但当车辆制动、冲击作用或地震、泥石流、船舶撞击等偶然荷载作用使得T梁桥整体横向或纵向滑移,产生支座脱空、丧失有效支撑或部分支座失效等情况时,T梁桥存在落梁风险,即为此类桥的严重病害。

2)形成严重病害的早期病害特征
(1)一联桥伸缩缝的一端挤死,而另一端则拉开较大。
(2)桥梁护栏或栏杆,出现较大横向、纵向或竖向错台。

(3)桥面线形异常,出现局部凹陷。
(4)T梁桥支座脱空,丧失有效支撑。
(5)横隔板、湿接缝开裂严重。

3)严重病害的危害

当一孔T梁桥同时出现上述5种病害中的2种及以上时,若病害继续发展,则可能发展成落梁。桥梁管理者应引起高度重视。

4)出现严重病害后须采取的措施

(1)当出现上述5种病害中的2种及以上时,应尽快委托有资质的单位进行专项检测,尽快实施维修加固。

(2)当出现严重病害后,应立即限载、封闭交通,禁止无关人员靠近;必要时采取临时支撑等措施,并尽快委托专业单位采取进一步维修加固措施。

4.4.3 预制小箱梁桥的严重病害

1)严重病害名称:整体滑移、落梁

预制小箱梁桥体系具有优良的力学特性,具有较大的刚度和强大的抗扭性能,具有结构形式简单、受力明确、节省材料、架设安装方便、跨越能力较大等优势,但当车辆制动、冲击作用或地震、泥石流、船舶撞击等偶然荷载作用使得小箱梁桥整体横向或纵向滑移,产生支座脱空、丧失有效支撑或部分支座失效等情况时,小箱梁桥存在落梁风险,即为此类桥的严重病害。

2)形成严重病害的早期病害特征

(1)一联桥伸缩缝的一端挤死,而另一端则拉开较大。
(2)桥梁护栏或栏杆,出现较大横向、纵向或竖向变形或错台。
(3)桥面线形异常,局部出现凹陷。
(4)小箱梁支座脱空,丧失有效支撑。

3)严重病害的危害

当一孔小箱梁桥同时出现上述4种病害中的2种及以上时,若病害继续发展,则可能发展成落梁。桥梁养护人员应引起高度重视。

4)出现严重病害后须采取的措施

(1)当出现上述4种病害中的2种及以上时,应尽快委托有资质的单位进行专项检测,尽快实施维修加固。

(2)当出现严重病害后,应立即限载、封闭交通,禁止无关人员靠近;必要时采取临时支撑等措施,并尽快委托专业单位采取进一步维修加固措施。

4.4.4 现浇板梁桥的严重病害

1)严重病害名称:较宽、较多纵向及横向裂缝,承载力不足

现浇板梁一般用于10m的小桥,多为钢筋混凝土结构。因板壳结构的薄膜效应,使得现浇板梁承载力较一般预制拼装板梁承载力更高。但由于梁底横向配筋不足,甚至没有横向钢筋或纵向配筋较少,当底板出现较多纵向及横向裂缝,且宽度较大时,表明板梁承载力严重不足,超载作用下往往会产生板梁断裂等事故。

2)形成严重病害的早期病害特征

(1)板梁底面出现纵向裂缝,数量较多,典型裂缝过宽,而且规律分布(在横桥向中间位置,呈近乎等间距分布)。

(2)板梁底面出现横向裂缝,数量较多,典型裂缝过宽,而且规律分布(在纵桥向中间位置,呈近乎等间距分布)。

(3)桥面线形异常,局部出现凹陷。

3)严重病害的危害

当一孔现浇板梁桥同时出现上述3种病害中的2种及以上时,表明板梁承载力不足,若病害继续发展,则可能导致梁板断裂。桥梁养护人员应引起高度重视。

4)出现严重病害后须采取的措施

(1)当出现上述3种病害中的2种及以上时,应尽快委托有资质的单位进行专项检测,尽快实施维修加固。

(2)当出现严重病害后,应立即限载、封闭交通,禁止无关人员靠近;必要时采取临时支撑等措施,并尽快委托专业单位采取进一步维修加固措施。

4.4.5 现浇箱梁桥的严重病害

1)严重病害名称:箱梁跨中下挠过大,开裂严重

小跨径箱梁桥多采用整体支架现浇施工,为钢筋混凝土结构或预应力混凝土结构;大跨径箱梁桥一般采用连续梁或连续刚构,多采用悬臂挂篮现浇施工,均为预应力混凝土结构。裂缝和下挠是这类桥梁的典型病害,这两种病害一般也会同时出现。当桥梁跨中下挠过大,箱梁腹板、底板也会出现严重开裂(裂缝较宽、数量较多),说明桥梁承载力严重不足,超载作用下病害可能继续发展,严重者可能产生桥梁垮塌等严重事故。

2)形成严重病害的早期病害特征

(1)箱梁桥跨中底板出现较多横向裂缝,超宽裂缝数量多、裂缝较深;若是预应力混凝土结构,出现受力裂缝更应高度重视。

(2)箱梁桥腹板内侧或外侧面出现较多斜向或竖向裂缝,超宽裂缝数量多、裂缝较深;若是预应力混凝土结构,出现受力裂缝更应高度重视。

(3)悬浇箱梁桥跨中合龙段结合面出现错台或较宽、较深裂缝。

(4)预应力管道未压浆或压浆不实,预应力钢绞线锈蚀严重,甚至管道内流出锈水等。

(5)桥面线形异常,跨中下挠明显,且持续发展。

3)严重病害的危害

当箱梁桥出现上述5种病害特征中的1种及以上时,表明箱梁桥承载力不足,若病害继续发展,则有可能导致桥梁垮塌。桥梁养护人员应引起高度重视。

4)出现严重病害后须采取的措施

(1)当出现上述5种病害特征中的1种及以上时,应尽快委托有资质的单位进行专项检测,尽快实施维修加固。

(2)当出现严重病害后,应立即限载、封闭交通,禁止无关人员靠近;必要时采取临时支撑等措施,并尽快委托专业单位采取进一步维修加固措施。

4.4.6 钢梁桥的严重病害

1)严重病害名称:钢结构屈曲变形、焊缝开裂等

钢梁桥主要建造材料为钢材,钢材的抗疲劳性能、应力集中及防锈蚀能力等是应重点关注的问题。钢梁桥线形异常或局部构件出现较大变形、屈曲现象,表明构件可能存在受力过大或其他严重问题;对于钢梁桥异常开裂,特别是焊缝开裂,钢板、钢梁开裂,也表明构件可能存在受力过大或其他严重问题,需引起重视。

2)形成严重病害的早期病害特征

(1)钢结构屈曲变形。

(2)关键焊缝出现开裂或松脱。

(3)钢构件开裂。

(4)桥梁在行车条件下,出现剧烈振动,车桥耦合振动现象明显。

3)严重病害的危害

当钢梁桥出现上述4种病害特征中的1种及以上时,表明桥梁承载力不足;若病害继续发展,则有可能导致桥梁垮塌。桥梁养护人员应引起高度重视。

4)出现严重病害后须采取的措施

(1)当出现上述4种病害特征中的1种及以上时,应尽快委托有资质的单位进行专项检测,尽快实施维修加固。

(2)当出现严重病害后,应立即限载、封闭交通,禁止无关人员靠近;必要时采取临时支撑等措施,并尽快委托专业单位采取进一步维修加固措施。

4.4.7 双曲拱桥的严重病害

1)严重病害名称:基础滑移、拱顶严重开裂或下挠过大

双曲拱桥的基础位移作用较车辆荷载作用更为敏感,桥墩或桥台朝外滑移(朝背离跨中方向位移,可测量拱桥的净跨径发现基础是否发生位移),会使拱脚背面或拱顶下缘出现较严重开裂,严重时会导致双曲拱桥垮塌。

2)形成严重病害的早期病害特征

(1)拱桥拱脚出现水平位移,净跨径变大,且持续发展。

(2)拱顶出现较大下挠,并伴有较多、较宽裂缝。

(3)桥面线形异常,跨中下挠明显,且持续发展。

(4)拱腿段拱背出现严重开裂,裂缝宽度超限,沿高度方向发展较高。

(5)桥台基础被挖空、洪水掏蚀或护坡垮塌等病害。

3)严重病害的危害

当双曲拱桥出现上述5种病害特征中的1种及以上时,表明桥梁承载力不足;若病害继续发展,则有可能导致桥梁垮塌。桥梁养护人员应引起高度重视。

4)出现严重病害后须采取的措施

(1)当出现上述5种病害特征中的1种及以上时,应尽快委托有资质的单位进行专项检测,尽快实施维修加固。

(2)当出现严重病害后,应立即限载、封闭交通,禁止无关人员靠近;必要时采取临时支撑等措施,并尽快委托专业单位采取进一步维修加固措施。

4.4.8 箱形拱桥的严重病害

1)严重病害名称:基础滑移、拱顶严重开裂或下挠,拱背开裂严重、桥梁振动剧烈

箱形拱桥的严重病害与其他拱桥相似。

因采用箱形截面,箱形拱桥跨越能力较大,一般采用支架拱盔分节段现浇法施工,因此箱拱纵向节段拼接或横向整体连接的质量,对箱形拱桥的承载力影响较大。当箱形拱桥在拱背出现严重开裂(裂缝横向贯通,并沿箱拱高度发展较长)时,应重点关注。此外,当车辆驶过桥面时,若出现剧烈振动,也需引起高度重视。

2)形成严重病害的早期病害特征

(1)拱桥拱脚出现水平位移,净跨径变大,且持续发展。

(2)拱顶出现较大下挠,并伴有较多、较宽裂缝。

(3)桥面线形异常,跨中下挠明显,且持续发展。

(4)箱形拱拱腿段的拱背截面出现开裂,而且裂缝较宽、较深。

(5)箱形拱拼接处,出现较大开裂变形,甚至脱开现象。

(6)桥梁在行车条件下,出现剧烈振动,车桥耦合振动现象明显。

(7)桥台基础被挖空、洪水掏蚀或护坡垮塌等病害。

3)严重病害的危害

当箱形拱桥出现上述7种病害特征中的1种及以上时,表明桥梁承载力不足;若病害继续发展,则有可能导致桥梁垮塌。桥梁养护人员应引起高度重视。

4)出现严重病害后须采取的措施

(1)当出现上述7种病害特征中的1种及以上时,应尽快委托有资质的单位进行专项检测,尽快实施维修加固。

(2)当出现严重病害后,应立即限载、封闭交通,禁止无关人员靠近;必要时采取临时支撑等措施,并尽快委托专业单位采取进一步维修加固措施。

4.4.9 刚架拱桥的严重病害

1)严重病害名称:基础滑移、拱顶严重开裂或下挠,拱肋断裂

关于基础滑移、拱顶严重开裂或下挠与其他拱桥相似,不再赘述。

由于刚架拱桥拱肋截面小,横向联系弱,拱肋在超载作用下出现较多、较宽裂缝,严重时拱肋断裂或横系梁断裂、掉落等,应引起重视,否则,病害严重时会导致拱桥垮塌。

2)形成严重病害的早期病害特征

(1)拱桥拱脚出现水平位移,净跨径变大,且持续发展。

(2)拱顶出现较大下挠,并伴有较多、较宽裂缝。

(3)桥面线形异常,跨中下挠,且持续发展。

(4)主拱腿、次拱腿出现严重开裂,裂缝宽度超限。

(5)单片或多片拱肋严重开裂甚至断裂。

(6)桥台基础被挖空、洪水掏蚀或护坡垮塌等病害。

(7)微弯板开裂严重。

3)严重病害的危害

当刚架拱桥出现上述7种病害特征中的1种及以上时,表明桥梁承载力不足,若病害继续发展,则可能导致桥梁垮塌。桥梁养护应引起高度重视。

4)出现严重病害后须采取的措施

(1)当出现上述7种病害特征中的1种及以上时,应尽快委托有资质的单位进行专项检测,尽快实施维修加固。

(2)当出现严重病害后,应立即限载、封闭交通,禁止无关人员靠近;必要时采取临时支撑等措施,并尽快委托专业单位采取进一步维修加固措施。

4.4.10 肋拱桥的严重病害

1)严重病害名称:基础滑移、拱顶严重开裂或下挠,拱背开裂严重、桥梁振动剧烈

肋拱桥的严重病害与其他拱桥相似。

肋拱桥采用多肋组合形成整体,因此各拱肋间的横向连接质量对肋拱桥的承载力影响较大。当肋拱桥横系梁缺失或严重开裂时,应予以重点关注。此外,当车辆驶过桥面时,若出现剧烈振动,也需引起相当重视。

2)形成严重病害的早期病害特征

(1)拱桥拱脚出现水平位移,净跨径变大,且持续发展。

(2)拱顶出现较大下挠,并伴有较多、较宽裂缝。

(3)桥面线形异常,跨中下挠明显,且持续发展。

(4)拱腿段的拱背截面出现开裂,而且裂缝较宽、较深。

(5)肋拱横系梁或横梁,出现较大开裂变形,甚至脱开现象。

(6)桥梁在行车条件下,出现剧烈振动,车桥耦合振动现象明显。

(7)桥台基础被挖空、洪水掏蚀或护坡垮塌等病害。

3)严重病害的危害

当肋拱桥出现上述7种病害特征中的1种及以上时,表明桥梁承载力不足;若病害继续发展,则有可能导致桥梁垮塌。桥梁养护人员应引起高度重视。

4)出现严重病害后须采取的措施

(1)当出现上述7种病害特征中的1种及以上时,应尽快委托有资质的单位进行专项检测,尽快实施维修加固。

(2)当出现严重病害后,应立即限载、封闭交通,禁止无关人员靠近;必要时采取临时支撑等措施,并尽快委托专业单位采取进一步维修加固措施。

4.4.11 桁架拱桥的严重病害

1)严重病害名称:基础滑移、拱顶严重开裂或下挠、拉杆开裂严重

桁架拱桥与刚架拱桥类似,都是组合拼装结构,其单片拱肋构件尺寸薄弱、配筋少,因此与刚架拱桥的严重病害类似。但因其结构特点,作为主要传力构件的桁架拉杆也容易开裂,当出

现基础滑移、拱顶开裂严重或下挠过大或拉杆开裂严重时,应引起重视。

2)形成严重病害的早期病害特征

(1)拱桥拱脚出现水平位移,净跨径变大,且持续发展。

(2)拱顶出现较大下挠,并伴有较多、较宽裂缝。

(3)桥面线形异常,跨中下挠明显,且持续发展。

(4)拱片桁架拉杆出现受拉裂缝,裂缝宽度超限或拉杆断裂。

(5)单片或多片拱肋严重开裂甚至断裂。

(6)出现桥台基础被挖空、洪水掏蚀或护坡垮塌等病害特征。

3)严重病害的危害

当桁架拱桥出现上述6种病害特征中的1种及以上时,表明桥梁承载力不足;若病害继续发展,则有可能导致桥梁垮塌。桥梁养护人员应引起高度重视。

4)出现严重病害后须采取的措施

(1)当出现上述6种病害特征中的1种及以上时,应尽快委托有资质的单位进行专项检测,尽快实施维修加固。

(2)当出现严重病害后,应立即限载、封闭交通,禁止无关人员靠近;必要时采取临时支撑等措施,并尽快委托专业单位采取进一步维修加固措施。

4.4.12 梁拱式组合体系桥的严重病害

1)严重病害名称:基础滑移、拱顶严重开裂或下挠、拱背开裂严重、吊杆断裂、桥面系垮塌

梁拱式组合体系桥一般分为有水平推力的吊杆拱桥(多为中承式拱)及无水平力的系杆拱桥(中承式和下承式)。除桥梁吊索、吊杆横梁及纵梁与一般拱桥相比属于特殊结构外,其他构件与一般拱桥基本一样。因此,除一般拱桥严重病害需重点关注外,对吊索锈蚀、系杆预应力损失过大,以及吊杆横梁断裂等影响桥梁安全的严重病害也要重点关注。

2)形成严重病害的早期病害特征

(1)拱桥拱脚出现水平位移,净跨径变大,且持续发展。

(2)拱顶出现较大下挠,并伴有较多、较宽裂缝。

(3)桥面线形异常,跨中明显下挠,且持续发展。

(4)拱腿段的拱背截面出现开裂病害,而且裂缝较宽、较深。

(5)吊索上锚头或下锚头长期受水侵蚀或出现明显锈蚀;吊索桥面处的防水罩破损,吊索长期受雨水浸泡。

(6)吊索外防护老化或局部严重破损,吊索钢丝外露或发现吊索钢丝严重锈蚀。

(7)吊杆横梁跨中出现较宽裂缝,吊杆横梁横向变形较大等。

(8)系杆拱桥的纵系梁跨中出现较宽裂缝,甚至较大变形等。

(9)系杆纵向预应力松弛,预应力损失过大等。

(10)桥台基础被挖空、洪水掏蚀或护坡垮塌等病害。

3)严重病害的危害

当梁拱式组合体系桥出现上述10种病害特征中的1种及以上时,表明桥梁或构件承载力不足,若病害继续发展,则有可能导致桥梁垮塌。桥梁养护人员应引起高度重视。

4)出现严重病害后须采取的措施

(1)当出现上述 10 种病害特征中的 1 种及以上时,应尽快委托有资质的单位进行专项检测,尽快实施维修加固。

(2)当出现严重病害后,应立即限载、封闭交通,禁止无关人员靠近;必要时采取临时支撑等措施,并尽快委托专业单位采取进一步维修加固措施。

4.4.13 斜拉桥的严重病害

1)严重病害名称:钢结构疲劳、钢结构屈服、拉索断裂、风雨振

斜拉桥是利用桥塔和拉索协助主梁受力的结构,可使桥梁减少梁高,并具备更大跨越能力。斜拉桥主梁一般有混凝土梁和钢箱梁两种,对于斜拉桥,除常规混凝土梁桥的致命病害需重点关注外,对钢结构疲劳、钢结构屈服、拉索断裂、风雨振等严重病害也要重点关注。

2)形成严重病害的早期病害特征

(1)钢箱梁顶板或加劲肋裂缝。

(2)钢箱拉索主梁锚固区的钢结构裂缝。

(3)拉索在风或雨条件下产生振动。

(4)桥面线形异常,跨中明显下挠,且持续发展。

(5)拉索上锚头或下锚头长期受水侵蚀或出现明显锈蚀;拉索桥面处的防护罩破损,拉索长期受雨水浸泡。

(6)拉索外防护老化或严重破损,露出拉索钢丝或发现拉索钢丝严重锈蚀,甚至断裂。

(7)斜拉桥混凝土主梁跨中出现较宽裂缝,甚至较大变形等。

(8)桥塔出现较大异常变形。

3)严重病害的危害

当斜拉桥出现上述 8 种病害特征中的 1 种及以上时,表明桥梁或构件承载力不足;若病害继续发展,则有可能导致桥梁灾难性事故。桥梁养护人员应引起高度重视。

4)出现严重病害后须采取的措施

(1)当出现上述 8 种病害特征中的 1 种及以上时,应尽快委托有资质的单位进行专项检测,尽快实施维修加固。

(2)当出现严重病害后,应立即限载、封闭交通,禁止无关人员靠近;必要时采取临时支撑等措施,并尽快委托专业单位采取进一步维修加固措施。

第 5 章

下部结构检查

5.1 桥台的一般病害检查

本节重点介绍重力式桥台和轻型桥台一般病害检查。

5.1.1 重力式桥台的一般病害检查

重力式桥台的一般病害表现为桥台变位,前墙竖向裂缝,前墙横向裂缝,侧墙斜向裂缝,侧墙外倾,台身砌体勾缝脱落,前墙渗水、泛白吸附等。

1)桥台变位(图 5-1)

(1)检查内容:控制点、桥台高程、坐标偏移情况。

(2)记录内容:测量记录控制点高程、坐标、照片编号等。

(3)病害成因:

①桥台倾斜。多为台后土压力过大或基础沉降引起。

②桥台水平变位。

a. 水的作用弱化了基底土体的性质,对于扩大基础,其基底摩阻力减小,荷载推移作用导致桥台水平位移;

b. 台后填土受水的扰动变得不稳定。

③桥台不均匀沉降。基础松软,沉降不均等。

(4)处理措施:当桥台出现倾斜、变位、不均匀沉降时,应及时上报相关部门。

2)前墙竖向裂缝(图 5-2)

(1)检查内容:位置、长度、宽度、走向、典型裂缝深度。

(2)记录内容:实测数据、照片编号等。

(3)病害成因:①混凝土收缩和温差;②地基不均匀沉降。

(4)处理措施:当裂缝宽度小于0.15mm,且未贯通台身截面一半时,应加强观测;当裂缝宽度持续变大或超限时,应及时上报相关部门。

图5-1 桥台变位

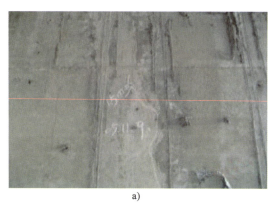

a)

b)

图5-2 前墙竖向裂缝

3)前墙横向裂缝(图5-3)

(1)检查内容:位置、长度、宽度、走向、典型裂缝深度。

(2)记录内容:实测数据、照片编号等。

(3)病害成因:①桥台分层浇筑的层间接缝;②土压力等水平荷载作用致台身弯曲开裂。

(4)处理措施:当裂缝宽度小于0.15mm,应加强观测;当裂缝宽度持续变大或超限时,应及时上报相关部门。

4)侧墙斜向裂缝(图5-4)

(1)检查内容:位置、长度、宽度、走向、典型裂缝深度。

(2)记录内容:实测数据、照片编号等。

(3)病害成因:①桥台土压力作用;②台后地基不均匀沉降;③桥台路面严重开裂,雨水经裂缝渗入填料中无法排出,台后的水压产生附加压力;④台后路面开裂下沉,造成桥台跳车,产生较大的冲击作用。

(4)处理措施:当裂缝宽度小于0.15mm时,应加强观测;当裂缝宽度持续变大或超限时,应及时上报相关部门。

图5-3 前墙横向裂缝　　　　　　　　图5-4 侧墙斜向裂缝

5)侧墙外倾(图5-5)

(1)检查内容:位置、范围、方向。

(2)记录内容:实测数据、照片编号等。

(3)病害成因:①桥台后的填土不密实,上部长期荷载作用下土体发生沉陷,挤压侧墙;②桥台排水不畅导致填土中水分过大,产生较大附加压力作用;③基础不均匀沉降。

(4)处理措施:程度较轻,加强观测;侧倾明显,应及时上报相关部门。

6)台身砌体勾缝脱落(图5-6)

(1)检查内容:脱落勾缝位置、数量。

(2)记录内容:实测数据、照片编号等。

图5-5 侧墙外倾　　　　　　　　图5-6 台身砌体勾缝脱落

(3)病害成因:①台身砌体勾缝质量差;②基础不均匀沉降;③台后土压力作用。

(4)处理措施:当砌体局部出现勾缝脱落,脱落总长度小于构件截面长度的10%时,可重新勾缝,并加强观测;当出现大范围勾缝脱落并伴有渗水现象时,应及时上报相关部门。

7)前墙渗水、泛白吸附(图5-7)

(1)检查内容:位置、范围。

图5-7 前墙渗水、泛白吸附

(2)记录内容:实测数据、照片编号等。

(3)病害成因:①水流顺伸缩缝流到桥台上,侵蚀台身;②水渗流到台背填料中,桥梁及附属设施未设置排水系统,积水无法排出,加之砌体间存在空隙、积水饱和后从前墙或侧墙渗出;③对于混凝土桥台,由于施工过程中振捣不够密实,新旧混凝土的接缝处理失当等。

(4)处理措施:当出现渗水,但现象不明显时,应加强观测;当长期渗水且严重时,应及时上报相关部门。

5.1.2 轻型桥台的一般病害检查

轻型桥台的一般病害表现为桥台变位,台身竖向或斜向裂缝,墩柱环向裂缝,台帽竖向裂缝等。

1)桥台变位

(1)检查内容:测量变位位置、程度、高程、坐标、变形量。

(2)记录内容:实测数据、照片编号等。

(3)病害成因:①基础不均匀沉降;②冲刷导致的基础承载力不足。

(4)处理措施:当出现轻微变位时,应加强观测;当出现变形量较大或发展较快时,应及时上报相关部门。

2)台身竖向或斜向裂缝(图5-8)

(1)检查内容:位置、长度、宽度、走向、典型裂缝深度。

(2)记录内容:实测数据、照片编号等。

(3)病害成因:①基础不均匀沉降引起的台身附加力作用,导致台身开裂;②宽幅台身混凝土收缩裂缝。

(4)处理措施:当裂缝宽度小于0.15mm时,应加强观测;当裂缝宽度持续变大或超限时,应及时上报相关部门。

3)墩柱环向裂缝(图5-9)

(1)检查内容:位置、长度、宽度、走向、典型裂缝深度。

(2)记录内容:实测数据、照片编号等。

(3)病害成因:①墩柱顶部的水平力作用,导致墩柱开裂;②基础不均匀沉降,附加力作用导致墩柱开裂。

（4）处理措施：当裂缝宽度小于 0.15mm 时，应加强观测；当裂缝宽度持续变大或超限时，应及时上报相关部门。

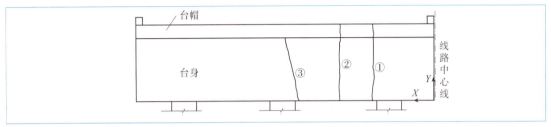

a)台身竖向或斜向裂缝示意

b)台身竖向裂缝

c)台身斜向裂缝(断裂)

图 5-8　台身竖向或斜向裂缝

4）台帽竖向裂缝（图 5-10）

（1）检查内容：位置、长度、宽度、走向、典型裂缝深度。

（2）记录内容：实测数据、照片编号等。

（3）病害成因：①后台土压力水平作用；②混凝土结构收缩裂缝；③桥台基础不均匀沉降引起的帽梁开裂。

（4）处理措施：当裂缝宽度小于 0.15mm 时，应加强观测；当裂缝宽度持续变大或超限时，应及时上报相关部门。

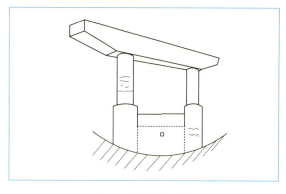
图 5-9 墩柱环向裂缝

图 5-10 台帽竖向裂缝

5.2 桥墩的一般病害检查

5.2.1 重力式桥墩的一般病害检查

重力式桥墩其一般病害表现为墩身及墩帽竖向裂缝、墩身水平裂缝、墩身网状裂缝、墩身混凝土剥落、露筋、墩身渗水、泛白吸附等。

1）墩身及墩帽竖向裂缝（图5-11）

（1）检查内容：位置、长度、宽度、走向、典型裂缝深度。

（2）记录内容：实测数据、照片编号等。

（3）病害成因：①基础不均匀沉降；②宽幅台身混凝土收缩裂缝。

（4）处理措施：当裂缝宽度小于0.15mm，且未贯通墩身截面一半时，应加强观测；当裂缝宽度持续变大或超限时，应及时上报相关部门。

a）墩身竖向裂缝

b）墩帽竖向裂缝

图5-11 墩身及墩帽竖向裂缝

2）墩身水平裂缝（图5-12）

（1）检查内容：位置、长度、宽度、走向、典型裂缝深度。

（2）记录内容：实测数据、照片编号等。

（3）病害成因：墩身施工层间裂缝。

(4)处理措施:当裂缝宽度小于0.15mm时,应加强观测;当裂缝宽度持续变大或超限时,应及时上报相关部门。

3)墩身网状裂缝(图5-13)

(1)检查内容:位置、面积、典型裂缝长度、宽度、深度。

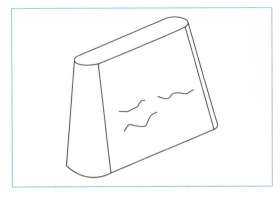

图5-12 墩身水平裂缝　　　　　　　图5-13 墩身网状裂缝

(2)记录内容:实测数据、照片编号等。

(3)病害成因:①养护措施不及时,混凝土干缩裂缝;②大体积混凝土温度应力导致混凝土表面龟裂。

(4)处理措施:当裂缝宽度小于0.15mm时,应加强观测;当裂缝宽度持续变大或超限时,应及时上报相关部门。

4)墩身混凝土剥落、露筋

(1)检查内容:位置、面积、露筋根数、长度。

(2)记录内容:实测数据、照片编号等。

(3)病害成因:①施工时的磕碰;②钢筋混凝土保护层厚度偏小,钢筋锈胀致混凝土剥落。

(4)处理措施:应及时进行修补。

5)墩身渗水、泛白吸附(图5-14)

(1)检查内容:位置、范围。

(2)记录内容:实测数据、照片编号等。

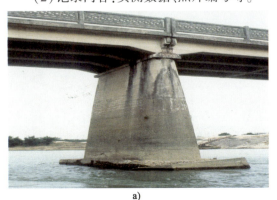

图5-14 墩身渗水、泛白吸附

(3)病害成因:①飘落雨水长期侵蚀桥墩混凝土;②桥面伸缩缝处渗水侵蚀桥墩混凝土表面;③混凝土空鼓或振捣不密实处,长期受水侵蚀,形成泛白吸附。

(4)处理措施:及时进行修补。

5.2.2 轻型桥墩的一般病害检查

轻型桥墩的一般病害表现为墩柱倾斜变位,墩柱环向水平裂缝,墩柱网状裂缝,盖梁悬臂端部斜向裂缝,盖梁跨中及柱顶竖向裂缝,防震挡块开裂,混凝土剥落、露筋等。

1)墩柱倾斜变位(图5-15)

(1)检查内容:墩柱编号、倾斜方向、严重程度。

(2)记录内容:实测数据、照片编号等。

(3)病害成因:①地震作用;②车辆、船舶等外力撞击。

(4)处理措施:及时上报相关部门。

图 5-15 墩柱倾斜变位

2)墩柱环向水平裂缝(图5-16)

(1)检查内容:位置、长度、宽度、走向、典型裂缝深度。

(2)记录内容:实测数据、照片编号等。

(3)病害成因:①基础变位;②墩柱顶部的水平力作用;③钢筋锈胀致混凝土开裂。

(4)处理措施:当裂缝宽度小于0.15mm时,应加强观测;当裂缝宽度持续变大或超限时,应及时上报相关部门。

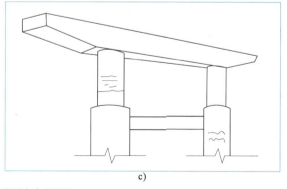

图 5-16 墩柱环向水平裂缝

3) 墩柱网状裂缝(图 5-17)

(1) 检查内容:位置、面积、典型裂缝长度、宽度、深度。

(2) 记录内容:实测数据、照片编号等。

(3) 病害成因:施工时养护不当,混凝土干缩。

(4) 处理措施:当裂缝宽度小于 0.15mm 时,应加强观测;当裂缝宽度持续变大或超限时,应及时上报相关部门。

4) 盖梁悬臂端部斜向裂缝(图 5-18)

(1) 检查内容:位置、长度、宽度、走向、典型裂缝深度。

(2) 记录内容:实测数据、照片编号等。

(3) 病害成因:①悬臂端负弯矩过大,受力弯曲裂缝;②混凝土收缩开裂。

(4) 处理措施:当裂缝宽度小于 0.15mm 时,应加强观测;当裂缝宽度持续变大或超限时,应及时上报相关部门。

图 5-17 墩柱网状裂缝

图 5-18 盖梁悬臂端部斜向裂缝

5) 盖梁跨中及柱顶竖向裂缝(图 5-19)

(1) 检查内容:位置、长度、宽度、走向、典型裂缝深度。

(2) 记录内容:实测数据、照片编号等。

(3) 病害成因:①盖梁抗弯配筋不足,活载作用导致开裂;②混凝土收缩裂缝;③宽度较大的竖向深层裂缝,主要是由于局部应力集中造成的竖向劈裂,如支座或垫石处的竖向劈裂。

(4) 处理措施:当裂缝宽度小于 0.15mm 时,且未贯通盖梁高度 1/3 时,应加强观测;当裂缝宽度持续变大或超限时,应及时上报相关部门。

6) 防震挡块开裂(图 5-20)

(1) 检查内容:位置、长度、宽度、走向。

(2) 记录内容:实测数据、照片编号等。

(3) 病害成因:①梁板安装时,就位不准,挤压挡块;②梁体出现横桥向滑移挤压挡块等。

(4) 处理措施:当出现劈裂裂缝时,应加强观测;当裂缝宽度持续变大或超限时,应及时上报相关部门。

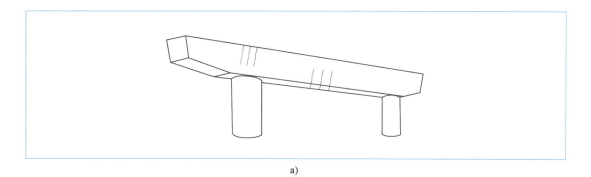

a)

b)盖梁跨中开裂

c)柱顶竖向裂缝

图 5-19　盖梁跨中及柱顶竖向裂缝

a)

b)

图 5-20　防震挡块开裂

7)混凝土剥落、露筋(图 5-21)

(1)检查内容:位置、面积、露筋根数、长度。

(2)记录内容:实测数据、照片编号等。

(3)病害成因:①混凝土施工质量不佳,混凝土缺陷或钢筋外露;②钢筋混凝土保护层厚度不足,长期水蚀或酸性环境下,钢筋锈胀致混凝土剥落。

(4)处理措施:及时对混凝土剥落、露筋进行修补。

a) 混凝土剥落　　　　　　　　　　　　　　b) 露筋

图 5-21　混凝土剥落、露筋

5.3　基础的一般病害检查

5.3.1　扩大基础的一般病害检查

扩大基础一般病害表现为基础掏空,扩大基础开裂,基础混凝土剥落、露筋等。

1) 基础掏空
(1) 检查内容:位置、冲刷深度。
(2) 记录内容:实测数据、照片编号等。
(3) 病害成因:洪水冲刷等。
(4) 处理措施:当局部冲蚀,部分外露,冲空面积小于10%时,应加强观测;当基础被掏空,露出底面,冲刷深度大于设计值或冲空面积大于10%时,应及时上报相关部门。

2) 扩大基础开裂(图 5-22)
(1) 检查内容:位置、长度、宽度、走向、典型裂缝深度。
(2) 记录内容:实测数据、照片编号等。
(3) 病害成因:①地基不均匀沉降;②混凝土收缩裂缝。
(4) 处理措施:当基础外露并伴有开裂时,应及时上报相关部门。

3) 基础混凝土剥落、露筋
(1) 检查内容:位置、面积、露筋根数、长度。
(2) 记录内容:实测数据、照片编号等。
(3) 病害成因:混凝土施工质量不佳。
(4) 处理措施:及时上报相关部门。

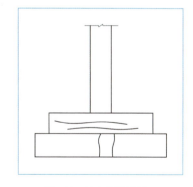

图 5-22　扩大基础开裂

5.3.2　桩基础的一般病害检查

桩基础一般病害表现为不均匀沉降,桩头破损,桩基础缩径、露骨、钢筋笼外露,河床冲刷,承台混凝土破损、露筋等。

1) 不均匀沉降

(1) 检查内容：桩号、倾斜方向、严重程度。

(2) 记录内容：实测数据、照片编号等。

(3) 病害成因：相邻桩基础承载能力不相同或基底的持力层存软弱层，导致桩基不均匀沉降。

(4) 处理措施：及时上报相关部门。

2) 桩头破损（图5-23）

(1) 检查内容：桩号、破损位置及面积、露筋根数、长度、钢筋锈蚀程度。

(2) 记录内容：实测数据、钢筋锈蚀程度、照片编号等。

(3) 病害成因：①桩基施工质量不佳，桩头混凝土清理不彻底；②桩基施工质量不佳，钢筋笼偏斜，钢筋外露；③长期水流冲蚀；④钢筋保护层厚度不足造成钢筋锈胀等。

(4) 处理措施：及时上报相关部门。

a)　　　　　　　　　　　　　　　　b)

图5-23　桩头破损

3) 桩基础缩径、露骨、钢筋笼外露（图5-24）

(1) 检查内容：桩号、缩径位置、桩径、露骨面积、露筋根数、长度、钢筋锈蚀程度。

(2) 记录内容：实测数据、照片编号等。

(3) 病害成因：①桩基施工质量不佳，桩基钢筋保护层厚度不足；②桩身混凝土长期受水流冲蚀。

(4) 处理措施：及时上报相关部门。

4) 河床冲刷（图5-25）

(1) 检查内容：位置、冲刷深度。

(2) 记录内容：实测数据、照片编号等。

(3) 病害成因：①洪水冲刷；②挖沙等人为原因。

(4) 处理措施：当局部冲刷导致埋入段基桩外露较短时，应加强观测；当冲刷深度大于设计值或冲空面积大于10%时，应及时上报相关部门。

第 5 章 下部结构检查

图 5-24 桩基础缩径、露骨、钢筋笼外露

图 5-25 河床冲刷

5)承台混凝土破损、露筋等(图5-26)

(1)检查内容:位置、破损面积,露筋根数、长度、钢筋锈蚀程度。

(2)记录内容:实测数据、照片编号等。

(3)病害成因:①承台混凝土施工质量不佳;②水蚀;③钢筋混凝土保护层厚度不足;④钢筋锈胀致混凝土破损、剥落等。

(4)处理措施:当承台局部混凝土出现破损,累计面积小于构件面积的5%时,应加强观测;当出现较大范围混凝土破损,累计面积大于构件面积的5%时,应及时上报相关部门。

a) b)

图5-26 承台混凝土破损、露筋等

5.4 下部结构的严重病害

5.4.1 重力式桥台的严重病害

1)严重病害的名称:桥台倾斜,桥台变位、不均匀沉降,桥台出现严重开裂病害

桥台的变位对桥梁上部结构的安全影响较大,重力式桥台产生的倾斜、位移、不均匀沉降等病害,都会使上部结构因附加力导致出现严重病害,更严重时会发生桥梁垮塌等灾难性事故。桥墩出现严重开裂病害,表明桥梁承载力存在不足,若继续发展,也会导致桥梁出现灾难性事故。

2)形成严重病害的早期病害特征

(1)桥台出现较大倾斜病害,导致桥梁上部结构出现较大斜向位移,桥梁上部结构横向一侧失去支撑或支撑脱空等严重病害,可能致桥梁出现灾难性事故。

(2)桥台出现较大变位、不均匀沉降,导致桥梁上部结构出现严重开裂、下挠或支撑脱空等严重病害,可能致桥梁出现灾难性事故。

(3)重力式桥台侧墙出现严重竖向裂缝或前墙出现严重横向裂缝,裂缝超宽甚至错位,并继续发展,可能致桥梁出现灾难性事故。

(4)桥台基础因冲刷、洪水或人为原因导致基础掏空、外露。

3）出现严重病害后须采取的措施

(1) 当出现上述 4 种病害特征中的 1 种及以上时，桥梁养护人员应引起高度重视，并尽快委托有资质的单位进行专项检测，尽快实施维修加固。

(2) 当出现严重病害后，应立即限载、封闭交通，禁止无关人员靠近；必要时采取临时支撑、抛石护岸、松木桩支护等措施，并尽快委托专业单位采取进一步维修加固措施。

5.4.2 轻型桥台的严重病害

1）严重病害的名称：桥台倾斜，桥台变位、不均匀沉降，桥台出现严重开裂病害

轻型式桥台主要由基础、台身、墩帽组成。桥台的变位对桥梁上部结构的安全影响较大，轻型桥台倾斜、变位、不均匀沉降等病害，都会使桥梁上部结构因附加力作用出现严重病害，更严重时会发生桥梁垮塌等灾难性事故。桥墩出现严重开裂病害，表明桥梁承载力存在不足，若继续发展，也会导致桥梁出现灾难性事故。

2）形成严重病害的早期病害特征

(1) 桥台出现较大倾斜病害，导致桥梁上部结构出现较大斜向位移，桥梁上部结构横向一侧失去支撑或支撑脱空等严重病害，可能致桥梁出现灾难性事故。

(2) 桥台出现较大变位、不均匀沉降，导致桥梁上部结构出现严重开裂、下挠或支撑脱空等严重病害，可能致桥梁出现灾难性事故。

(3) 轻型桥台帽梁出现严重竖向裂缝或台身出现严重横向或竖向裂缝，裂缝超宽并继续发展，可能致桥梁出现灾难性事故。

(4) 桥台基础因冲刷、洪水或人为原因导致基础掏空、外露。

3）出现严重病害后须采取的措施

(1) 当出现上述 4 种病害特征中的 1 种及以上时，桥梁养护人员应引起高度重视，并尽快委托有资质的单位进行专项检测，尽快实施维修加固。

(2) 当出现严重病害后，应立即限载、封闭交通，禁止无关人员靠近；必要时采取临时支撑、抛石护岸、松木桩支护等措施，并尽快委托专业单位采取进一步维修加固措施。

5.4.3 重力式桥墩的严重病害

1）严重病害的名称：桥墩倾斜、变位、不均匀沉降，桥墩出现严重开裂病害

桥墩的变位对桥梁上部结构的安全影响较大，桥墩倾斜、变位、不均匀沉降等病害，都会导致桥梁上部结构因附加力导致出现严重病害，更严重时会发生桥梁垮塌等灾难性事故。桥墩出现严重开裂病害，表明桥梁承载力存在不足，若继续发展，也会导致桥梁出现灾难性事故。

2）形成严重病害的早期病害特征

(1) 重力式桥墩出现较大倾斜，导致桥梁上部结构出现较大斜向位移。桥梁上部结构横向一侧失去支撑或支撑脱空等严重病害，可能致桥梁出现灾难性事故。

(2) 桥墩出现较大变位、不均匀沉降，导致桥梁上部结构出现严重开裂、下挠或支撑脱空等严重病害，可能致桥梁出现灾难性事故。

(3) 重力式桥墩的墩身出现严重竖向或横向开裂病害，且裂缝超宽并继续发展，可能致桥

梁出现灾难性事故。

(4)桥台基础因冲刷、洪水或人为原因导致基础掏空、外露。

3)出现严重病害后须采取的措施

(1)当出现上述4种病害特征中的1种及以上时,桥梁养护人员应引起高度重视,并尽快委托有资质的单位进行专项检测,尽快实施维修加固。

(2)当出现严重病害后,应立即限载、封闭交通,禁止无关人员靠近;必要时采取临时支撑、抛石、松木桩支护等措施,并尽快委托专业单位采取进一步维修加固措施。

5.4.4 轻型桥墩的严重病害

1)严重病害的名称:桥墩倾斜、变位、不均匀沉降,桥墩出现严重开裂病害

桥墩的变位对桥梁上部结构的安全影响较大,桥墩倾斜、桥墩变位、不均匀沉降等病害,都会导致桥梁上部结构出现严重病害,更严重时会发生桥梁垮塌等灾难性事故。桥墩帽梁或墩柱出现的严重开裂病害,表明桥梁承载力存在不足,若继续发展,会导致桥梁出现灾难性事故。

2)形成严重病害的早期病害特征

(1)轻型桥墩出现较大倾斜病害,导致桥梁上部结构出现较大斜向位移,桥梁上部结构横向一侧失去支撑或支撑脱空等严重病害,可能致桥梁出现灾难性事故。

(2)桥墩出现较大变位、不均匀沉降,导致桥梁上部结构出现严重开裂、下挠或支撑脱空等严重病害,可能致桥梁出现灾难性事故。

(3)桥墩墩身出现严重竖向或横向开裂病害,且裂缝超宽并继续发展,可能致桥梁出现灾难性事故。

(4)桥墩基础因冲刷、洪水或人为原因导致基础掏空、外露。

3)出现严重病害后须采取的措施

(1)当出现上述4种病害特征中的1种及以上时,桥梁养护人员应引起高度重视,并尽快委托有资质的单位进行专项检测,尽快实施维修加固。

(2)当出现严重病害后,应立即限载、封闭交通,禁止无关人员靠近;必要时采取临时支撑、抛石、松木桩支护等措施,并尽快委托专业单位采取进一步维修加固措施。

5.4.5 扩大基础的严重病害

1)严重病害的名称:扩大基础外露、开裂严重甚至破碎

当扩大基础完全暴露或暴露较多(遭受人为或水侵蚀),可导致基础出现严重病害,更严重时会发生桥梁垮塌等灾难性事故;当扩大基础出现严重开裂甚至严重破碎时,表明基础承载力不足,更严重时会发生桥梁垮塌等灾难性事故。

2)形成严重病害的早期病害特征

(1)扩大基础因冲刷、洪水或人为原因导致基础外露较多。

(2)基础出现严重开裂病害,且裂缝还在继续发展。

3)出现严重病害后须采取的措施

(1)当出现上述2种病害特征中的1种及以上时,桥梁养护人员应引起高度重视,并尽快委托有资质的单位进行专项检测,尽快实施维修加固。

(2)当出现严重病害后,应立即限载、封闭交通,禁止无关人员靠近;必要时采取临时支撑、抛石、松木桩支护等措施,并尽快委托专业单位采取进一步维修加固措施。

5.4.6 桩基础的严重病害

1)严重病害的名称:桩基沉降、严重倾斜、桩头段钢筋外露、且锈蚀严重,桩身混凝土压碎

桩基础是公路桥梁基础中应用广泛的一种基础形式。桥梁上部结构对桩基沉降非常敏感,桩基变位、倾斜、不均匀沉降等,都会导致桥梁上部结构因附加力而出现严重病害,更严重时会发生桥梁垮塌等灾难性事故。当桩头完全暴露或暴露较多(遭受人为破坏或水冲刷),可导致桩基承载力降低,更严重时会发生桥梁垮塌等灾难性事故。当桩头段混凝土存在压碎病害,并继续发展扩大时,表明桩基承载力严重不足,更严重时会发生桥梁垮塌等灾难性事故。

2)形成严重病害的早期病害特征

(1)桩基沉降、严重倾斜。

(2)桩基钢筋外露,锈蚀严重。

(3)桩身混凝土压碎。

(4)桩身混凝土出现受力裂缝。

(5)河床冲刷严重,埋入段基桩暴露较多。

3)出现严重病害后须采取的措施

(1)当出现上述5种病害特征中的1种及以上时,桥梁养护人员应引起高度重视,并尽快委托有资质的单位进行专项检测,尽快实施维修加固。

(2)当出现严重病害后,应立即限载、封闭交通,禁止无关人员靠近;必要时采取临时支撑、抛石、松木桩支护等措施,并尽快委托专业单位采取进一步维修加固措施。

第6章 支座检查

6.1 板式橡胶支座的一般病害检查

板式橡胶支座的一般病害表现为支座整体破坏,胶体老化、开裂,剪切变形过大,支座脱空,外鼓过大或外鼓不均匀,支座位置串动,钢垫板锈蚀,支座处建筑垃圾堆积,支座垫石损坏等。

1)支座整体破坏(图6-1)

(1)记录内容:支座编号、破损程度、照片编号等。

(2)病害成因:①支座本身质量问题;②支座橡胶严重老化、开裂;③支座选型不合理或安装不得当,荷载作用下支座的变形量不满足要求。

(3)处理措施:应及时上报相关部门。

 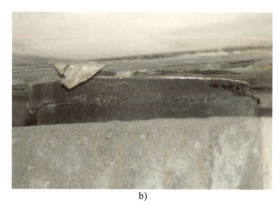

a)　　　　　　　　　　　　　　b)

图6-1　支座整体破坏

2)胶体老化、开裂(图6-2)

(1)记录内容:支座编号、典型裂缝长度和宽度、照片编号等。

(2)病害成因:①运营时间较长,橡胶支座达到使用寿命;②橡胶在高温、雨水、荷载疲劳等影响下出现的老化、变质、开裂;③承压不均,局部受力过大,导致胶体开裂。

(3)处理措施:支座老化变形,裂缝较严重,裂缝宽度介于 1～2mm,裂缝长度小于相应边长 25% 时,加强观测;支座老化开裂严重时,应及时上报相关部门。

a)

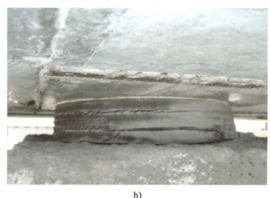
b)

图 6-2　胶体老化、开裂

3)剪切变形过大(图 6-3)

(1)记录内容:支座编号、变形角度、方向、照片编号等。

(2)病害成因:①环境温度的变化,梁的伸长和缩短变形引起支座的剪切变形;②由于相邻梁体支座完全脱空导致个别支座受力过大。

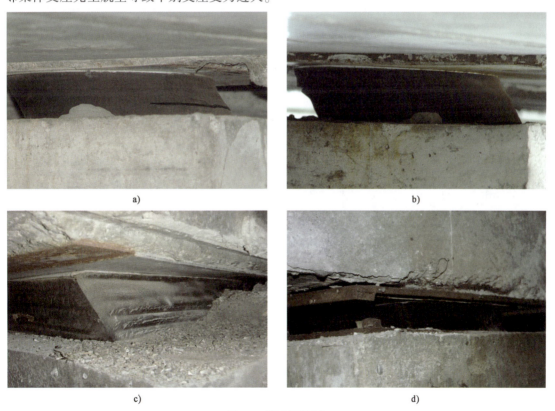

图 6-3　剪切变形过大

(3)处理措施:支座出现剪切变形或较大偏移,剪切角度不大于35°时,属正常变形,可加强检查和观测;但长时间过大变形将加速橡胶老化,会降低橡胶支座的使用寿命。当剪切角度大于35°时,应及时上报相关部门。

4)支座脱空(图6-4)

(1)记录内容:支座编号、脱空位置、脱空量、照片编号等。

(2)病害成因:①安装支座时垫层(块)砂浆强度低,干缩受压后开裂松散,造成支座脱空或局部脱空;②墩台顶支座垫石施工的高程控制不当,支座在桥梁振动作用下位置串动或完全脱空。

(3)处理措施:轻微的脱空,可填塞钢板等措施复位,并加强观测;严重脱空,应及时上报相关部门。

a)　　　　　　　　　　　　　　　b)

图6-4　支座脱空

5)外鼓过大或外鼓不均匀(图6-5)

(1)记录内容:支座编号、程度、照片编号等。

(2)病害成因:①橡胶老化或荷载超出支座承载能力,支座内橡胶层因受压会沿径向呈半圆形外鼓,导致支座出现外鼓过大或外鼓不均匀现象;②承压不均,局部受力过大。

(3)处理措施:当外鼓现象较严重或局部钢板外露,外鼓长度大于相应边长的10%时,应及时上报相关部门。

a)　　　　　　　　　　　　　　　b)

图6-5　外鼓过大或外鼓不均匀

6)支座位置串动(图6-6)

(1)记录内容:支座编号、移动方向与位移、照片编号等。

(2)病害成因:支座安装时,由于支承垫石不平,造成橡胶支座局部承压,引起橡胶支座位置出现顺桥向或横桥向的位移。

(3)处理措施:当支座位置略有偏移时,应加强观测;当支座位置有较大偏移时,应及时上报相关部门。

a)

b)

图6-6 支座位置串动

7)钢垫板锈蚀(图6-7)

(1)记录内容:支座编号、锈蚀程度、数量、照片编号等。

(2)病害成因:①钢板未做防锈蚀防护;②防锈蚀处理存在缺陷。

(3)处理措施:当锈蚀较轻时,应加强观测;当锈蚀严重时,应及时上报相关部门。

a)
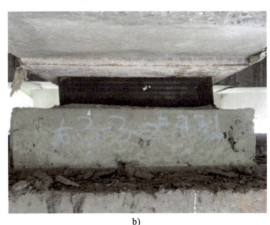
b)

图6-7 钢垫板锈蚀

8)支座处建筑垃圾堆积(图6-8)

(1)记录内容:支座编号、病害描述、照片编号等。

(2)病害成因:施工时建筑垃圾未及时清理干净。

(3)处理措施:及时清理干净。

9)支座垫石损坏(图6-9)

(1)记录内容:支座编号、垫石开裂条数、破损面积、露筋根数、长度、病害描述、照片编号等。

(2)病害成因:①砂浆填充不密实或砂浆强度低,在上部荷载长期作用下,将支座垫石压坏。②砂浆收缩干裂,引起裂缝,在荷载作用下,裂缝宽度不断加大,导致垫石损坏。

(3)处理措施:垫石局部掉角、混凝土剥落或微小裂缝,而对其受力没有影响,用混凝土或砂浆简单对其修补即可;如破损严重,致使上部支座或结构不能正常工作,应及时上报相关部门。

图6-8 支座处建筑垃圾堆积

a)

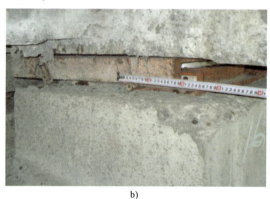
b)

图6-9 支座垫石损坏

6.2 盆式支座的一般病害检查

盆式支座其一般病害表现为钢组件损坏,支座位移、转角超限,聚四氟乙烯板磨损等。

1)钢组件损坏(图6-10)

(1)记录内容:各组件损坏、位置、照片编号。

(2)病害成因:①支座环境湿度大,钢盆防锈涂层质量差,伸缩缝漏水,造成支座周围积水,钢盆长时间在水中浸泡,导致钢件发生锈蚀;②竖向力作用下,支座内橡胶板变形受到盆环约束,使盆环和盆底之间焊缝开裂;③安装不合理,使得在温度作用或车辆冲击作用下,桥梁支座承受较大水平力,致使螺栓被剪断。

(3)处理措施:钢组件非主要受力部位出现脱焊,或钢盆出现较多锈蚀并伴有剥落,或除盆底、盆环外其他部位开裂,或底板产生变形,混凝土酥裂、露筋、掉角等时,局部进行修补;大量锚栓剪断或板底变形,大部分压碎、剥离时,应及时上报相关部门。

图 6-10　钢组件损坏

2）支座位移、转角超限（图 6-11、图 6-12）

（1）记录内容：位移、转角超限数值、位置、照片编号。

（2）病害成因：①安装不合理，梁端全部设置为多向滑动支座，落梁时未采取措施，导致支座的滑移；②支座选型不合理。

（3）处理措施：应及时上报相关部门。

图 6-11　支座位移、转角超限

 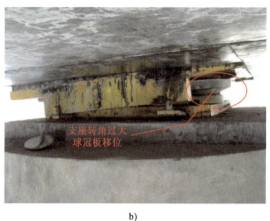

a) b)

图 6-12 支座转角过大球冠板移位

3）聚四氟乙烯板磨损

（1）记录内容：聚四氟乙烯板磨损支座个数、位置、照片编号。

（2）病害成因：①施工安装不合格；②支座养护不及时造成聚四氟乙烯板磨损严重程度不断加大。

（3）处理措施：磨损较少，聚四氟乙烯滑板外露高度≥0.5mm 时，应加强观测；磨损严重，并造成其他构件出现病害，应及时上报相关部门。

6.3 支座的严重病害

6.3.1 板式橡胶支座的严重病害

1）严重病害的名称：支座丢失、严重脱空、整体破坏

支座是桥梁上、下部结构的连接点，其作用是将上部结构的荷载顺适、安全地传递到桥梁墩台上去，同时要保证上部结构在支座处能自由变形。

板式橡胶支座常用于预制梁板桥。当板式橡胶支座丢失、严重脱空或整体破坏时，桥梁上部结构可能成为不稳定结构，导致桥梁上部出现较大位移、变形，引起结构严重开裂等病害。

2）形成严重病害的早期病害特征

（1）支座丢失。

（2）支座脱空严重或全完脱空、失效。

（3）支座整体破坏，失去功能。

3）出现严重病害后须采取的措施

（1）当出现上述 3 种病害特征中的 1 种及以上时，桥梁养护人员应引起高度重视，并尽快委托有资质的单位进行专项检测，尽快实施维修加固。

（2）当出现严重病害后，应立即采取限载、封闭交通等措施；必要时采取临时支垫、支撑等措施，并尽快委托专业单位采取进一步维修加固措施。

6.3.2 盆式支座的严重病害

1) 严重病害的名称:支座破坏、组件损坏,变形受限

当盆式支座组件受损或变形受到限制时,桥梁上部结构产生附加力,造成桥梁上部出现不正常变形、开裂等病害。

2) 形成严重病害的早期病害特征

(1) 支座组件损坏,丧失盆式支座的功能;支座破坏,导致梁板支撑失效,使结构出现不稳定状态。

(2) 支座不能适应桥梁变形需要,支座破损,导致梁板不能变形,使结构出现较大附加力作用。

3) 出现严重病害后须采取的措施

(1) 当出现上述 2 种病害特征中的 1 种及以上时,桥梁养护人员应引起高度重视,并尽快委托有资质的单位进行专项检测,尽快实施维修加固。

(2) 当出现严重病害后,应立即采取限载、封闭交通等措施;必要时采取临时支垫、支撑等措施,并尽快委托专业单位采取进一步维修加固措施。

第 7 章 桥面系及附属设施的检查

7.1 桥面铺装检查

目前,常见的桥面铺装形式有沥青混凝土桥面铺装及混凝土桥面铺装。

7.1.1 沥青混凝土桥面铺装病害检查

沥青混凝土桥面铺装的主要病害表现为纵向裂缝、横向裂缝、龟裂、局部块裂、破碎、车辙、拥包、波浪、跳车、坑槽、泛油、松散露骨、修补后再次破损等。

1) 纵向裂缝(图 7-1)

(1) 检查内容:位置、长度、宽度、走向。

(2) 记录内容:实测数据、照片编号等。

(3) 病害成因:①冬季降温沥青混凝土收缩作用;②梁间连接位置出现松动、破损,该处铺装层出现反射纵向裂缝;③车辆反复作用。

(4) 处理措施:当裂缝长度小于 1.0m,或宽度小于 3.0mm 时,可局部修补,并加强观测;当裂缝长度大于 2.0m,或裂缝宽度大于 3.0mm 时,应及时上报相关部门。

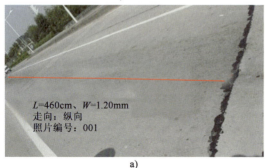
a)

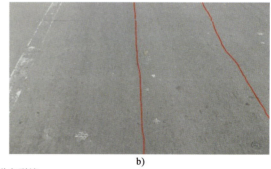
b)

图 7-1 纵向裂缝
L-长度;*W*-宽度

2) 横向裂缝(图 7-2)

(1) 检查内容:位置、长度、宽度、走向。

(2) 记录内容:实测数据、照片编号。

(3) 病害成因:①冬季降温沥青混凝土收缩作用;②车辆荷载反复作用;③墩顶桥面连续铺装处的反射裂缝;④连续梁桥、悬臂梁桥等桥型结构的负弯矩区,由于荷载作用而使桥面铺装产生拉力出现开裂等。

(4) 处理措施:当裂缝长度小于 1.0m,或裂缝宽度小于 3.0mm 时,可局部修补,并加强观测;当裂缝长度大于 2.0m,或裂缝宽度大于 3.0mm 时,应及时上报相关部门。

a)
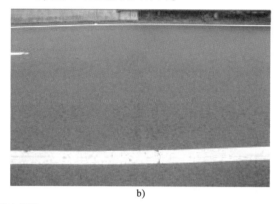
b)

图 7-2 横向裂缝

3) 龟裂(图 7-3)

(1) 检查内容:位置、面积范围、裂缝最大宽度。

(2) 记录内容:实测数据、照片编号。

(3) 病害成因:①冬季降温沥青混凝土收缩作用;②车辆荷载反复作用等。

(4) 处理措施:局部龟裂,裂缝区无变形、无散落,龟裂缝宽小于 2.0mm 时,可局部修补;范围较大、裂缝区变形明显、散落严重,龟裂缝宽大于 2.0mm 时,应及时上报相关部门。

4) 局部块裂、破碎(图 7-4)

(1) 检查内容:位置、范围、面积。

(2) 记录内容:实测数据、照片编号。

图 7-3 龟裂

图 7-4 局部块裂、破碎

(3)病害成因:①冬季降温沥青混凝土收缩作用;②车辆反复作用等。

(4)处理措施:局部块裂,裂缝壁无散落,块裂缝宽小于3.0mm时,可局部修补;破损范围较大,裂缝散落严重,块裂缝宽大于3.0mm时,应及时上报相关部门。

5)车辙(图7-5)

(1)检查内容:位置、范围、面积、车辙深度。

(2)记录内容:实测数据、照片编号。

(3)病害成因:①设计或施工质量不满足规范;②高温季节,沥青桥面铺装层温度较高,车轮荷载反复作用等。

(4)处理措施:当车辙面积不大于10%,深度不大于25mm时,暂不处理;当车辙长度深度较大时,应及时上报相关部门。

a)

b)

图7-5 车辙

6)拥包(图7-6)

(1)检查内容:位置、范围、面积、波峰波谷高差。

(2)记录内容:实测数据、照片编号。

(3)病害成因:①含盐雨水下渗;②车辆荷载反复作用;③车辆制动作用;④铺装层内部剪应力较大引起剪切变形;⑤铺装层与桥面板结合面黏结力差,抗水平剪力较弱等。

(4)处理措施:当拥包面积不大于10%,波峰波谷高差不大于25mm时,局部重做面层;当拥包面积大于10%,波峰波谷高差大于25mm时,应及时上报相关部门。

a)

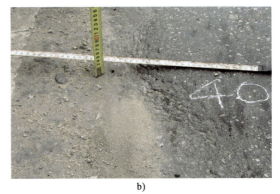

b)

图7-6 拥包

7)波浪(图7-7)

(1)检查内容:位置、范围、面积、波峰波谷高差。

(2)记录内容:实测数据、照片编号。

(3)病害成因:①由于桥梁上部结构施工时,支架沉降或预应力反拱等原因,造成铺装层厚度不均匀,有的地方厚度偏小;②梁顶清洁不彻底,造成铺装层与主梁结合欠佳,抗水平剪力较弱等。

图7-7 波浪

(4)处理措施:当波浪面积不大于10%,波峰波谷高差不大于25mm时,局部重做面层;当波浪面积大于10%,波峰波谷高差大于25mm时,应及时上报相关部门。

8)跳车(图7-8)

(1)检查内容:位置、高差。

(2)记录内容:实测数据、照片编号。

(3)病害成因:台后路基沉降过大。

(4)处理措施:当跳车高低差不大于25mm时,局部重做;当跳车高低差大于25mm时,应及时上报相关部门。

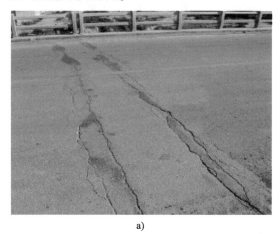

a) b)

图7-8 跳车

9)坑槽(图7-9)

(1)检查内容:位置、范围、面积、深度。

(2)记录内容:实测数据、照片编号。

(3)病害成因:①桥面松散、龟裂等破损,被犁铲、履带车、铁轮车砸伤后未及时进行修复,在行车作用下不断扩展恶化而形成坑槽;②因温度变化并伴随面板或梁结构的大挠度而产生的裂隙,在车辆荷载及渗入水的作用下产生坑槽等。

(4)处理措施:当坑槽深度不大于25mm,累计面积不大于3%时,局部修补;当深度大于25mm,累计面积大于3%时,应及时上报相关部门。

图 7-9 坑槽

10）泛油（图 7-10）

（1）检查内容：位置、范围、面积。

（2）记录内容：实测数据、照片编号。

（3）病害成因：①施工质量或材料质量欠佳；②车辆漏油。

（4）处理措施：当局部泛油，面积不大于 10% 时，可不做处理；当大面积泛油、磨光，面积大于 10% 时，应及时上报相关部门。

图 7-10 泛油

11）松散露骨（图 7-11）

（1）检查内容：位置、范围、面积。

图 7-11 松散露骨

(2)记录内容:实测数据、照片编号。

(3)病害成因:沥青黏度偏低、用量偏少,与矿料的黏附力不足。

(4)处理措施:当铺装层局部松散、露骨,累计面积大不于10%时,可暂不处理,加强观测;当累计面积大于10%时,应及时上报相关部门。

12)修补后再次破损(图7-12)

(1)检查内容:位置、范围、面积。

(2)记录内容:实测数据、照片编号。

(3)病害成因:①交通量过大;②修补质量欠佳。

(4)处理措施:应及时上报相关部门。

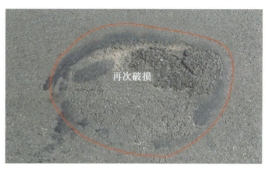

图7-12 修补后再次破损

7.1.2 混凝土桥面铺装病害检查

混凝土桥面铺装的一般病害表现为桥面板穿孔,桥面铺装裂缝(纵向裂缝、横向裂缝、龟裂、破碎),桥头跳车,桥面坑槽、破损、磨光、露骨等。

图7-13 桥面板穿孔

1)桥面板穿孔(图7-13)

(1)检查内容:位置、范围。

(2)记录内容:实测数据、照片编号。

(3)病害成因:①局部混凝土桥面铺装层偏薄,行车道板不足承担车辆荷载,与铺装层一同破坏;②主梁横向连接段薄弱或施工质量欠缺;③局部坑槽等病害未及时处理,在车辆荷载作用下,病害加重。

(4)处理措施:应立即进行交通管制,并立即上报相关部门。

2)桥面铺装裂缝(纵向裂缝、横向裂缝、龟裂、破碎)(图7-14)

(1)检查内容:位置、范围、长度、宽度、走向。

(2)记录内容:实测数据、照片编号。

(3)病害成因:①混凝土收缩作用;②主梁间连接位置出现松动、破损,该处铺装层出现反射纵向裂缝。

(4)处理措施:当裂缝宽度小于3.0mm或每块板被分成2~3块时,可采取局部修补,并加强观测;当裂缝宽度大于3.0mm或每块板被分成3块以上时,应及时上报相关部门。

3)桥头跳车(图7-15)

(1)检查内容:位置、高差。

(2)记录内容:实测数据、照片编号。

(3)病害成因:①施工过程中,桥台处不平顺;②运营过程中,台后路基沉降较桥台大,两者存在高差,形成跳车现象等。

(4)处理措施:当跳车高低差不大于 10mm 时,可不做处理,加强观测;当高差大于 10mm 时,应及时上报相关部门。

图 7-14　桥面铺装裂缝

图 7-15　桥头跳车

4)桥面坑槽、破损(图 7-16)
(1)检查内容:位置、面积、深度。
(2)记录内容:实测数据、照片编号。
(3)病害成因:因温度变化或荷载引起桥面板与梁结构的变形而产生裂隙,在车辆荷载及渗入水的作用下使铺装层出现坑槽、破损。

(4)处理措施:当局部出现坑洞,深度不大于1cm且直径不大于3cm,或累计面积不大于3%时,应局部修补;当多处坑洞,深度大于1cm且直径大于3cm,或累计面积大于3%时,应及时上报相关部门。

a)坑槽

b)破损

图7-16　桥面坑槽、破损

5)磨光、露骨(图7-17)

(1)检查内容:位置、面积、深度。

(2)记录内容:实测数据、照片编号。

(3)病害成因:铺装产生裂纹后在车辆冲击力或冻融作用下,表层产生脱皮或局部破损露骨。

(4)处理措施:当局部出现磨光、脱皮、露骨且面积不大于10%时,进行局部修补;当磨光、脱皮、露骨,面积大于10%时,应及时上报相关部门。

a)磨光

b)露骨

图7-17　磨光、露骨

7.2　伸缩缝检查

7.2.1　模数式伸缩缝病害检查

模数式伸缩缝主要病害表现为型钢开裂、断裂,止水带破损、缺失,伸缩缝阻塞,模数式伸缩缝锚固混凝土开裂、破损等。

1）型钢开裂、断裂（图7-18）

（1）记录内容：伸缩缝编号、型钢开裂断裂位置、照片编号。

（2）病害成因：①伸缩缝本身质量问题；②更换伸缩缝施工时，未养护到位开放交通；③锚固混凝土破损，车辆反复作用直接冲击型钢。

（3）处理措施：中梁出现细小裂缝，可采取焊接修补，并加强观测；出现明显裂缝，甚至断裂，应及时上报相关部门。

a）开裂　　　　　　　　　　　　　　　b）断裂

图7-18　型钢开裂、断裂

2）止水带破损、缺失（图7-19）

（1）记录内容：伸缩缝编号、止水带破损位置、长度、照片编号。

（2）病害成因：①止水带胶体老化开裂；②伸缩缝内碎石填塞，长期不清理，车辆冲击挤压，导致止水带破损，甚至缺失等。

（3）处理措施：止水带破损或缺失，应及时上报相关部门。

3）伸缩缝阻塞（图7-20）

（1）记录内容：伸缩缝编号、阻塞位置、长度、照片编号。

（2）病害成因：①车辆遗洒或路面杂物未能及时清扫；②伸缩缝不经常清理，常年沉积的杂物将其堵死。

（3）处理措施：当伸缩缝轻微填塞时，人工清理；堵塞严重，伸缩缝出现明显损坏甚至失效时，应及时上报相关部门。

图7-19　止水带破损、缺失　　　　　　　图7-20　伸缩缝阻塞

4）模数式伸缩缝锚固混凝土开裂、破损（图7-21）

（1）记录内容：伸缩缝编号、混凝土破损面积、裂缝条数、走向位置、照片编号。

（2）病害成因：①桥面错台，长期汽车荷载冲击作用导致槽口混凝土开裂、破损；②锚固槽口混凝土施工质量欠缺等。

（3）处理措施：锚固混凝土轻微损坏，出现裂缝、剥落现象，或锚固构件松动或锚固螺栓松动，当面积、数量不大于10%时，应加强观察；当面积、数量大于10%时，应及时上报相关部门。

图7-21 模数式伸缩缝锚固混凝土开裂、破损

7.2.2 梳齿式伸缩缝病害检查

梳齿式伸缩缝主要病害表现为梳齿板移位或脱落，伸缩缝阻塞，梳齿式伸缩缝锚固混凝土开裂、破损等。

1）梳齿板移位或脱落（图7-22）

（1）记录内容：伸缩缝编号、梳齿板位移、脱落数量、照片编号。

（2）病害成因：①锚固螺栓松动脱落，引发梳齿板移位或脱落；②车辆荷载的反复冲击作用。

（3）处理措施：锚固构件松动或焊缝开裂，当面积、数量不大于10%时，暂不处理，应加强观测；当面积、数量大于10%时，应及时上报相关部门。

2）伸缩缝阻塞

（1）记录内容：伸缩缝编号、阻塞位置、长度、照片编号。

（2）病害成因：①车辆遗洒或路面杂物未能及时清扫；②伸缩缝不经常清理，常年沉积的杂物将其堵死。

（3）处理措施：当伸缩缝轻微填塞时，人工清理；堵塞严重，伸缩缝出现明显损坏甚至失效时，应及时上报相关部门。

3）梳齿式伸缩缝锚固混凝土开裂、破损（图7-23）

（1）记录内容：伸缩缝编号、破损面积、裂缝条数、走向位置、照片编号。

（2）病害成因：①桥面错台，长期汽车荷载冲击作用导致槽口混凝土开裂、破损；②锚固槽口混凝土施工质量欠缺。

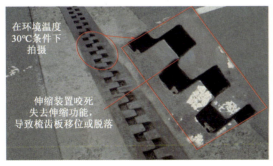

图7-22 梳齿板移位或脱落

图7-23 梳齿式伸缩缝锚固混凝土开裂、破损

(3)处理措施:锚固混凝土轻微损坏,出现裂缝、剥落现象,或锚固构件松动或锚固螺栓松动,面积、数量不大于10%时,应加强观察;面积、数量大于10%时,应及时上报相关部门。

7.2.3 异型钢单缝式伸缩缝病害检查

异型钢单缝式伸缩缝主要病害表现为异型钢挤抵、拉开,异型钢伸缩缝阻塞,异型钢锚固混凝土开裂、破损,异型钢止水带破损、缺失等。

1)异型钢挤抵、拉开(图7-24)

(1)记录内容:伸缩缝编号、间距、照片编号。

(2)病害成因:①设计选型不合理;②安装预留宽度不合理;③梁体纵向滑移引起的异常挤抵或者拉开。

(3)处理措施:当伸缩缝异型钢出现挤抵、拉开,伸缩缝不能正常伸缩变形时,应及时上报相关部门。

图7-24 异型钢挤抵、拉开

图7-25 异型钢伸缩缝阻塞

2)异型钢伸缩缝阻塞(图7-25)

(1)记录内容:伸缩缝编号、阻塞位置、长度、照片编号。

(2)病害成因:①车辆遗洒或路面杂物未能及时清扫;②伸缩缝不经常清理,常年沉积的杂物将其堵死。

(3)处理措施:当伸缩缝轻微填塞时,人工清理;堵塞严重,伸缩缝出现明显损坏甚至失效时,应及时上报相关部门。

3)异型钢锚固混凝土开裂、破损(图7-26)

(1)记录内容:伸缩缝编号、破损面积、裂缝条数、走向位置、照片编号。

(2)病害成因:①桥面错台,长期汽车荷载冲击作用导致槽口混凝土开裂、破损;②锚固槽口混凝土施工质量欠缺等。

(3)处理措施:锚固混凝土轻微损坏,出现裂缝、剥落现象,或锚固构件松动或锚固螺栓松动,当面积、数量不大于10%时,应加强观察;当面积、数量大于10%时,应及时上报相关部门。

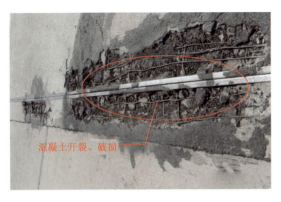

图 7-26　异型钢锚固混凝土开裂、破损

4）异型钢止水带破损、缺失（图 7-27）

（1）记录内容：伸缩缝编号、止水带破损位置、长度、照片编号。

（2）病害成因：①止水带胶体老化开裂；②伸缩缝内碎石填塞，长期不清理，车辆冲击挤压，导致止水带破损，甚至缺失。

（3）处理措施：止水带轻微破损，当面积不大于 20% 时，应加强观测；止水带老化、剥离、脱落，当面积大于 20% 时，应及时上报相关部门。

图 7-27　异型钢止水带破损、缺失

7.2.4　板式橡胶伸缩缝病害检查

板式橡胶伸缩缝主要病害表现为橡胶老化、开裂、破损，板式橡胶伸缩缝阻塞等。

1）橡胶老化、开裂、破损（图 7-28）

（1）记录内容：伸缩缝编号、开裂破损位置、严重程度描述、照片编号。

（2）病害成因：①伸缩缝本身下陷或凸出；②安装控制不合理；③伸缩缝选型不合理，伸缩量不能适应桥梁的正常变形；④车辆荷载长期作用使伸缩缝加速老化、破损。

图 7-28　橡胶老化、开裂、破损

（3）处理措施：止水带轻微破损，当面积不大于 20% 时，应加强观测；止水带老化、剥离、脱落，当面积大于 20% 时，应及时上报相关部门。

2）板式橡胶伸缩缝阻塞

（1）记录内容：板式橡胶伸缩缝编号、阻塞位置、长度、照片编号。

（2）病害成因：①车辆遗洒或路面杂物未能及时清扫；②伸缩缝不经常清理，常年沉积的杂物将其堵死。

(3)处理措施:当伸缩缝轻微填塞时,人工清理;堵塞严重,伸缩缝出现明显损坏甚至失效时,应及时上报相关部门。

7.3 人行道检查

人行道主要病害表现为人行道及路缘石局部破损、开裂,人行道缺失等。
1)人行道及路缘石局部破损、开裂(图7-29)
(1)记录内容:人行道及路缘石破损位置、面积、开裂条数、走向、照片编号。
(2)病害成因:①施工质量欠缺;②道砖垫层不密实等。
(3)处理措施:人行道及路缘石出现少量开裂、坑槽、孔洞现象,当破损面积不大于10%时,小范围的修补,并加强观测;当破损面积大于10%时,应及时上报相关部门。

   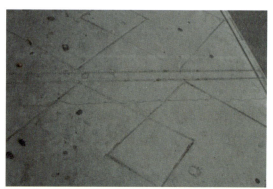

a)破损   b)开裂

图7-29 人行道及路缘石局部破损、开裂

2)人行道缺失
(1)记录内容:缺失位置、面积、照片编号。
(2)病害成因:①温度变形受约束,混凝土挤抵作用,导致混凝土破损;②车辆撞击作用;③人为因素造成。
(3)处理措施:人行道及路缘石出现少量缺失,当缺失面积不大于3%时,小范围的修补,并加强观测;当缺失面积大于3%时,应及时上报相关部门。

7.4 栏杆、护栏检查

7.4.1 金属栏杆、护栏病害检查

金属栏杆主要病害表现为栏杆、护栏变形,钢扶手断裂、脱离,护栏(栏杆)竖向波浪变形等。
1)栏杆、护栏变形(图7-30)
(1)记录内容:变形位置、范围、照片编号。

(2)病害成因:①安装不当,栏杆、护栏存不能自由变形,导致变温作用下栏杆整体变形;②受到车辆撞击等。

(3)处理措施:及时修复或重新安装、焊接。

2)钢扶手断裂、脱离(图7-31)

(1)记录内容:断裂位置、个数、照片编号。

(2)病害成因:①安装不当,导致栏杆、护栏与钢扶手的变形不协调,导致破损;②受到车辆撞击等。

(3)处理措施:及时修复或重新安装、焊接。

图7-30 栏杆、护栏变形

图7-31 钢扶手断裂、脱离

3)护栏(栏杆)竖向波浪变形

(1)记录内容:位置、程度、照片编号。

(2)病害成因:主梁承载能力不足,挠度过大引起。

(3)处理措施:立即上报相关部门,并应先维修加固主梁,再修复护栏(栏杆)。

7.4.2 混凝土栏杆、护栏病害检查

混凝土栏杆、护栏主要病害表现为栏杆、护栏损坏、缺失,栏杆基座缺失,防撞墙横向错位,防撞墙高差,防撞墙混凝土护栏开裂,混凝土破损严重,混凝土剥落、露筋等。

1)栏杆、护栏损坏、缺失(图7-32)

(1)记录内容:损坏、缺失位置、面积、照片编号。

(2)病害成因:受到车辆撞击致使栏杆、护栏损坏等。

(3)处理措施:及时修复。

2)栏杆基座缺失(图7-33)

(1)记录内容:栏杆底座缺失位置、数量、照片编号。

(2)病害成因:受到车辆撞击,或人为破坏等。

(3)处理措施:及时修复。

3)防撞墙横向错位(图7-34)

(1)记录内容:位置、位移量、照片编号。

(2)病害成因:①受到车辆撞击致使护栏横向错位;②施工安装误差;③梁体横向位

移等。

(3)处理措施:因受车辆冲撞作用,造成局部破损,应及时进行修复;因梁板横向移位引起,应及时上报相关部门。

图7-32 栏杆、护栏损坏、缺失　　　　　图7-33 栏杆基座缺失

4)防撞墙高差(图7-35)

(1)记录内容:位置、高差、照片编号。

(2)病害成因:①桥台及台后路基不均匀沉降引起;②相邻跨桥梁挠度差引起等。

(3)处理措施:若是桥台处的防撞墙高差,可暂不处理,加强观测;若是因相邻跨桥梁挠度差引起,则应及时上报相关部门。

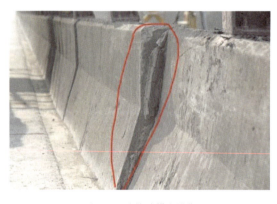

图7-34 防撞墙横向错位　　　　　图7-35 防撞墙高差

5)防撞墙混凝土护栏开裂(图7-36)

(1)记录内容:裂缝位置、长度、宽度、走向、照片编号。

(2)病害成因:①随主梁或拱发生变形;②未设变形缝,护栏混凝土收缩开裂。

(3)处理措施:裂缝宽度较小时,应加强观测;若裂缝宽度超限或持续发展,应及时上报相关部门。

6)混凝土破损严重(图7-37)

(1)记录内容:破损位置、面积、照片编号。

(2)病害成因:受到车辆撞击,致使栏杆、护栏损坏。

(3)处理措施:及时修复。

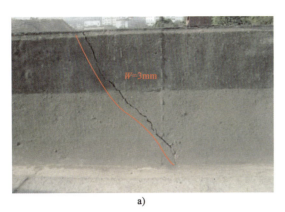 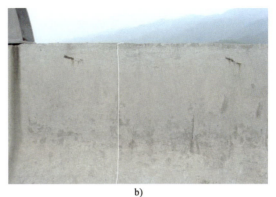

a) b)

图 7-36 防撞墙混凝土护栏开裂

a) b)

图 7-37 混凝土破损严重

7）混凝土剥落、露筋（图 7-38）

（1）记录内容：位置、面积、露筋位置、根数、长度、照片编号。

（2）病害成因：①混凝土护栏施工质量欠缺，钢筋外露及混凝土破损；②钢筋保护层不足，钢筋锈胀致混凝土剥落等。

（3）处理措施：及时修复。

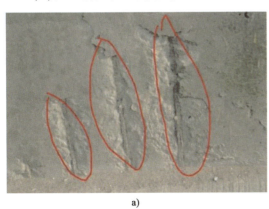 

a) b)

图 7-38 混凝土剥落、露筋

7.5 排水系统检查

排水系统主要病害表现为泄水管堵塞、泄水管锈蚀、泄水孔流水冲蚀梁体、雨水箅子缺失、排水管缺失、桥面积水、下大雨时伸缩缝处流水等。

1）泄水管堵塞（图7-39）

（1）记录内容：堵塞位置、数量、照片编号。

（2）病害成因：泄水管长时间没清理，泥土或垃圾堆积在泄水孔附近堵塞泄水管。

（3）处理措施：及时清理和疏通。

a)

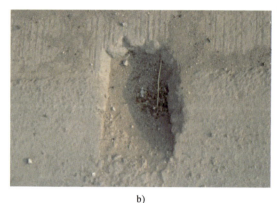
b)

图7-39　泄水管堵塞

图7-40　泄水管锈蚀

2）泄水管锈蚀（图7-40）

（1）记录内容：泄水管锈蚀位置、数量、照片编号。

（2）病害成因：雨水侵蚀。

（3）处理措施：锈蚀较轻，不做处理，加强观察；锈蚀严重，进行更换处理。

3）泄水孔流水冲蚀梁体（图7-41）

（1）记录内容：泄水孔流水冲蚀梁体位置、数量、照片编号。

（2）病害成因：①泄水管未伸出梁体或伸出梁体长度不足；②泄水管缺失等。

（3）处理措施：更换泄水管或增设排水管。

4）雨水箅子缺失（图7-42）

（1）记录内容：泄水孔雨水箅子缺失位置、数量、照片编号。

（2）病害成因：①施工中未安装；②人为破坏等。

（3）处理措施：及时补充缺失雨水箅子。

5）排水管缺失（图7-43）

（1）记录内容：排水管缺失位置、长度、照片编号。

(2)病害成因:自然损坏或人为破坏。
(3)处理措施:及时修复缺失的排水管。

 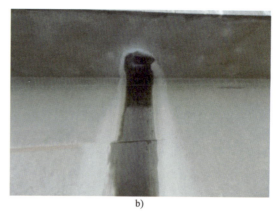

图 7-41　泄水孔流水冲蚀梁体

图 7-42　雨水箅子缺失　　　　　　　图 7-43　排水管缺失

6)桥面积水(图 7-44)
(1)记录内容:积水位置、面积、照片编号。
(2)病害成因:①泄水孔堵塞,无法正常排水;②桥面下凹,形成积水等。

图 7-44　桥面积水

图 7-45 下大雨时伸缩缝处流水

(3)处理措施:如为排水孔堵塞,应及时疏通泄水孔;若是桥梁下挠,导致桥面下凹形成积水,则应及时上报相关部门。

7)下大雨时伸缩缝处流水(图 7-45)

(1)记录内容:位置、照片编号。

(2)病害成因:伸缩缝止水带破损或缺失。

(3)处理措施:更换水带或重做伸缩缝。

7.6 锥(护)坡检查

锥(护)坡的主要病害表现为锥(护)坡发生位移,锥(护)坡砌体及勾缝开裂,锥(护)坡局部破损,锥(护)坡整体垮塌等。

1)锥(护)坡发生位移(图 7-46)

(1)记录内容:构件编号、位移量、变位方向、严重程度、照片编号等。

(2)病害成因:①锥坡填土不密实,导致沉降;②桥台滑移、倾斜导致锥(护)坡位移等。

(3)处理措施:位移、裂缝较轻,重新勾缝;位移较大,裂缝开裂较严重,应及时上报相关部门。

a)

b)

图 7-46 锥(护)坡发生位移

2)锥(护)坡砌体及勾缝开裂(图 7-47)

(1)记录内容:构件编号、裂缝位置、长度、严重程度、照片编号等。

(2)病害成因:锥坡填土不密实,导致不均匀沉降。

(3)处理措施:当开裂程度轻时,重新勾缝;当开裂严重时,应及时上报相关部门。

3)锥(护)坡局部破损(图 7-48)

(1)记录内容:构件编号、破损位置、面

图 7-47 锥(护)坡砌体及勾缝开裂

积、严重程度、照片编号等。

(2)病害成因:①锥坡填土不密实,导致不均匀沉降;②坡脚不稳固;③雨水冲蚀等。

(3)处理措施:当局部破损较轻时,及时修复;当局部破损较严重时,应及时上报相关部门。

a)

b)

图 7-48　锥(护)坡局部破损

4)锥(护)坡整体垮塌(图 7-49)

(1)记录内容:构件编号、范围、严重程度、照片编号等。

(2)病害成因:①设计上考虑不周,对河道洪水破坏力估计不足;②施工过程中砌筑质量欠佳;③洪水淘空锥(护)坡基础等。

(3)处理措施:立即采取限载、限行、封闭交通等交通管制措施,并立即上报相关部门。

a)
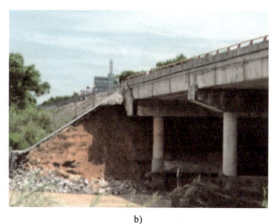
b)

图 7-49　锥(护)坡整体垮塌

7.7　照明系统及标志、标线检查

7.7.1　照明系统病害检查

公路桥梁的照明系统的主要病害表现为灯具不完整、有破损等,如图 7-50 所示。

(1) 记录内容:损坏、缺失位置、数量、照片编号。

(2) 病害成因:①人为破坏灯具;②桥面上的行驶车辆与灯柱发生碰撞破坏等。

(3) 处理措施:当照明灯缺失或灯光昏暗时,应及时更换新的照明灯;当灯柱发生锈蚀较轻时,先清除表面锈蚀痕迹后,再涂刷防水涂料;当锈蚀较严重或遭破坏不能继续使用时,应及时上报相关部门。

a)

b)

图 7-50 灯具不完整、有破损

7.7.2 标志、标线病害检查

标志、标线的主要病害表现为标志残缺、破损,标线残缺、模糊、损坏等。

1) 标志残缺、破损(图 7-51)

(1) 记录内容:损坏、缺失位置、照片编号。

a) 残缺

b) 破损

图 7-51 标志残缺、破损

(2)病害成因:①金属制交通标志,因其防腐欠缺,发生锈蚀;②超宽、超高车辆撞击标志;③标志的附着物发生破坏而引起;④标志涂装老化,而管理维修又不及时。

(3)处理措施:若有残缺、破损时,应及时修复或更换。

2)标线残缺、模糊、损坏(图7-52)

(1)记录内容:损坏、缺失位置、照片编号。

(2)病害成因:①道路标线,车辆磨耗致标线模糊;②标线的附着物发生破坏而引起。

(3)处理措施:应及时重新涂刷恢复。

 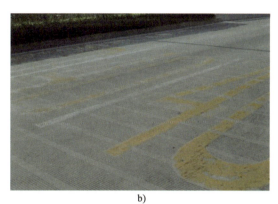

a)　　　　　　　　　　　　　　b)

图7-52　标线残缺、模糊、损坏

第 8 章

桥 梁 养 护

8.1 桥梁养护工程分类

8.1.1 现行规范中养护工程分类

根据《公路桥涵养护规范》(JTG 5120—2021)规定,公路桥涵养护应包括下列主要内容:
(1)桥涵检查、监测和评定。
(2)桥涵日常养护、预防养护。
(3)桥涵修复养护。
(4)建立桥涵养护技术档案、桥梁管理系统和数据库并及时更新。
(5)桥涵构造物安全运行管理。
(6)制订桥涵构造物灾害防治与抢修的应急预案,灾害发生后,及时开展应急养护。
(7)设置必要的检修设施。

公路桥涵养护工程按照养护目的,应分为预防养护、修复养护、专项养护和应急养护。预防养护是桥涵有轻微病害但整体性能良好,为延缓其性能衰减、延长使用寿命而采取的防护工程。修复养护是为恢复桥涵技术状况而实施的功能性、结构性修复或更换的工程措施。专项养护是为恢复、完善或提升桥涵使用功能而集中实施的增设、加固、改造、拆除重建等工程措施。应急养护是当突发情况造成公路桥涵损毁、交通中断、产生安全隐患时,实施的应急抢修、保通等工程措施。

8.1.2 《公路养护工程管理办法》中养护工程分类

2018年3月,交通运输部颁布了《公路养护工程管理办法》(交公路发〔2018〕33号),按照养护目的和养护对象将公路桥涵养护工程也分为预防养护、修复养护、专项养护和应急养护四类,并明确了公路改扩建执行公路建设管理的相关规定。

1) 预防养护

预防养护是指公路整体性能良好但有轻微病害,为延缓性能过快衰减、延长使用寿命而预先采取的主动防护工程。

作业内容主要包括:桥梁涵洞周期性预防处治,如防腐、防锈、防侵蚀处理等;桥梁构件的集中维护或更换,如伸缩缝、支座等。

2) 修复养护

修复养护是公路出现明显病害或部分丧失服务功能,为恢复技术状况而进行的功能性、结构性修复或定期更换工程。

作业内容主要包括:桥梁涵洞加固、病害修复,如墩台(基础)、锥坡翼墙、护栏、拉索、调治结构物、径流系统等的维修完善;桥梁加宽、加高、重建、增设、接长涵洞等。

3) 专项养护

专项养护是为恢复、保持或提升公路服务功能而集中实施的完善增设、加固改造、拆除重建、灾后恢复等工程。

作业内容主要包括:针对阶段性重点工作实施的专项公路养护治理项目。

4) 应急养护

应急养护是在突发情况下造成公路损毁、中断、产生重大安全隐患等,为较快恢复公路安全通行能力而实施的应急性抢通、保通、抢修。

作业内容主要包括:对自然灾害或其他突发事件造成的障碍物的清理;公路突发损毁的抢通、保通、抢修;突发的经判定可能危及公路通行安全的重大风险的处治。

8.2 桥梁养护技术要点

养护管理单位应提高基层单位对桥梁养护管理重要性的认识,养护中要克服"重路面、轻桥梁"的养护管理倾向,管理单位应根据各基层养护单位应根据所养护里程、辖区内桥梁数量设立专职桥梁养护工程师,明确专职桥梁养护工程师的职责,制订桥梁年度定期检查计划,组织实施桥梁定期检查并通报三类、四类及危险桥梁的病害状况。此外,管理单位的桥梁养护工程师,还应根据检查结果编制并上报养护维修建议计划,提出桥梁特殊检查的桥梁的申请报告,组织编制桥梁养护、维修、改建方案和对策措施;主持桥梁的小修保养和抗灾抢险工作,考核桥梁养护质量,并及时上报辖区的桥梁受自然灾害和其他因素损坏的情况;组织实施超重车辆通过的有关技术工作等。监管单位的桥梁养护工程师还应监督、组织桥梁养护大修、中修和改建工程;组织并参与桥梁大、中修和改建工程的中间检查和交(竣)工验收;负责所管辖桥梁技术档案的补充、完善和保密工作,定期对辖区内桥梁技术状况进行综合评价与分析;负责桥梁管理系统的数据更新、系统维护、系统运行以及桥梁养护报告编写等工作等。

对桥梁应开展小修保养工作,主要是对发现的桥面存在污泥、积雪、积冰、杂物应及时清理,桥梁伸缩缝、泄水孔出现堵塞应及时疏通,栏杆出现锈蚀、缺失应及时防腐和修复;支座出现锈蚀、脱空现象应处理,桥梁墩、台及锥(护)坡出现的微小损坏应及时修复。

对桥梁应开展补强加固,我国自 20 世纪 80 年代起就开始了公路桥梁加固技术的研究,现已形成多种比较成熟的加固方法。已经对大量的桥梁、进行了加固处治,取得了良好的效果并积累了一定的经验。公路桥梁加固施工时应遵循现行《公路桥梁加固设计规范》(JTG/T J22)、《公路桥梁加固施工技术规范》(JTG/T J23),也可采用规范以外经技术鉴定或工程实际应用验证的可靠方法。若桥梁出现符合《公路桥涵养护规范》(JTG 5120—2021)中的 4 类危桥,必须尽快实施加固,以提高其承载能力;病害情况主要包括桥梁重要部件出现严重的功能性病害,且有继续扩展现象,关键部位的部分材料强度达到极限,出现部分钢筋断裂,混凝土压碎或压杆失稳变形的破损现象,变形大于规范值,结构的强度、刚度、稳定性不能达到平时交通安全通行的要求,以及承载能力比设计降低较多的情况。

桥梁加固技术相对桥梁保养及小修技术较为特殊,常规养护技术要点不再赘述,文中仅给出了以下 8 个常见技术要点。

8.2.1 裂缝封闭

表面封闭是最简单和最普通的裂缝修补方法,对宽度较小的裂缝通过密封来防止水汽、空气、化学物质的侵入。其主要特点是利用修补胶自身的高抗拉强度,以达到黏结、键合、恢复构件整体性的目的,是理想的裂缝加固技术。

常用裂缝封闭方法分为普通裂缝封闭和刻槽裂缝封闭。其中,普通裂缝封闭用于微细裂缝(小于0.1mm)及表面龟裂,在裂缝表面涂胶进行封闭;刻槽裂缝封闭用于较宽非受力裂缝,在裂缝处开"V"形槽,再用裂缝封闭胶进行封闭。

1)常用施工器具

裂缝封闭常用施工器具包括磨光机、油灰刀、工业吹风机等(图 8-1 ~ 图 8-3)。

图 8-1　磨光机　　　　　图 8-2　油灰刀　　　　　图 8-3　工业吹风机

2)常用施工工艺

刻槽裂缝封闭主要流程如图 8-4 ~ 图 8-7 所示。

图 8-4　刻槽裂缝封闭流程图

图 8-5 开槽

图 8-6 除尘

(1)开"V"形槽。沿裂缝用角磨机开"V"形槽,槽宽与槽深需根据裂缝深度和有利于封缝来确定。

(2)除尘。用毛刷及压缩空气将"V"形槽内碎屑粉尘清除干净。

(3)配胶。按修补胶说明书提供配比和所需用量提取 A 胶和 B 胶分别放置于胶板上,用油灰刀混合搅拌至颜色均匀,方可使用。

(4)封缝。将配制好的修补胶用油灰刀刮入"V"形槽内,修补胶表面应刮平顺。

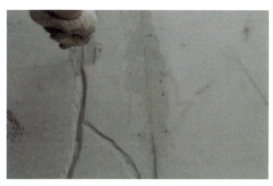

图 8-7 封缝

3)质量控制要点

(1)使用裂缝修补胶前检查产品合格证、出厂检验报告,确保各项指标满足规范要求,必要时对产品参数进行第三方抽检。

(2)施工过程检查裂缝封闭的密实性,确保不渗漏。

(3)一次配胶量不宜过多,以在规定时间内用完为宜。

8.2.2 裂缝灌注

裂缝灌注前封闭裂缝表面,使之形成一密闭腔体。在一定时间内,以较高压力通过预埋灌浆嘴将修补裂缝用的注浆料注入裂缝腔内。其主要特点是利用修补材料自身的黏结强度和高抗拉强度,使断裂的原结构恢复为整体以达到桥梁加固目的。

常用裂缝注胶方法分为自动低压渗注法和压力灌注法两种。其中,自动低压渗注法也称壁可法,适用于数量较多、宽度在 0.1~1.5mm 间的裂缝处理;压力灌注法适用于较深、宽度较大的裂缝处理。

1)常用施工器具

裂缝灌注常用施工器具包括注射器、底座、压胶泵等(图 8-8~图 8-10)。

2)常用施工工艺

裂缝自动低压渗注法(壁可法)施工主要流程如图 8-11~图 8-14 所示。

图 8-8　注射器

图 8-9　底座

图 8-10　压胶泵

图 8-11　裂缝自动低压渗注法(壁可法)施工流程图

图 8-12　表面处理

图 8-13　埋设压浆嘴

图 8-14　压浆

(1)表面处理。用打磨机或钢丝刷将裂缝区域表面松散混凝土清除,宽度为沿裂缝左右各 2～3cm,长度为沿裂缝方向两端头分别向外延伸 5～10cm,露出结构层和隐藏的裂缝。

(2)埋设压浆嘴。在裂缝交叉处、较宽处、端部以及裂缝贯穿处应埋设压浆嘴,其间距以 350～500mm 为宜。在一条裂缝上必须有进浆嘴、排气嘴和出浆嘴。胶嘴埋设时先在压浆嘴的底盘上抹一层厚度至少 1mm 的环氧胶泥,将压浆嘴的进浆孔对正裂缝粘贴在预定的位置上。

（3）封缝。用环氧树脂胶泥封缝，先在裂缝两侧 2~3cm 宽范围内涂一层环氧树脂基液后，再抹一层约 1mm 厚、2~3cm 宽的环氧树脂胶泥，抹泥时应防止产生小孔和气泡，抹刮平整，保证封闭可靠。

（4）试压。压气试漏，检查密闭效果。待封缝的环氧树脂胶泥硬化后，沿裂缝涂一层肥皂水，从压浆嘴通入压缩空气，凡漏气处，应修补密封至不漏为止。

（5）配制胶液。按厂家提供的配方和配制方法进行配制，根据浆液的凝固时间和注胶速度来确定一次配制浆液的数量。

（6）压浆。将胶液装入注胶器，注胶器的安装顺序为间隔安置，即隔一个注胶底座安置一个注胶器，直至安装完该缝上全部注胶器为止，松开注胶器上的弹簧，让胶液在低压作用下慢慢渗入缝中。当不安装注胶器的底座出胶时，则在该底座上安装注胶器注胶；当注胶器内的胶注完时，应取下及时补充胶液。注胶时应从裂缝下端逐渐向上依次安装注胶器注胶。

（7）后处理。待缝内浆液达到初凝时，可拆下压浆嘴，再用环氧树脂胶泥把压浆嘴处抹平封口。

3）质量控制要点

（1）使用裂缝修补胶前检查产品合格证、出厂检验报告，确保各项指标满足规范要求，必要时对产品参数进行第三方试验。

（2）防止因胶液配制时搅拌不均匀导致胶液在缝体内不均匀固化。

（3）当温度过低或者温度过高时，应当选用专用结构胶。

（4）胶液固化时间达到规定时，可采用"超声波法"或"取芯法"进行灌注质量检验。

8.2.3 混凝土缺陷修补

采用混凝土（砂浆）、聚合物水泥混凝土（砂浆）、改性环氧混凝土（砂浆）等材料修复桥梁表面蜂窝、麻面，平整度欠佳，剥落、刮伤、露筋等混凝土缺陷，钢筋外露修补前应进行除锈处理。

混凝土局部缺陷处理包括蜂窝麻面修复、刮伤掉角修复和露筋修复等。

1）常用施工器具

混凝土缺陷修复常用施工器具包括磨光机、电锤、电动钢丝刷等（图 8-15、图 8-16）。

图 8-15 电锤

图 8-16 电动钢丝刷

2）常用施工工艺

露筋缺陷修补施工主要流程如图 8-17~图 8-20 所示。

图 8-17　露筋缺陷修补施工流程图

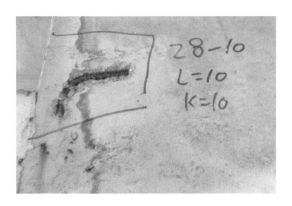

图 8-18　病害定位勾勒

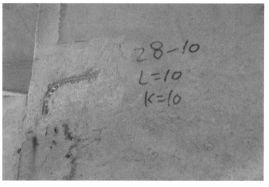

图 8-19　混凝土表面处理

图 8-20　混凝土缺陷处理

（1）病害定位勾勒。原构件混凝土表观缺陷及病害区域的几何形状一般是很不规则，勾勒应使表观缺陷及病害清除后的区域平面几何形状尽量简单。

（2）混凝土表面处理、钢筋除锈。施工前先清除混凝土表面杂物碎渣、污物、灰尘和混凝土疏松层，用空压机或清水清理干净；对于外露钢筋，先用电动钢丝刷将其表面的氧化层清理干净，使其表面洁净并露出金属光泽，再涂刷除锈剂。

（3）混凝土缺陷处理。用修复砂浆对结构进行修补，修补完成后潮湿养护。对于混凝土缺陷较深的区域，可在修补材料中按比例掺入细石。

3）质量控制要点

（1）使用修补材料前检查产品合格证、出厂检验报告，确保各项指标满足规范要求，必要时对产品参数进行第三方试验。

（2）桥梁混凝土缺陷修补完成后表面应平整，无裂缝、脱层、起鼓、脱落。

（3）对浇筑面积较大的混凝土或砂浆，应预留强度试块。

（4）可通过敲击法和钻芯取样检测新旧混凝土密合状况。

8.2.4　粘贴钢板

主梁承载力不足，或纵向主筋出现严重的锈蚀，或梁板桥的主梁出现严重横裂缝，可用黏结剂及锚栓将钢板粘贴锚固在混凝土结构的受拉缘或薄弱部位，使其与结构形成整体，以钢板代替增设的补强钢筋,提高桥梁的承载能力。其特点是在适筋范围内,随着荷载的增加,原梁中钢筋继续受力,钢板共同参与受力。

常用方法有干粘法和湿粘法。对于钢板厚度小于5mm的采用干粘法,即将配好的胶黏剂均匀地涂抹在清洁钢板上,对准螺栓孔并迅速拧紧螺母使钢板与混凝土密合。对于钢板厚度大于或等于5mm的采用湿粘法,即先用胶将钢板周围封闭,留出排气孔,以低端压力压入胶黏剂。

1)常用施工器具

粘贴钢板常用施工器具包括凿毛机、电钻、钢丝刷等(图8-21~图8-23)。

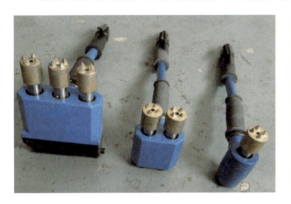

图8-21　凿毛机　　　　　　　　　　图8-22　台钻

图8-23　钢丝刷

2)常用施工工艺

干粘法粘贴钢板施工主要流程如图8-24~图8-28所示。

图8-24　干粘法粘贴钢板施工流程图

图 8-25　钢板钻孔

图 8-26　凿毛

图 8-27　清孔

图 8-28　加压

(1)制作钢板。钢板下料宜采用工厂、半自动切割方法;钢板黏合面可用喷砂或平砂轮打磨,直至露出金属光泽。按锚栓设计位置对钢板钻孔。

(2)粘钢区域混凝土表面处理。依据设计要求并结合现场量测定位,采用凿毛机进行凿毛处理,凿毛完成后进行清洁。

(3)钻孔植埋螺杆。按设计要求布置孔位,避开主裂缝。在布孔位置进行钻孔,钻孔完成后,采用钢丝刷对孔内浮层进行清理。直径时先在孔内注入三分之二孔深的环氧类结构胶,将螺杆缓慢转动插入,然后补填环氧类结构胶使孔口填塞饱满。

(4)配制结构胶。先用工业酒精清洗处理后的粘钢区域混凝土表面和钢板粘贴面,再在钢板粘贴面涂抹一层中间厚两边薄的结构胶,然后将钢板贴合上。

(5)加压固定。当植埋螺杆的拉拔力达到设计要求的强度后,将钢板贴合上,加垫片,紧固螺母,交替拧紧各加压螺杆,使多余的结构胶沿板缝挤出,达到密贴程度。同时要不断轻轻敲打钢板,检查钢板下结构胶的饱满性。

3)质量控制要点

(1)粘贴钢板加固所用材料类别、规格及质量应符合相关规范及设计要求,结构胶、钢板使用前应进行第三方检测。

(2)钢板下料切割边缘表面应光滑。

(3)混凝土凿毛应使混凝土粗集料外露,无浮浆、疏松物。

(4)植埋螺杆钻孔打盲孔前应用钢筋混凝土保护层测试仪查明梁板钢筋分布,避免钻孔打盲孔时碰及钢筋或预应力管道。

(5)对钻好的植筋孔先用压缩空气由孔底向孔外清理孔内浮尘,再用甲苯或工业丙酮洗盲孔,晾干后方可植筋。

(6)锚固螺栓数量、规格、钢板的搭接长度不得少于设计值。

(7)钢板粘贴应选择干燥环境下进行。

(8)钢板加压的顺序应由中间向两边对称进行。

(9)粘贴钢板后应进行防腐处理。

8.2.5 粘贴碳纤维片

粘贴碳纤维片是指用浸渍树脂将高强度碳纤维片材粘贴在结构构件表面上,固化后形成具有纤维增强效应的复合体结构,以此提高构件的抗拉能力或约束力,达到加固的目的。粘贴碳纤维片施工简便、快速,不增加原结构重量和影响结构外形。其力学特点为碳纤维片材受拉时呈线弹性关系直至破坏,其脆性性能与钢筋的延性有明显的区别。一方面碳纤维片材不具备钢筋所拥有的延性,加固后结构的延性将受到限制;另一方面由于碳纤维片材的延性缺乏,构件中的应力重分布将受到约束。因此,在粘贴碳纤维片材的结构设计中不能简单地将碳纤维片材作为钢筋的替代物,必须考虑碳纤维片材的脆性特点。

常用方法是干粘法。将混凝土构件表面的残缺、破损部分(蜂窝、麻面、剥落、孔隙、腐蚀等)以及基层混凝土的表面裂化层(风化、浮浆、剥离的原浆、不洁物等)清除干净并达到结构密实部位,使其表面平整后,涂刷底胶,并使其固化后再次打磨,基底平整后涂刷黏结剂,黏结剂达到触指可干后粘贴碳纤维。

1)常用施工器具

粘贴碳纤维片常用施工器具包括凿毛机、磨光机、搅拌机(图8-29)等。

2)常用施工工艺

粘贴碳纤维片施工主要流程如图8-30~图8-33所示。

图8-29 搅拌机

图8-30 粘贴碳纤维片施工流程图

图8-31 涂底层树脂

图8-32 涂刷黏结胶

图8-33 粘贴碳纤维布

(1)混凝土基底处理。按设计要求对碳纤维片材粘贴范围弹墨线定位;修补区域内混凝土的残缺、破损部位;用角磨机将构件表面凸出部分打磨平缓;棱角的部位打磨成圆角,清除裂化层,使其表面平整;清洗打磨过的构件表面,并使其充分干燥。

(2)涂底层树脂。把底涂树脂的主剂和固化剂按规定比例准确称量后放入容器内,用电动搅拌器拌和均匀;用滚筒刷均匀涂抹底胶。需要涂刷两层时,应在涂完第一层指触干燥后再涂刷第二层,涂刷底层树脂不得超过1mm。

(3)涂刷黏结胶。结构胶一次调和量以在使用时间内用完为准,超过可使用时间的不得使用。涂量根据施工部位及施工面的粗糙程度而变化。拱起、拐角、碳纤维片材搭接部位以及残缺修补处要多涂一些。胶不可以涂得过少或者过多,过少则使得胶层不够饱满,过多则使得胶过厚,导致胶下流产生胶瘤。

(4) 粘贴碳纤维布。粘贴碳纤维布前,用钢直尺与壁纸刀按规定尺寸裁切碳纤维片材,每段长度根据施工需要确定;当要使用长碳纤维片时,脱泡、渗浸过程必须加倍谨慎操作;碳纤维和纵向接头必须搭接 100mm 以上。

(5) 养护。粘贴碳纤维布后,需自然养护达到初期固化,应保证固化期间不受干扰或尽量减少受干扰程度;碳纤维布粘贴后达到设计强度所需自然养护时间应满足规定要求。

(6) 涂装。应在粘贴碳纤维处涂刷一遍碳纤维专用遮盖涂料,再涂刷两遍表面配套涂料,其颜色应与混凝土本色接近,以达到美观效果。

3) 质量控制要点

(1) 粘贴碳纤维布加固所用材料类别、规格及质量应符合相关规范及设计要求,结构胶、碳纤维布使用前应进行第三方检测。

(2) 为防止碳纤维布受损,碳纤维布在运输、储存、裁切和粘贴过程中,严禁弯折。

(3) 裁剪和使用碳纤维布时应远离电源和火源,并避免阳光直射。

(4) 混凝土基底处理应使混凝土无浮浆、疏松物,并已对缺陷修复平整。

(5) 底胶固化后,在构件表面有凝结凸起时,须用砂纸磨光。

(6) 碳纤维片粘贴时应与浸渍树脂充分结合,若发现孔隙和气泡,应即时处理。

(7) 碳纤维布在结构受力集中部位不宜设置接头,即使在受力最小部位其接头也应该保证其搭挡长度及质量。

(8) 钢板粘贴应选择干燥环境下进行。

8.2.6 体外预应力加固法

体外预应力加固法是指采用外加预应力钢拉杆对结构构件进行加固的方法。其力学特点是通过预应力手段强迫后加部分,改变原结构内力分布并降低原结构应力水平,使一般加固结构中所特有的应力应变滞后现象得以完全消除。因此,后加部分与原结构能较好地共同工作,结构的总体承载力能力可能显著提高。预应力加固法具有加固、卸荷和改变结构内力的三重效果,适用于采用一般方法无法加固或加固效果很不理想的较高应力状态下的大跨度桥梁加固。

体外预应力加固法常用有外部预应力钢丝束加固法、下撑式预应力拉杆(粗钢筋)加固法等。外部预应力钢丝束加固法是指在梁体外部设置预应力钢丝束,通过张拉预应力筋实现体外预应力加固。下撑式预应力拉杆加固法利用粗钢筋上撑或下撑原结构使其形成桁架结构共同参与受力,通过张拉粗钢筋达到加固效果。

1) 常用施工器具

体外预应力加固常用施工器具包括智能张拉泵、单束张拉千斤顶、多孔张拉工具锚等(图 8-34 ~ 图 8-36)。

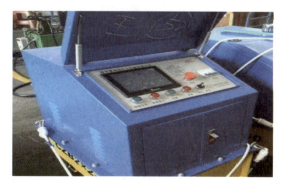

图 8-34　智能张拉泵

图 8-35 单束张拉千斤顶

图 8-36 多孔张拉工具锚

2)常用施工工艺

外部预应力钢丝束加固法施工主要流程如图 8-37~图 8-43 所示。

原结构前处理 → 预应力锚固点施工 → 预应力施工 → 构件后处理

图 8-37 外部预应力钢丝束加固法施工流程图

图 8-38 放样

图 8-39 凿毛

图 8-40 植筋

图 8-41 钢筋绑扎

图 8-42 预应力齿块浇筑完成

图 8-43 准备张拉

(1) 原结构前处理。首先将新旧混凝土接触面凿毛,剔除表面浮浆、浮石,修补个别混凝土存在缺陷部位。植埋钢筋打盲孔前使用钢筋混凝土保护层测试仪查明钢筋分布,避免钻孔打盲孔时触及主筋或预应力筋。

(2) 预应力锚固点施工。向盲孔内注入三分之二孔深的环氧类结构胶,然后将经除油清洗晾干并涂有一层环氧树脂类基液薄浆的钢筋植入,非植入钢筋按设计要求统一下料成型,钢筋工程全部采用绑扎工艺。混凝土浇筑前预先进行混凝土配合比设计,强度及弹性模量试验,并考虑试验养护条件与实际的差异,在满足设计强度的前提下尽量减小水灰比,降低水泥用量。混凝土养护时混凝土表面长期处于湿润状态,混凝土养护期不少于 7d。

(3) 预应力施工。体外束采用无黏结预应力钢绞线,主要包括钢绞线表面油脂、钢绞线 PE 套等组成。

钢绞线下料采用圆盘锯切割,要保证切割面为一平面,以便张拉时检查断丝。混凝土养护龄期达 7d 及混凝土强度达到设计强度的 85% 以后,应派具有张拉经验的技术人员指导张拉工班进行预应力张拉施工。

张拉操作步骤。初张拉(张拉力 P_0 等于 0.2 倍设计张拉力 P)→持荷 5min→检查全线索位置量测延伸量 δ_0→张拉到设计吨位 P→持荷 5min→量测延伸量 δ_1→回油→量测延伸量 δ_2。

(4) 构件后处理。预应力张拉施工完成对锚头进行封闭处理;钢绞线采用防腐、防火保护措施。

3) 质量控制要点

(1) 采用体外预应力加固时,原混凝土强度不应低于 C30。

(2) 植埋钢筋钻孔打盲孔前使用钢筋混凝土保护层测试仪查明钢筋分布,避免钻孔打盲孔时碰及钢筋或预应力管道。

(3) 当预应力筋进厂时,应根据其品种分别按照相应的现行国家标准的规定抽取试件做力学性能试验,其质量必须符合相关标准的规定。

(4) 预应力钢束张拉采用延伸量与张拉吨位双控,延伸量误差范围为 ±6%。

(5) 根据加固所要达到的目的和要求不同,预应力筋应当满足可重复张拉、锚固可靠(或有利于锚固)的要求。

8.2.7 预应力钢丝网片

预应力钢丝网片是指在梁底布设可张拉钢丝绳网片，通过施加适当的预应力来提高结构的承载力。其特点是钢丝网片在梁底分散布置，不会在锚固区产生应力集中。钢丝绳张拉完成后在梁底涂抹防护砂浆，可以保护钢丝绳不受损伤，单根预应力钢丝绳的拉力较小，张拉时不需要大型设备，施工方便。

施工前将混凝土构件表面的残缺、破损部分进行打磨，并通过高压水枪清理干净；然后涂刷底胶，并使其固化后再次打磨，基底平整后安装钢丝绳网片，在高强不锈钢钢丝绳的两端设置固定销，张拉完成后，喷射聚合物砂浆。

1）常用施工器具

预应力钢丝网片施工常用工器具包括高压水枪、单束张拉千斤顶、多孔扁锚等（图8-44～图8-46）。

图8-44　高压水枪　　　图8-45　单束张拉千斤顶　　　图8-46　多孔扁锚

2）常用施工工艺

预应力钢丝网片加固法施工主要流程如图8-47～图8-53所示。

图8-47　预应力钢丝网片施工流程图

图8-48　高压水枪　　　　　　　　　图8-49　锚具

图 8-50　布置钢丝网片

图 8-51　固定钢丝网片

图 8-52　张拉钢丝

图 8-53　浇筑聚合物砂浆

(1)原结构物前处理。使用打磨器等用具把劣化的混凝土表面清除干净,清除异物及附着物;用高压水枪对加固施工部位进行清理冲洗,清洗混凝土表面的粉尘,使其保持洁净,否则会影响灰浆与混凝土面的附着力(黏结力)。

(2)固定张拉锚具。应力高强钢丝绳锚具采用多孔式扁锚,可以同时锚固多根高强钢丝绳。锚具安装前应准确放样,钻孔,通过植入高强螺栓的方法将锚具固定在指定位置。锚具安装于网片端部后应仔细检查,如有松动或脱落则必须更换。

(3)布置钢丝网片。为减小预应力钢丝绳工作时的预应力损失,在下料前,可对钢丝绳进行预张拉,消除钢丝应力的早期松弛损失,下料时应充分考虑各节点处的锚固和延伸长度。利用钻孔机在固定销固定处钻孔,再将固定销固定在高强不锈钢丝绳的辅筋之间的结合部。固定销设置间隔应在 150mm 以内,插入固定销的钻孔深度约 40mm 即可。

(4)钢丝绳张拉。将准备好的高强钢丝绳穿入锚具中,将其一侧固定,另一侧准备张拉,锚具安装于网片端部后应仔细检查,如有松动或脱落则必须更换。

利用配套设计的小型千斤顶进行张拉,可逐根张拉,也可一次性张拉,根据施工现场情况确定。按照设计的吨位,张拉完毕,拧紧预紧螺杆,将张拉端的高强钢丝绳固定。

(5)养护修整。喷涂聚合物砂浆应按产品说明的配比配制聚合物砂浆,分层涂抹于已张拉完毕的梁底表面至设计厚度。砂浆的厚度一般为 20~40mm。

(6)构件后处理。在聚合砂浆压抹收光后的 0.5~4h 内就应对其施工面进行喷水养护,按照材料养护时间要求进行养护,在此期间应防止加固部位受到硬性冲击。施工完成后对表面进行涂装,保持桥梁的整体美观。

3)质量控制要点

(1)聚合砂浆的压抹,先按设计厚度进行边板压条的定位,然后找平工作面。

(2)聚合砂浆的压抹需要分层压抹,每次压抹的厚度应适合施工操作,一次涂抹厚度不可超过 10mm,聚合砂浆不得自然垂落,每次压抹的间隔时间以上次压抹灰浆指触不黏手为标准,指触不黏手时进行第二次压抹;当压抹厚度达到尺寸要求时应及时做好压抹收光。

(3)施工材料的使用一定要严格按照说明书的配合比,乳液先按用量的 75%~80% 进行拌和,根据需要逐步增量,拌和量每次不宜太多,控制在有效的操作时间内,调和开始,尽量做出稀的状态。

(4)禁止在日气温 30℃ 以上时施工,如需施工,应按照混凝土工程设计中的混凝土温度规定;渗透性聚合砂浆材料的保管应注意防冻和避免夏天的直接阳光照射及雨淋。当材料拌和,稠度大时不得加水稀释;界面剂的喷涂每次应在 2mm 以下,须保证喷涂均匀,防止龟裂发生。

(5)锚固销的节点锚固点应在不锈钢丝网竖线之间的结合部。

(6)根据聚合砂浆的使用量和施工层的厚薄,须使施工成品在 0.5~4h 内维持湿润状态,已施工的灰浆须防止冻结、雨淋、水浸等。

(7)基面处理工序中须保证将表面涂层和风化层清除,露出新鲜混凝土。

(8)为保证钢丝网张拉后与混凝土梁完全密实接触,同时在梁受力过程中钢丝网能产生向上的反力,应在梁底合适位置设置反力点。

(9)在不锈钢丝绳网的固定与张紧工序中须严格按照工序质量要求和施工注意事项进行作业,不得出现漏销、悬垂现象。

8.2.8 支座更换

桥梁支座不满足使用条件时,通过整联顶升的方法进行更换。当更换支座时,应分析支座病害产生的原因,并对相应病害进行处理。新支座宜与原支座使用功能和几何尺寸一致,同一墩台上的同排支座应全部更换。

桥梁支座更换常用方法包括整联跨同步顶升法、直接顶升法和鞍型支架法(或称贝雷法)、钢扁担梁法(或称杠杆法)、桥面导梁法、桥面钢导梁法。

(1)整联跨同步顶升法是采用同步液压顶升系统对多联跨整浇或预制连续箱梁桥和预制梁在不封闭交通情况下实现桥梁顶升和支座更换。

(2)直接顶升法适用于 T 梁、空心板梁和小箱梁等中小跨径(≤20m)简支梁桥。以墩台顶部为支撑面,选配合适的千斤顶直接实施梁体顶升和支座更换。

(3)鞍型支架法(或称贝雷法)、钢扁担梁法(或称杠杆法)、桥面钢导梁法适用于多个小箱梁、空心板梁和 T 梁等横向拼装结构桥梁,其桥墩为盖梁墩柱体系,多用于梁体顶升空间狭小无法安放顶升千斤顶情况下的桥梁顶升和支座更换场合。用桥墩本身作为支撑体系,在盖梁上架设专门设计的鞍型支架即钢结构支架和钢牛腿,固定在盖梁上,安放千斤顶,实施梁体顶升。

(4)钢扁担梁法(或称杠杆法)利用桥面作为支撑体系,支撑面为顶升梁相邻跨的梁体,利用钢梁和钢带在相邻跨桥面的作用点,类似杠杆原理用千斤顶顶升梁体。

(5)桥面钢导梁法利用桥面做支撑体系,支撑面为顶升梁纵向相邻两跨的梁体,在顶升梁上安装钢桁架梁和反力拉杆,以相邻两跨梁体顶面为支撑面,配合顶升千斤顶,抬升桥梁,进行支座更换。

1)常用施工器具

支座更换施工常用施工器具包括扁压千斤顶、同步顶升泵、位移传感器等(图 8-54 ~ 图 8-56)。

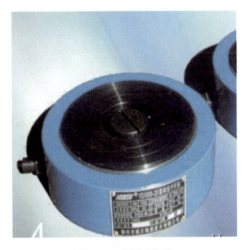

图 8-54　扁压千斤顶

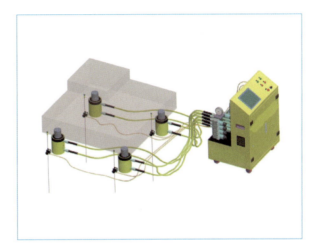

图 8-55　同步顶升泵

图 8-56　位移传感器

2)常用施工工艺

整联跨同步顶升法更换支座施工主要流程如图 8-57 ~ 图 8-63 所示。

图 8-57　整联跨同步顶升法更换支座施工流程图

图 8-58　安装千斤顶

图 8-59　安装传感器

图 8-60　系统调试

图 8-61　同步顶升

图 8-62　拆除旧支座

图 8-63　安装新支座

(1)施工准备。提前调试、标定液压顶升设备各部件，配备易损、易坏件；检查硅脂油、丙酮以及环氧胶质量是否符合要求；搭设人行支架(或吊架)确保操作人员能够方便检查、更换支座；顶升施工前，详细检查各支座情况；安装千斤顶及位移传感器。

(2)试顶。在正式顶升前进行试顶，检查各千斤顶的同步性、稳定性和梁板的完好性；确认一切正常后，方可正式开始顶升。

(3)顶升。检查、校正顶升设备并就位；顶升装置试顶加载合格后进行顶升，逐步加载顶至设计力 50% 时停止，停放 5~10min 进行观察，无任何异常后方可开始整体顶升；千斤顶必须按设计的行程同步顶升,顶升至梁体脱空 2~5min,结束顶升,同时观测梁体起顶高度和千斤顶的起顶力,施行双控。

(4)更换支座。需要抬高支座时,可根据抬高量的大小垫入钢板或铸钢板,更换为板式橡胶支座。须浇筑支座垫石,垫石高度按需要设置,一般应大于 100mm。清理梁顶面,事先在垫石上垫钢板,并用环氧砂浆找平至相应高度,将其一并更换,确保落梁时支座都能均匀受力。

(5)回油、卸顶。更换完毕后,逐级回油卸顶、落梁,若有更换支座,需要检查各支座准确到位后方可撤除设备、支架和施工人员。

3)质量控制要点

(1)配备备用电源,避免施工中意外断电。

(2)试顶作业严格按照顶升作业的要求进行。

(3)临时支架、反力架、工作平台应有足够的强度、刚度和稳定性。

(4)在主梁顶升时,应用垫板扩大千斤顶与主梁的接触面,要求密合、平稳,不损伤梁体。调整高度应采用厚度不同的小钢板。

(5)顶升时将同一桥台上的千斤顶并联起来,通过一台油泵进行加压,以保证每台千斤顶出力一致;顶升中严格控制油压和千斤顶行程,确保整体顶升。

(6)顶升过程中,安排专人对梁板、横隔板、桥面板等进行监测,观察有无异常变化,确保施工中均匀顶升,确保上部结构不出现裂缝、偏移。

第 9 章

移交接养与养护工程验收

依据《国家公路网规划(2013年—2030年)》各省的公路网布局规划相关要求,公路工程应进行公路移交接养工作。移交接养通常指路网建设完成采取移交的方式对公路移交接养基础数据进行核实,完成接养工作。桥梁移交接养的程序是从公路工程接养发展而来,桥梁移交接养通常包含在路线接养的范围内与公路接养一并进行。根据移交接养的时间段不同,桥梁移交接养可分为新建桥梁(竣工验收后)移交接养和运营期桥梁移交接养两种情形。初始检查是桥梁建成或改造后的首次检查,反映了桥梁的初始技术状态,作为日后各项检查与评定的基准,是公路桥梁养护工作的基础。《公路桥涵养护规范》(JTG 5120—2021)第 3.2.1 条规定,新建或改建桥梁应进行初始检查。初始检查宜与交工验收同时进行,最迟不得超过交付使用后 1 年。从这个概念来看,初始检查工作应包含在移交接养工作中。

9.1 移交接养

1)新建桥梁移交接养

新建桥梁移交接养是指桥梁在初期建成后,通过了竣工验收,此时桥梁尚未通车运营,结构应为全新状态。移交时应对施工期的资料交(竣)工资料、试运营期的所有资料进行移交,并进行初始检查。

2)运营期桥梁移交接养

运营期桥梁移交接养是指桥梁处于正常服役期,由于路线重新规划整合等原因需要移交。移交时除应满足桥梁建设期应涉及的所有资料移交外,还应对运营期的所有养护资料(包括例行检查、小修保养、大中修等所有资料)进行移交。运营期桥梁的移交接养检查,除需要进行常规检查外,还应根据桥梁的结构特点和运营状态进行必要的特殊检查,以全面掌握桥梁的结构状态和可能存在的运营风险。

9.1.1 移交接养原则与程序

1)移交接养原则

(1)基数统一原则。移交接养一般采用统一的基数和年报数据,并依据相关路网规划进行移交接养,理顺事权。

(2)分级负责原则。移交接养采取省、市级主导的方式或上级指导的方式进行,省级一般负责移交接养工作的行业指导,对于涉及跨交通行业移交接养的路段或桥梁,需要提交市或县级人民政府协调,明确接养单位。

(3)同步移交原则。移交时,交(竣)工文件等基础档案资料及养护配套设施根据具体情况一并移交。新改建项目已交工验收的建设缺陷或遗留问题,一般由设区市(区)级交通主管部门统筹协调,统一以施工图设计为标准,划定各方责任确定补偿方式,限时整改。即将改线或待建的规划国省干线路段,交通主管部门和公路部门需要共同加强图纸会审,确保养护用房、服务区、安保、防护、排水、绿化等各项设施同步实施到位。

(4)安全畅通原则。对于已经通车的路段,在移交接养过渡期间,仍由移交前的养护主体组织养护,需要保证路况和服务水平不下降,确保公路安全畅通。

2)移交接养程序

移交接养程序主要有如下关键环节,如图9-1所示。

图9-1 移交接养一般程序

(1)制订实施方案。养护主体需要制订详细的接养实施方案或细则,拟定工作计划,明确工作责任,确保移交接养按时间节点要求有序推进。

(2)核实基础数据。各级主管部门需要对移交接养路段基础数据调查核对,基础数据包括公路桥涵技术状况、技术等级、沿线桥涵、隧道、防护、绿化、交通工程、养护道班、服务区、养护应急基地等情况,数据调查资料需要经设区交通主管部门双方盖章确认。

(3)签订移交协议。一般经交通主管部门牵头协调,与辖区公路养护部门或人民政府相关部门具体签订移交接养协议。协议主要需明确移交的相应公路技术管理档案资料情况。移交后,接养单位就要及时承担公路养护管理责任,保障公路安全畅通,确保路况稳定。

(4)发布信息公告。移交接养的路段一般在移交协议签订后,由设区部门、人民政府向社会、沿线乡镇村发布公告,公开路产路权所属单位及管护责任单位,自觉接受社会监督。

(5)及时报备情况。公路移交并发布公告结束后,一般由设区交通主管部门向各省级公路管理部门报备本市(区)移交后公路管养状况,报备资料须包括两方签订的管养协议、各级交通公路管养部门管养路段和桥涵明细等。

(6)及时总结。根据每次接养的情况,对整个程序过程中的重要环节、重要内容进行备份和总结,以便为之后的相关工作开展经验总结。

9.1.2 移交接养工作内容与要求

1）准备工作

为保证接养后的桥梁能够得到规范、可靠的管理,主要开展三个方面准备工作:

(1)建立管养机构,保证人员配备。

(2)准备养护资金。

(3)进行初始状态检查,用于确定桥梁结构基准状态,排除接养之前的桥梁病害或问题,消除安全隐患,降低结构运营风险。

对于设立运营公司的特殊结构桥梁,除了应设置满足管理需要的相关部门以外,还应设置桥梁技术管理部门,如日常养护部、养护施工部等部门,负责对桥梁按养护要求开展巡查、检查与小修保养或养护维修等工作。

2）新建桥梁移交接养的工作内容与要求

新建桥梁接养,应满足《公路工程竣(交)工验收办法实施细则》(交公路发〔2010〕65号)、《公路工程质量检验评定标准 第一册 土建工程》(JTG F80/1—2017)等制度规范对工程质量的要求,存在工程质量缺陷的应及时对工程进行维修处治。初始检查应结合交(竣)工检测同步进行,以便检查结果相互补充、相互印证。

在初始检查的基础上,还应重点关注设置桥梁的永久性观测点,包括挠度观测点、基础沉降或基础变位观测点,缆索体系桥梁还应设置桥塔的塔顶偏位观测点、锚碇位移测点等。根据以往交竣工检测经验,我国新建桥梁存在预应力管道压浆不饱满、钢筋保护层厚度不足等问题(图9-2、图9-3),在新建桥梁初始检查时应予以重点关注。

图9-2 预应力管道压浆不饱满　　　　图9-3 钢筋保护层厚度不足

对于特殊结构,新建桥梁一般需要进行荷载试验,以验证结构的正常工作性能。荷载试验能够直观地反映结构的承载力和工作状态,初始检查应结合荷载试验的结果对功能性构件重点检查。

新建桥梁接养一般需要对包括建设期的相关资料、交(竣)工的相关资料等,涉及桥梁建设、养护历程的所有资料一并移交;应列出资料目录或清单,以便后期查阅;由于施工过程中可能存在变更,故变更资料需要一并归档。其中,竣工图、竣工文件等资料是接养养护的初始资料,应重点予以关注。很多桥梁建立了电子档案,在移交资料时应注意收集和移交电子资料,以方便后期养护管理时的资料使用。对于有养护管理系统的省市或路线,应将桥梁相关技术信息或技术资料录入到养护管理系统中,以便后期信息化管理。

3)运营期桥梁移交接养的工作内容与要求

运营期桥梁接养,在履行桥梁管养主体转移的相关程序基础上,一般需要对桥梁进行接养检查,使得接养方对桥梁的技术状态等进行全面掌握。接养检查的常规检测项目最低要求应达到定期检查的深度。

(1)接养检查

运营期桥梁接养检查首先应对历年检查情况进行梳理,制订合理的接养检查方案。由于每座桥结构技术状况、运营情况、使用年限等各不相同,故接养检查方案制订应有针对性。例如,大跨径梁桥的跨中挠度、拱桥的基础变位、悬索桥的吊杆截面损失、斜拉桥的拉索截面损失等都会成为运营期桥梁接养检查的重点。由于运营期桥梁属于在役桥梁,其历年的交通量情况也有必要进行调查。

运营期桥梁接养检查中常见的病害与定期检查类似,主要是主梁结构性裂缝和梁底耐久性病害(图9-4、图9-5),这两类病害分别影响结构的正常使用和长期性能。如果发现钢筋锈蚀、预应力钢筋缺陷等问题,将影响结构的承载力,应予以足够重视。

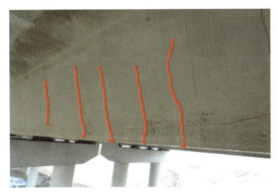

图9-4 主梁结构性裂缝

图9-5 梁底耐久性病害

对存在结构刚度劣化明显,结构承载力可能降低的旧桥,必要时应通过荷载试验验证结构的承载力和正常使用性能。

(2)接养资料收集移交

运营期桥梁接养,资料移交除了包括新建桥梁类似的所有资料外,还应重点梳理养护期的桥梁资料,包括例行检查、小修保养、大中修等资料。对以往按规范要求进行例行检查的桥梁,按例行检查资料就能够较全面地体现桥梁的技术状况,应系统地梳理例行检查资料,建立资料目录或清单,以便查阅。对以往进行了例行检查,但检查深度不满足规范要求的桥梁,除进一步收集建设期和养护期的所有技术资料外,还要针对这类桥梁进行全面接养检查,检查深度应满足规范的要求。如果结构存在结构性病害,或结构耐久性病害较严重,检查需要更加详细,分析应更加严密和谨慎,为接养的桥梁处治决策提供技术依据。对未按规范进行例行检查的桥梁,应重点进行全面检查,确保接养单位掌握桥梁的技术状况。

对于有资料的桥梁,应针对每座桥梁建立桥梁档案,做到"一桥一档"。条件允许时应将纸质档案同时电子化,通过信息化手段管理桥梁电子档案,为后期的养护提供基础数据。

4)特殊情况

(1)对于初始状况存在缺陷的桥梁,一般需要在缺陷处理完成后重新履行接养程序。

(2)对于养护主体或债权关系发生变化,需要上级主管部门予以协调,明确养护主体或划分债权关系后再进行接养相关程序。

(3)新建桥梁的养护单位未进行初始检查,或对建设单位移交的工程质量认识不清,将导致初始维修未能得到保障。属于施工缺陷责任期内的缺陷,施工单位有责任对相应工程项目进行必要的处治和维修。移交和接养双方应在此期限内对结构物结合交(竣)工进行初始状况检查,对结构物的施工期或早期缺陷尽早处治,以免后期接养过程中产生纠纷和不必要的矛盾。

(4)试运营期应注意的事项。

①在桥梁的试运营期,应结合桥梁的例行检查,对桥梁正常运营情况,功能构件工作情况,进行必要的检查和判断,以确保新建桥梁在运营期间,各项指标满足运营承载的设计要求。

②特殊桥梁或者重要桥梁,在试运营期间应考虑是否安装运营监测系统,用于监测桥梁的工作性状,以得到桥梁最初的运营期基础数据。

③针对重要桥梁,有必要制定相应的养护手册、养护管理制度、应急预案等,建立桥梁档案,完善或制作永久性观测点,并进行初始数据采集和归档。

(5)不适合移交或暂缓移交的结构物。

①对结构有重大缺陷或未来养护时结构存在安全隐患的桥梁,一般会在移交和接养双方产生纠纷,应在桥梁缺陷处治后或在安全隐患消除后再启动接养程序。

②对于债权责任划分不清的结构物,在移交和接养时会存在财务纠纷,一般需要妥善处理好债权责任,再进行接养。

③由于路网规划使得路线桩号正在发生变更的桥梁,需要在路线桩号变更完成后再核对和移交资料,以免资料调查结果不匹配,给接养工作带来困难。

(6)新交接的新建桥梁,尤其是特殊结构形式的桥梁,一般在成桥后尚未进行过几个季节周期的交替循环,桥梁是否能够按照设计预期的工作状态进行工作,尚不明确,需要养护工程师进行长时间观察,重点观察其支座是否能够正常滑移、伸缩缝是否能够正常工作等。这些功能性构件正常工作都是桥梁结构正常工作的重要标志。

9.2 养护工程验收

桥梁养护工程应满足《公路养护工程质量检验评定标准 第一册 土建工程》(JTG 5220—2020)相关要求进行检验评定,评定合格后进行验收。

养护工程质量检验评定应符合下列要求:

(1)养护单元完工后,应根据《公路养护工程质量检验评定标准 第一册 土建工程》(JTG 5220—2020)进行检验,对工程质量进行评定。隐蔽工程在隐蔽前应检查合格。

(2)养护工程完工后,应汇总评定所属养护单元质量资料,检查外观质量,对工程质量进行评定。

养护工程质量检验具体要求：

(1) 养护单元应按基本要求、实测项目、外观质量和质量保证资料等检验项目分别检查。

(2) 养护单元质量应在所使用的原材料、半成品、成品及施工控制要点等符合基本要求的规定，无外观质量限制缺陷且质量保证资料真实齐全时，方可进行检验评定。

(3) 应对养护单元所列基本要求逐项检查，经检查不符合规定时，不得进行工程质量的检验评定。

(4) 养护单元所用的各种原材料的品种、规格、质量及混合料配合比和半成品、成品等应符合有关技术标准规定并满足设计要求。

(5) 应对检查项目按规定的检查方法和频率进行随机抽样检验并计算合格率，采用其他高效检测方法时应提前比对确认。

(6) 外观质量应进行全面检查，并满足规定要求。对于明显的外观缺陷，养护工程施工单位应进行整修或返工处理直至合格。

养护工程质量评定具体要求：

(1) 检验记录应完整；

(2) 质量保证资料应符合规定；

(3) 所含实测项目的质量均应合格；

(4) 外观质量应满足要求；

(5) 评定为不合格的养护单元，必须进行返工、加固、补强或调测，满足设计要求后，可重新进行检验评定。

桥梁养护工程中，采用相同工艺或方法维修、加固的同类结构或构件数量不大，施工条件、环境等亦有差别，不适合采用抽样检查。因此，规定除特殊情况外，每个结构或构件均应进行检验。

桥梁养护工程中，经常出现更换部分构件的情况，如T梁、小箱梁、空心板等更换，其制作、安装与新建工程完全相同，须按现行《公路工程质量检验评定标准　第一册　土建工程》(JTG F80/1—2017)进行评定。

第10章

桥梁检测、监测及养护管理新技术

  桥梁养护的目的在于保证结构的可靠性,包括结构的承载能力、运营状态和耐久性能等,以满足其预定的功能要求。桥梁的技术状况主要通过利用收集到的特定信息来加以评估,并作出相应的养护决策,实施保养、维修与加固工作。而传统桥梁结构的检测、评估是通过人工目测检查或借助于便携式仪器测量,并填写纸质版的检查表来采集现场桥梁病害信息。人工桥梁检查可分为日常巡查、经常检查、定期检查和特殊检查。我国桥梁规模庞大,仅依靠有限的人力、物力和财力,无疑限制了桥梁管养工作的发展。传统检测、评估方式的不足之处主要表现在以下几点:

  (1)传统检测需要大量的人力、物力,检查盲点多。现代大型桥梁结构布置形式多样且极其复杂,构件多且尺寸大,加之部分构件和隐蔽工程部位借助常规设施和装备难于直接接近检查,对大型桥梁或复杂桥梁表现更为突出。

  (2)检测与评估主观性强,量化偏差大。检查与评估的结果主要取决于检查人员的专业知识水平以及现场检测的经验。虽然桥梁的分析设计与施工技术已日趋完善,但是对某些响应现象,尤其是损伤的发展过程,尚处于经验积累中,因此定量化的描述是很重要的。

  (3)检测的全面性、整体性不足。人工检查以单一构件为对象,而更为精准的光学、超声波和电磁波等技术的检测手段,还只能提供局部的检测和诊断信息,而不能提供整体全面的结构健康检测和评估信息。

  (4)检测周期长,评估不及时。不能及时提供检测现场相应的图片信息,即使获得了相应的图像信息,但后期桥梁病害信息匹配也相对麻烦,相应评估也是需要将检测数据整理、汇总、分析后,才能进行评估,时效性差。大型、特大型桥梁的检查周期可能以年计,在有重大事故或严重自然灾害的情况下,尚不能及时给决策者和公众提供信息。此外,我国公路桥梁的数量巨大,而技术人员和设备有限,导致无法及时对运营中的所有桥梁进行有效的检测评估,少量危桥检测可能遗漏,存在安全事故隐患。

  (5)桥梁病害及技术性能可追踪性差。传统人工检测采集任务完成后还需要转化为电子版,一方面增加了工作量,也可能会出现人为的数据登录失误,且纸质文件相对不易长久保存和存档,更不便于后期数据的查询、管理和实时调用,不利于对桥梁长期养护策略的制定,造成资源浪费。

(6)检测干扰交通正常运行。桥梁检测通常需要搭设观察平台或用专用检测车辆,需要实施交通控制,干扰交通运营。

(7)传统的技术状况评估、承载能力评估方法等,都还属于半经验、半概率评价方法,受评估人员的经验偏差影响很大;现有的评级体系中的评估内容,还不能完全真实地反映桥梁实际养护状况。

随着检测技术、计算机技术、电子技术和通信技术等相关学科的高速发展,桥梁结构检测、监测和养护管理技术正朝着信息化、智能化方向快速发展。2021年2月,交通运输部办公厅印发了《关于健全完善国家公路桥梁基础数据库的通知》,进一步发挥数据在公路高质量发展中的作用,强化数据驱动、集成创新、共建共享等数字化转型理念。这为桥梁检测的创新发展、实现人工智能,提供了良好的外部环境。各行各业正以前所未有的速度进行着本行业的革命,公路桥梁工程行业也不例外。

10.1 桥梁检测新技术

公路桥梁检测的主要内容包括外观损伤、内部缺陷、力学性能及几何参数检测等。目前,外观损伤仍以人工目测为主,工作强度大、效率低,需要借助检测支架或检测车等设备接近结构表面,对检测人员的专业知识和经验要求较高。非接触式检测方法有了较大发展,在结构内部缺陷检测方面应用较多,但技术上仍不成熟。结构的力学性能检测难度更大,如恒载作用下的结构控制截面应力及钢束应力等,这些力学指标对桥梁结构安全性评价起着重要的作用。近年来,国内外许多学者基于不同理论和方法提出了多种检测手段,例如,应力释放法、磁通量法、射线法、超声法、电磁波法、图像识别法等在桥梁检测领域都有一定的应用,有力地推动了桥梁检测技术的发展。下面简要介绍结构缺陷检测技术与力学及几何特性检测技术。

10.1.1 结构缺陷检测技术

1)混凝土桥梁外观缺陷检测

裂缝一直是混凝土桥梁外观检测的重要内容。《公路桥梁技术状况评定标准》(JTG/T H21—2011)对混凝土桥梁使用阶段不同部位裂缝最大宽度有严格限制,裂缝分布及特征对评价桥梁结构安全性能有重要作用。在常规检测中,一般是借助检测支架、专用检测车等辅助设备,配合小型裂缝测宽仪、钢尺和相机等工具,通过贴近结构表面,人工观测、记录裂缝分布和特征。该方法需投入较多的人力、物力,检测耗时长、强度大、费用高,大量的检测记录还需人工进行整理和汇总。因此,该检测方法严重制约着桥梁外观缺陷检测技术的发展。

国内外学者在外观缺陷的无损检测方面做了大量研究,近年来,较为热门的是图像识别技术在桥梁外观缺陷识别上的应用。图像识别技术是指通过目标区域的图像采集,利用计算机对图像进行处理和分析,以识别检测目标和对象的技术。该方法通过提取图像特征数据,并与设定的阈值进行比较,从而确定裂缝或其他缺陷特征。有学者利用无人机承载热成像系统对在役混凝土桥面板进行了检测,结果表明,高分辨率热红外图像技术可以快速、方便地检测桥面板异常。在此基础上,也有专家提出了一种裂缝远距离精确采集和处理方法,该方法能有效地提高检测效率。随着技术的发展进步,图像识别技术由于其远距离、非接触的检测方式和精度高、速度快的优点,逐渐应用到结构外观缺陷检测领域,成为桥梁外观缺陷检测的发展方向之一。

2)钢桥外观缺陷检测

钢桥外观缺陷主要表现为结构锈蚀、连接构造失效、构件及焊缝的疲劳开裂。结构锈蚀和连接件失效等病害特征明显,在日常巡检中很容易检查和记录,而构件开裂及焊缝开裂等病害具有很强的隐蔽性,在日常巡查中难以察觉,对结构安全运营带来隐患,特别是正交异型钢桥面板的广泛运用,使世界范围内出现了大量疲劳开裂的案例,严重影响了结构的使用性能和运营与服役质量。

由于钢桥的结构特性、焊接残余应力、焊接缺陷和制造误差等原因,连接部位焊缝会出现高度应力集中,形成疲劳热点,最终导致疲劳病害产生。因此,如何在早期发现桥梁疲劳开裂,是保证桥梁安全运营的重要环节。在焊缝检测方面,目前主要的方法有超声法、热成像法和射线法等。超声检测是当前应用较为广泛的疲劳损伤检测方法,该方法通过对被测钢板或焊缝发射超声波,利用其反射来获取被测对象内部的缺陷信息,并经过处理形成图像。热成像法是利用探测器测定目标本身和背景之间的红外线差,得到不同的红外图像,反映同一目标的表面温度分布的情况;运用此方法,便能实现对目标进行远距离热状态图像成像和测温,并进行后续的分析判断。国外学者开发了一种新型热成像无损检测技术,可用于钢结构的裂纹检测。该技术利用裂纹的隔热效应而使构件表面出现温度间隙的原理,实现钢结构裂纹的检测,并在某高速公路钢桥进行了现场试验,论证了该技术的有效性。还有学者利用红外热成像技术远程检测钢桥的疲劳裂纹,并在热弹性应力测量的基础上对结构性能进行了量化评估。此外,射线法也是一种较好的焊缝缺陷检测方法。常用的射线有 X 射线和 γ 射线两种。其原理都是利用射线不同程度透过金属材料,使胶片产生感光作用。当采用射线法检查焊缝时,由于焊缝缺陷影响,射线透过焊缝后到达胶片的强度不同,感光程度也不同,利用此原理,实现钢结构焊接缺陷的可靠检测。

当前,超声法是焊缝检测的主要方法,已纳入《焊缝无损检测 超声检测 技术、检测等级和评定》(GB/T 11345—2013)。但超声法在微小缺陷检测、材料内部特定位置检测和缺陷形状检测方面还需要进一步提高。

3)混凝土桥梁内部缺陷检测

混凝土桥梁在施工浇筑阶段,由于漏振、离析、石子架空等原因,易形成空洞、夹层、蜂窝等质量缺陷,造成混凝土强度的降低。对于预应力混凝土桥梁,除了结构混凝土浇筑质量外,预应力孔道施工状况和压浆密实度均对钢束的安全性和耐久性有较大影响。由于孔道特征、钢束影响、浆液配合比、压浆工艺等原因,传统的压浆工艺难以保证孔道的密实度,压浆过程中的浆液离析现象会造成孔道内空洞的产生,导致钢束严重锈蚀。此类内部缺陷对预应力混凝土结构的安全性和耐久性影响极大,是导致结构承载能力降低的重要原因。因此,内部缺陷是桥梁特殊检测中的一项重要内容,常用的无损检测方法有超声法、冲击回波法、计算机透析成像(声波 CT)技术、雷达法等。

(1)超声法

超声法是一种常用无损检测方法。其工作原理是通过测量低频超声脉冲波在混凝土中的传播速度、首波幅度和主频率等声学参数来判断混凝土缺陷位置、类型和尺寸。超声波在遇到蜂窝、空洞、裂缝等缺陷时,多数脉冲波会在缺陷处反射和散射,换能器接收的声波能量显著减小,且声程增大、主频率降低,并导致波形畸变。因此,可以通过波幅、声速、主频率和波形变化来判断缺陷性质和大小。根据测试对象和测试内容不同,超声法检测可分为对测法、斜测法和平测法。

对测法是将一对换能器耦合于一对平行测试表面,逐点移动进行测试。

斜测法是将一对换能器分别耦合于被测构件2个相邻或相对但非平行的表面上,进行丁角斜测或沿垂直、水平方向进行斜测。

平测法是将一对换能器置于被测结构的同一表面上,以采取相同测距或逐点递增测距方法进行损伤检测。

对测法、斜测法均可用于墩身、盖梁、梁板等内部混凝土的缺陷、密实度和均匀性检测。平测法可用于路面裂缝、隧道裂缝及低配筋率混凝土表面裂缝的深度检测。

(2) 冲击回波法

冲击回波法是通过锤击方式产生瞬时冲击弹性波并接收冲击弹性波信号,通过分析冲击弹性波及其回波的波速、波形和频率等参数,判断混凝土结构内部缺陷。冲击回波法可用于混凝土构件厚度及内部缺陷检测、预应力管道压浆密实度检测、结合面密实度检测等方面。通过锤击使混凝土结构表面产生P波和S波,并传输到混凝土结构内部。P波和S波受内部缺陷(声阻抗差)或外部边界影响而被反射。当反射波返回混凝土结构表面时,接收传感器会测量到二者的位移。当传感器被放置在离冲击点较近位置时,响应主要反映了P波反射波的位移。由于P波在混凝土内部空隙经历多次反射,传感器能够检测到一系列的低振幅振荡波谱,从而反映出混凝土内部缺陷。

冲击回波法虽不能确定缺陷的深度,但由于其快速高效扫描和分析性能,已成为极具潜力的混凝土内部缺陷检测方法。

(3) 计算机透析成像(声波CT)技术

声波CT技术使用声波穿透混凝土,由于混凝土内部孔隙率、密实性、弹性模量等影响,使得声波产生能量衰减,根据透射波走时和能量衰减特征,利用计算机软件重建声波穿透混凝土的速度和吸收系数的分布,实现混凝土内部成像。由于混凝土波速与弹性模量、剪切模量、密度等有关,当混凝土密实性差,内部出现疏松、空隙和空洞时,导致声波穿透混凝土衰减快、波速降低。因此,混凝土的声波速度可作为混凝土密实性和强度评价的定量指标。

(4) 雷达法

雷达法通过发射电磁脉冲至被测介质,根据电磁波传播到目标物反射回来的时间来确定目标物的深度和位置。利用电磁波在不同介质的反射特性差异,将接收到的雷达信号经计算机软件处理后形成雷达图像。由于物体的电磁特性主要由相对介电常数和电导率决定,而混凝土、金属和空气间的电磁性能均存在明显差异,因此可采用雷达法进行混凝土中空洞和裂缝的检测。

在混凝土结构内部缺陷检测技术方面,以上几种方法各有优点。超声法技术成熟、设备轻巧、便于携带,在桥梁桩基完整性、承台、桥墩、盖梁内部缺陷及裂缝深度检测方面具有优势;但受外部体积和内部钢筋影响,在大体积混凝土和高配筋率结构上使用受到限制,一般适用于素混凝土或低配筋率构件的缺陷检测。冲击回波法能够较好地应用在混凝土内部缺陷检测中，特别是预应力混凝土压浆密实度检测，该方法具体技术规程参见《冲击回波法检测混凝土缺陷技术规程》(JGJ/T 411—2017)。声波 CT 技术可快速、精确地计算出桥梁混凝土断面的内部结构图像，直观地反映出桥梁混凝土的内部质量和缺陷，实现对桥梁中大体积混凝土结构质量的检测与评价。雷达法主要用于路基缺陷、隧道衬砌等低配筋率结构或构件检测。由于桥梁混凝土构件配筋率均较高，对电磁波形成较大干扰，掩盖了内部缺陷特征，其在桥梁结构内部缺陷检测方面应用受到限制。

4) 钢筋锈蚀检测

钢筋锈蚀是影响混凝土结构安全性和耐久性的重要因素。由于结构开裂、碳化作用、氯离子侵蚀等因素，使得钢筋发生电化学反应而锈蚀。锈蚀不仅造成钢筋截面积减小，同时导致体积膨胀，使钢筋与混凝土之间丧失握裹力，严重影响桥梁的承载力。钢筋锈蚀的无损检测方法有物理方法和电化学方法两类。

(1) 物理方法是通过测定钢筋锈蚀引起的物理特性变化来反映钢筋的锈蚀状况，主要有电阻棒法、射线法、声发射法和红外热线法等。但此类方法大多只能做定性分析，且多数停留在试验阶段。

(2) 电化学方法通过测定钢筋混凝土腐蚀体系的电化学特征来确定钢筋锈蚀程度或速度，包括电位法、交流阻抗法、线性极化法和混凝土电阻率法等。

电位法是目前应用最为广泛的一种评定混凝土结构锈蚀程度的无损检测方法，该方法通过测定钢筋、混凝土组成的电极与混凝土表面的铜、硫酸铜参考电极之间的电位差，评定钢筋的锈蚀状态。参考电极的电位比较稳定，而钢筋、混凝土电极会因为钢筋锈蚀而发生电位变化，从而反映钢筋的锈蚀状况。但该方法只能定性判断钢筋锈蚀的可能性，不能定量描述钢筋锈蚀程度。

5) 体内预应力钢束缺陷检测

预应力典型缺陷指标主要有预应力孔道定位、管道压浆密实度、预应力钢束锈蚀度和钢束有效张力等。其中，钢束有效张力是评价桥梁结构状况最重要的指标之一，直接反映了桥梁的服务水平，同时也影响桥梁正常使用阶段的承载力和安全性。

(1) 预应力孔道定位

采用雷达法、冲击回波法、超声法可对预应力混凝土结构体内预应力孔道定位；采用高频天线阵雷达能有效地探测顶层预应力束的位置，其垂直方向(管道埋深)、水平方向误差相对较小。但当普通钢筋与预应力筋管道很接近、普通钢筋过密或管道埋设较深时，普通钢筋的多次反射波信号太强，掩盖了管道的反射信号，导致探测精度有限。冲击回波法和超声法在一定条件下可用于管道定位检测，但与探地雷达相比测试效果较差。

(2) 管道压浆密实度

扫描式冲击回波法可用于预应力筋管道压浆状况检测，在一定条件下能够区分密实管道、半空管道和全空管道。而超声法和雷达法均不能有效地进行管道压浆密实度判别。

(3) 预应力钢束锈蚀度

预应力钢束深埋在混凝土结构内部，受结构中的普通钢筋和波纹管干扰，其锈蚀检测一直是预应力混凝土结构检测的难点。多年来，国内外学者开展了大量的研究和探索工作，但到目前为止,仍没有一种成熟的技术应用于检测预应力钢束锈蚀度。预应力钢束锈蚀检测的主要方法有漏磁法和超声法,同时辅以声发射、雷达、X射线、脉冲涡流、磁致伸缩等方法。下面简要介绍漏磁法。

漏磁法的工作原理是根据不同材料间磁阻的差异以及漏磁场在损伤部位的突变特征,对结构进行有效检测。在钢绞线锈蚀检测中,首先对被检测钢绞线进行磁化。当钢绞线无缺陷时,磁场分布均匀;当钢绞线上存在锈蚀等缺陷时,由于缺陷处磁阻变化,一部分磁场泄漏出钢绞线表面,形成漏磁场;通过测量钢绞线表面逸出的漏磁场,可获得该处缺陷的信息。但研究表明,在实际混凝土桥梁上,箍筋、扎筋等干扰源对缺陷波形影响很大,缺陷信号夹杂在箍筋信号当中,对缺陷分辨产生较大影响。

(4) 钢束有效张力

桥梁设计及施工时,一般依靠理论公式估算各项预应力损失来计算永存预应力值。但实际工程建设中,存在如施工误差、混凝土收缩徐变、预应力损失等无法确定的因素,造成桥梁实际有效预应力与理论值有一定差距。因此,开展混凝土桥梁预应力钢束有效张力检测技术研究,对评定桥梁使用性能及承载能力具有非常重要的价值。

长安大学贺拴海教授开展了PC简支梁动、静力性能研究,提出了一套较完整的用于检测有效预应力的半经验公式,形成有效预应力的无损检测基础方法——基于动力性能的有效刚度代换法与基于静力性能的有效刚度代换法。但该研究仅探索了简支梁桥静、动力性能的基础规律,得到的基于梁体静、动力性能的有效预应力检测技术仍需大量的模型试验来完善。

10.1.2 力学及几何特性检测技术

1) 强度

混凝土强度是结构的一项重要力学参数,对保证桥梁结构承载力和运营安全性具有重要影响,是评价桥梁施工质量的关键指标。混凝土强度检测方法主要有钻芯法、回弹法、超声-回弹综合法和拔出法等。其中,钻芯法为有损检测方法,其余为无损检测方法。除拔出法外的几种技术在我国应用较多,但在国际标准化组织、美国、苏联、北欧等组织、国家、地区已将拔出法列为标准试验方法。

拔出法是通过在混凝土表面钻孔、磨槽、嵌入锚固件并安装拔出仪测定极限拔出力,根据预先建立的极限拔出力与混凝土抗压强度之间的相关关系推定混凝土强度。大量标准和研究成果表明,拔出法测强曲线受混凝土材料、龄期、浇筑情况的影响较小,具有较好的通用性,是一种较好的微破损强度检测方法,但技术要求较高,对结构有扰动、检测效率低。

2) 结构应力

由于施工误差、混凝土徐变、预应力损失等因素,PC桥梁混凝土压应力分布与理论值有一定差异。虽然荷载试验能够检验桥梁承载能力和评判桥梁运营情况,但是加载试验只能通过应力增量反映活载效应,无法检测出混凝土的应力总量。因此,PC桥梁恒载下的永存应力测试具有重大工程应用价值。

应力释放法是解决恒载下结构应力测试的有效手段之一,多用于钢结构残余应力测试。其基本原理是采用机械切割的方法,对有初始约束应力的测试构件进行切割,达到应力释放目的,再对切割前后构件的应变进行测试,得到构件的应力状态。应力释放的测试方法有截条法、切槽法和钻芯法等。

但试验表明,混凝土取芯应力释放技术受干扰因素多,实测效果并不理想;普通钢筋应力释放技术受外界干扰程度小,通过对释放位置与量测时机的掌握能够有效地剔除切割温度对释放应变的影响,这种分法测试误差较小且具有规律性和重复性。配合基于关键截面的普通钢筋应力释放求解方法,可实现 PC 构件有效预应力评价。

3)索力

现代大跨径斜拉索、系杆拱桥吊杆及悬索桥吊杆多采用柔性索结构,其索力大小对桥梁结构线形和内力起着控制性作用。因此,采用快速、合理的方法进行索力或吊杆力测试是保证桥梁施工和运营安全的必要手段。索力测试主要有以下几种方法。

(1)压力表测定法

压力表测定法是根据千斤顶液压推算张力的一种方法。液压与张拉力间存在确定的关系,通过对千斤顶的标定,以准确反映这种关系,从而推定拉索索力。压力表测定法简单易行、直观可靠,是施工中张拉和控制索力主要方法。但由于设备笨重,移动不便,且反复使用会影响测试精度,一般适用于施工阶段的索力张拉,不适合运营阶段的索力测试。

(2)压力传感器测定法

为了准确测定特定拉索或吊杆的拉力值,可在锚头和锚座之间安装测力传感器,称为压力传感器测定法。该方法需要在施工阶段安装压力传感器,达到对索力的实时监测。压力传感器一般采用振弦式压力传感器,配合专用读数仪,实现索力的实时监测。压力传感器测定法精度相对较高,但压力传感器售价比较高,一般作为频率法的补充,仅对特定拉索或吊杆进行监测,振弦式压力传感器的长期稳定性也是影响测试精度的重要因素。

(3)频率法

在已知斜拉索长度、两端约束情况、分布质量等参数的前提下,通过测量拉索的振动信号,经滤波、信号放大、A/D 转换和频谱分析,可以得到斜拉索的自振频率;再根据索力与斜拉索自振频率之间的关系获得索力。当边界条件满足要求时,其测试精度较高。

考虑到斜拉索长而细的结构特征,对于张紧的斜拉索,可认为两端为铰接边界条件。当垂度忽略不计时,可得到其自振频率与索力之间的关系。采用频率法进行索力测试,具有快速、方便、实用、可重复测试的特点,精确度较高。但频率法所确定的索力精度在很大程度上取决于索本身参数的可靠性,如索的弯曲刚度、索的计算长度、索的线密度等,各参数的偏差会影响到索力计算的精度。一般建议与压力传感器法配合使用,以获得更加准确的测量结果。

(4)磁通量法

将磁通量传感器安装在拉索或吊杆外部,根据索力与磁通量变化的关系,推算索力或吊杆力数值的方法称为磁通量索力测试法(即磁通量法)。该方法所用的关键仪器是电磁传感器,该传感器除磁化拉索外,不会影响拉索的力学及物理特性。磁通量传感器在使用前需要进行标定,从而建立磁通量变化与结构应力的关系。磁通量法是一种相对值测量方法,能够实现索力变化量的实时监测,不能用于索力绝对值的测量,限制了该方法的应用领域。

4)变形

桥梁抵抗活载的变形能力是评价桥梁正常使用阶段结构刚度特性的重要参数,主要包括主梁挠度、主塔塔顶三维变位,特殊大桥还须检测主梁纵向变位及横向变位。桥梁线形检测一般包括以下两方面的检测内容：

（1）恒载状态下的结构几何特征，如主梁线形、主塔塔顶三维坐标等。

（2）活载作用下的几何特征变化，如主梁活载挠度、纵横向位移、主塔塔顶变位等。

桥梁一旦建成，其恒载下的几何线形基本不变。受混凝土徐变收缩影响，混凝土桥梁主梁线形会发生微小的变化，可通过在桥梁周围建立三角网，在桥面和主塔塔顶建立永久观测点，采用水准仪及全站仪定期采集其高程及三维坐标信息。活载变形的检测一般应用于荷载试验中，它是评价桥梁刚度状况的重要参数。测试仪器及系统有接触式挠度计、激光挠度仪、光电挠度仪及基于图像识别的挠度测试系统等。

采用接触式挠度计、激光挠度仪、光电挠度仪进行桥梁挠度检测都属于常用桥梁挠度检测方法，接触式挠度计用于桥下挠度测试，另外两种用于桥面挠度测试。在荷载试验中，多采用在测试截面下方搭设检测支架，安装接触式挠度计测试截面试验荷载作用下的挠度测量，这种方法需要搭设临时检测支架，当桥下净空较高或桥下不便于搭设支架时，其应用受到限制。激光挠度仪及光电挠度仪可以在桥面进行挠度测量，但由于加载车辆影响，一般仅能沿桥梁两侧布置测点，易准确测量测试截面沿横桥向的挠度变化特征，特别是对于多梁式桥梁，难于获得每片梁的挠度变化值，给桥梁刚度评价和掌握桥梁横向分布特征带来困难。

基于图像识别技术的桥梁挠度测量方法近年来发展较快。相对于其他挠度测量手段，该技术通过比较结构变形前和变形后的数字图像来获得结构变位信息，无须安装传感器，可进行远距离、非接触式测量，具有速度快、精度高、方便快捷等优点，目前已经成为桥梁荷载试验和其他建筑物相对挠度变化测试的新方法。

10.2 桥梁监测新技术

桥梁监测系统综合了现代传感技术、网络通信技术、信号分析与处理技术、数据管理方法、知识挖掘、预测技术及桥梁结构分析理论等多个领域的知识，极大地延拓了桥梁监测领域，提高了预测评估的可靠性。当桥梁结构出现损伤后，结构的某些局部和整体的参数将表现出与正常状态不同的特征，通过安装传感器系统拾取这些信息，并识别其差异即可确定损伤的位置及相对程度。通过对损伤敏感特征量的长期观测，可掌握桥梁性能劣化的演变规律，以部署相应的改善措施，延长桥梁使用有效期。监测系统为桥梁评估提供即时客观的参数依据，但由于资源等方面所限，就目前情况而言，传感器系统不可能涵盖所有构件。此外，对大型桥梁在复杂环境下响应的认识与经验的限制，也会导致对某些关键性部位监测的不足。一个技术先进、稳定高效的桥梁监测和安全评价系统，对于提升桥梁工程的设计、施工和管理水平具有十分重要的意义。

在欧美、日本等一些发达地区与国家，在建立和发展桥梁结构健康监测与安全评估系统，并用以监测和评估大桥在运营期间其结构的承载能力、运营状态和耐久能力等方面已有较成熟的应用。

10.2.1 结构安全监测基本概念

结构安全监测是为桥梁结构在使用期间的安全使用性、结构设计验证、结构模型校验与修正、结构损伤识别、结构养护与维修以及新方法、新技术的发展与应用提供技术支持。结构安全监测系统一般由安装在桥梁结构上的传感器以及数据采集与传输、数据处理与管理等软硬件构成,对桥梁的荷载与环境作用以及桥梁结构性能参数进行测量、收集、处理、分析,并对桥梁结构正常使用水平与安全状态进行评估和预警,一个结构安全监测系统必须同时能够进行结构损伤检测和状况评估。一个完整的监测系统的基本组成如图10-1所示。经过二十多年的发展,随着仪器的改进和对复杂结构动力学的认识,在系统监测和桥梁结构评估方面,已变得较为成熟、较为实用。

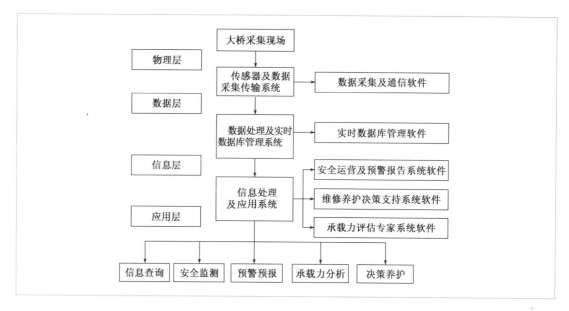

图10-1 结构安全监测系统的基本组成

10.2.2 监测方法

1)基于动力的监测方法

目前大部分桥梁结构安全监测方法,集中于使用动力响应来监测和定位损伤,因为这些方法是整体的监测方法,可以对大型的结构系统进行快速监测。基于动力学的方法也可分为空间域方法、模态域方法、频域方法和时域方法等四类。

空间域方法是根据质量、阻尼和刚度矩阵的改变来监测和确定损伤位置。模态域方法是根据自振频率、模态阻尼比和模态振型的改变来监测损伤。在频域方法中,模态参数如自振频率、阻尼比和振型等是确定的,从非线性自回归移动平均模型估计出光谱分析逆动力问题和广义频率响应函数被用于非线性系统的识别。在时域方法中,系统参数通过在一定时间内采样的数据来确定;如果结构系统的特性在外部荷载作用下随时间改变,那么有必要确定由时域方法得出的系统动力特性在时间上的改变。进一步地,可以使用4种域中提出的任何动力响应,采用与模态无关或与模态相关的方法进行损伤检验。时域方法虽然使用传统的振动测量仪器得到原始时域数据,但这些方法要求某些结构信息和大量的计算。将其中的2~3种方法结合起来监测和评估结构是未来主要发展趋势。

2）综合静动力的监测方法

通常的桥梁监测中都需要监测静态应变（和动态应变）、静力位移（和动挠度）以及相应的环境温度、湿度和风荷载。静力参数（位移与应变等）是根据静力荷载（如在桥上缓慢移动的车辆）引起的变形进行量测。在许多情况下，施加静力荷载比动力荷载更为经济。

既然自振频率、振型和结构系统的静力响应都是结构参数的函数，这些参数可通过比较数学模型预测的静动力特性和试验确定的静动力特性值得到。损伤发展的结果之一是局部刚度的减小，从而导致一些响应的改变。因此，对损伤监测和评估，综合结构静动力特性的监测是可行的。根据这一思想，结合静态应变、静态位移与动力响应（振型或模态柔度等）来确定损伤位置和识别损伤程度。

综合静动力的损伤识别通常需要进行有限元模型修正，因为有限元模型的误差可能比损伤的变化要大，所以有限元模型必须先用测得的模态特性和试验数据进行校准；只有有限元模型是可靠的，有限元方法模态修正的结果才是可靠的。其他的方法还包括统计损伤识别、神经网络识别方法、子结构损伤识别、基于小波变换的损伤识别等，但目前这些方法大多只停留在试验室简单模型或数值模型，用于真正实桥的损伤识别和评价还有很大差距。

3）监测技术特点

综合的桥梁监测技术随着现代监测技术和计算机通信技术的发展而不断进步，越来越趋向于智能化、实时化、自动化、网络化。

（1）智能化。通过开发和应用高性能智能传感设备，进行自感知、自适应、自诊断、自愈合和智能传输测试的物理量，包括智能感应材料传感器、光纤传感器、纳米混凝土传感器等。

（2）实时化。这是结构监测与评估的根本目标，能及时掌握桥梁工作状态，彻底消除人工监测的滞后性和低效性；通过监测资料的积累，更有可能判别桥梁安全性能、使用性能和资金使用效率之间的最优化临界点，预测桥梁结构安全状态的发展趋势，避免重大事故的出现和资源的浪费。

（3）自动化。实现桥梁实时监测的基础，不仅包括监测设备等硬件上的自动化，还应包括对数据处理条件的自动判别。由于监测中数据量十分庞大，尽管目前计算机海量存储技术已得到飞速发展，但就桥梁振动这种监测项目而言，从实际工程应用和成本角度来看，仍不可能做到对一天（24h）的数据进行存储和记录，尚需通过软件设置一定的触发条件，从大量监测数据中选择需要部分进行整理、记录和分析。

（4）网络化。网络化是信息时代的特征，桥梁实时监测系统的网络化可以实现监测数据的共享，以便异地专家对桥梁状态进行评估。辅以现代计算机通信及远程控制方法，更可实现对远离城市桥梁的自动实时监测，实现良好的社会效益和经济效益。

我国目前在测试技术、智能控制技术、电子与计算机技术、通信与系统集成技术等方面已经取得明显进步。而无线通信及无线网络技术的发展又提供了建立无线桥梁结构安全监测系统的可能性，可以大大降低系统中布线的复杂性，实现远程监测更为方便。但目前光纤传感器及采集系统、无线通信系统较为昂贵，有待无线通信技术的进一步发展及其成本的进一步降低。

10.2.3 结构安全监测系统发展趋势

从桥梁结构安全监测系统实践应用效果来看，尚存在一些问题：

(1)传感器选型与布设合理性有待商榷。部分传感器精度或耐久性不够,有的测点布置不合理,由于有些监测系统并不是由桥梁专业人员设计,或者这些设计者缺乏丰富的桥梁监测与评估经验,使得其测点的布设不甚合理,导致目前监测系统测点布置规模差异性较大,造成投资浪费或关键数据缺失。

(2)结构安全监测系统本身的使用有效期难以得到保证,传感器可靠性和传输线路长期使用是否畅通是影响监测系统使用有效期的关键。

(3)环境影响及测量噪声难以完全消除,降低了监测数据的可靠性,给分析带来困难。

(4)结构安全监测系统获取了海量数据,若无法进行有效、及时的处理,缺乏有效的分析手段,可能造成数据灾难。

(5)评价体系不完备。监测到了大量数据,但评估理论本身不完善或结构安全监测系统评估模型不合理,导致监测到的有效数据还不能十分有效地应用于桥梁状况评估中。

(6)阈值设定不合理。损伤评价理论体系的不完备导致很难准确设定报警阈值,引发实际应用中的频繁报警或不能有效报警等问题。

针对目前桥梁监测系统出现的问题,未来要进一步优化监测技术、完善结构安全监测与安全评价理论。发展趋势有以下5个主要领域方向。

(1)新型传感器和测试技术领域方向。开发适应长期结构安全监测的特殊环境和要求的结构局部性态(如应力、应变、裂纹、疲劳等)、整体性态(如位移、速度、加速度等)和一些环境作用(如温度、压力、车辆荷载等)监测的智能传感元件和无线传感网络,是发展趋势。如,智能传感元件、监测性能与信号采集系统领域;机敏混凝土、碳纤维膜(片、筋)及其传感系统;多功能无线传感器及其网络系统;桥梁结构非接触监测系统研制及应用,包括雷达与红外热像仪监测技术,图像扫描、成像分析与识别技术等。

(2)传感器的优化布设技术、系统集成与数据传输网络技术领域方向。如,传感器的优化布设技术和系统集成与数据传输网络技术。

(3)桥梁结构安全监测数据管理与控制技术领域方向。如,结构性态响应和损伤变量等多参数、多传感元件监测数据的融合、实时处理、远程有线和无线传输的智能化方法。

(4)桥梁安全预警技术及健康状态评估技术领域方向。如,基于监测信息的桥梁实时损伤推断与定位,实时模型修正与安全评定的理论和方法,以及结构安全预警的多水平准则等。

(5)桥梁结构安全监测与养护管理的决策技术领域方向。如,将结构安全监测纳入桥梁管理的范畴,重点在桥梁生命周期内的养护维修策略,结合桥梁结构安全监测与能力预测,提出桥梁养护维修决策模型,并推荐维修加固方案。

10.3 桥梁养护管理新技术

我国现行的公路桥梁管理体制是按照"统一领导、分级管理"的基本原则建立的。我国的公路桥梁养护管理体系主要包括三个层面,即交通运输部公路局、县级上的地方政府相应的交通运输主管部门以及交通运输主管部门设置的公路养护管理机构、收费经营管理单位等。在《中华人民共和国公路法》《公路安全保护条例》基础上制定的《公路桥梁养护管理工作制度》《关于进一步加强公路桥梁养护管理的若干意见》和《公路长大桥隧养护管理和安全运行若干规定》等,构建了我国公路桥梁的养护管理制度体系。《公路桥涵养护规范》(JTG 5120—2021)、《公路桥梁技术状况评定标准》(JTG/T H21—2011)、《公路桥梁承载能力检测评定规程》(JTG/T J21—2011)等形成了较为健全的公路桥梁养护管理技术体系。在此基础上,伴随计算机技术的快速发展以及桥梁管理与养护工作的广泛共识,针对区域性桥梁群的桥梁管理系统(Bridge Management System,BMS)和针对单座桥梁的桥梁巡检系统(Bridge Inspection and Maintenance System,BIMS)开始广泛应用,路网级的桥梁管理系统主要面向所在辖区范围内所有桥梁的检测、养护与管理,需要路网区域内桥梁管养预算和决策制定得最优化,从而使桥梁的使用效益最大化;而桥梁巡检养护系统则更多关注单座桥梁的技术状况,适合更为准确、全面地检测和评估大型或者复杂桥梁结构。

我国关于桥梁管理系统研究与开发较发达国家起步相对较晚,20世纪90年代国内各地的研究机构相继开发了不同的桥梁管理系统,其中具有代表性的当数交通运输部公路科学研究院于1993年研发的公路桥梁管理系统(China Bridge Management System,CBMS)。CBMS是一项从数据的采集、分类、录入、存储管理,并进行状态评估、科学决策等一整套的综合管理系统。该系统主要可分为5大模块,即数据管理、养护管理、报表管理、辅助决策以及系统管理。该系统主要依据《公路桥梁技术状况评定标准》(JTG/T H21—2011)对桥梁进行技术状况评定,并对桥梁的基础技术数据进行及时的更新,从而保证公路桥梁基础信息档案的真实和完整。该系统在全国各省市范围内的交通运输主管部门及其下设的桥梁养护管理单位得到了广泛的应用,也作为全国桥梁数据的收集和分析处理平台。

以CBMS为代表的现有桥梁管理系统具有按照现行规范要求编制的桥梁数据采集、桥梁养护等级评定、病害维修建议和储存资料的功能。桥梁养护管理系统有网络级(Network Level)和项目级(Project Level)两类。网络级管理系统主要针对特定地区或国家、特定路线、公路网桥梁群体的管理,如针对一个国家公路网或一个管理单位所管辖的道路网内的所有桥梁的检测、维修与决策管理,其主要目的是确定网络上各桥梁状态、合理分配预算维护资金以及确保桥梁网络交通处在一个可接受的服务水平。项目级管理系统着重于具有重要意义或特殊结构的特大桥、大桥(如跨江、跨海长大桥梁),对其中某个桥梁或桥梁的组成部分,进行更详细、更深入地检查与维护管理,其主要目的是更确切和详细地获取所管理桥梁的实际状况,以制订合理、详细的维护计划。

管理系统实现了资料管理的数字化,使原有文字档案从单一检索转变成数字化复合检索,可对病害进行有效分类、方便查找等,这些是目前管理系统中"理"的功能,但相对较死板,工作量也大,后期的人工分析处理工作依然十分繁重。存在以下不足:

(1)采集信息过程中评判主观因素影响较大,桥梁缺损度范围和判断定量因素较少,造成桥梁等级评定误差较大,精度相对不高。

(2)通过现场信息采集、数据处理分析、桥梁技术状况评定后,依靠人工将检测结果录入管理系统,效率低,受检测评定人员个人因素影响大。

(3)对桥梁病害处理方案不够明确,主动性、针对性较差,辅助分析功能欠缺,智能性不高。

现在广泛应用的管养系统基本还是静态的,只有实现系统从"理"向"管"过渡,才可实现从单纯的静态系统跃变为智能动态系统。动态系统设计的目标是建立全面、科学、智能化的桥梁评定专家系统。可根据桥梁形式，确定构件权重，拆分各个构件体系，对单个个体进行量化考察，再由量化指标确定构件缺损度。桥梁病害处治建议、比选（包括技术可行性、经济可行性），以及辅助处治结果模拟，获取最佳养护效果提供决策依据，实现智能化养护。

建筑信息模型（Building Information Model，BIM）技术的引入为智能动态提供了最佳途径，该技术扩展了桥梁运营维护阶段信息管理能力。目前，已有研究提出了将桥梁 BIM 模型与检查信息和分析数据相关联，并通过电子表格软件对桥梁状态进行评估。将 BIM 桥梁模型与数据库系统结合的桥梁信息模型框架，将传感器信息与图像信息在桥梁信息模型中集成，并通过数据库进行信息管理，从而实现对桥梁的监测应用。将有限元技术、电子数据表技术以及 BIM 技术相融合对钢桥的疲劳剩余寿命进行评估，并借助 BIM 技术对钢桥节点连接类型、应力集中、疲劳寿命等信息进行追踪，从而对结构的破坏做出及时的维护维修决策。将传感器等仪器设备信息融入 BIM 模型中，扩展桥梁等基础设施的工程基础类标准定义并将结构安全监测的数据以及维修决策信息映射到 BIM 模型中进行管理。借助 BIM 实现公路桥梁"建养一体化"管理的理念，这改善了桥梁养护中存在的建养分离、信息流失和信息孤岛等现象。

BIM 技术三维可视化、信息集成与共享的特点为桥梁检测带来了新的管理方式。美国国家公路与运输协会标准相关评估规定将桥梁检测、桥梁评估、桥梁信息管理在 BIM 平台中集成，创建了"桥梁信息模型检测与评估方法"，将基于 BIM 的桥梁病害三维可视化，或基于 BIM 建模软件对桥梁病害信息进行添加，并通过 WebGel 技术实现了对病害信息进行三维可视化、动态化管理。

基于桥梁大数据平台的安全维护系统，是将移动互联网技术、云技术引入桥梁维护中，是未来桥梁养护管理的发展趋势，该技术会给桥梁养护管理带来技术变革。通过建立大数据平台，可提升桥梁安全维护资料的全面性、完整性，为桥梁维护提供全面、便捷的查询、统计、分析及决策功能。

从数据或信息的角度上出发，桥梁养护工作可描述成一个包括数据、信息采集至数据应用的过程。这些数据应该包括一切与桥梁相关的数据，如桥梁结构安全及环境监测数据、规范设定及参数量化数据、数值模型及模拟计算数据、人工采集及性能评价数据、桥梁档案及施工控制数据等。这些数据种类多样、实时性强、信息量巨大，对桥梁动态养护非常有价值。要实现对数据的深度挖掘和分析，关键要对数据的处理过程实现标准化、智能化、时效化，才能用数据去解决复杂的桥梁管理和养护技术的系统问题。

互联网技术、无线通信技术以及人工智能技术正突飞猛进发展，这为基于大数据的桥梁养护途径的实现创造了可能，桥梁养护与安全的大数据时代已经来临。可以预见，在大数据时代背景下，集成了数据库技术、多媒体技术、虚拟现实技术、网络技术的桥梁数字智能化养护管理平台将成为未来桥梁管养模式的核心。

参 考 文 献

[1] 中华人民共和国交通部.公路桥涵养护规范:JTG H11—2004[S].北京:人民交通出版社,2004.
[2] 中华人民共和国交通运输部.公路桥涵养护规范:JTG 5120—2021[S].北京:人民交通出版社股份有限公司,2021.
[3] 中华人民共和国交通部.公路桥涵设计通用规范:JTG D60—2004[S].北京:人民交通出版社,2004.
[4] 中华人民共和国交通运输部.公路桥梁技术状况评定标准:JTG/T H21—2011[S].北京:人民交通出版社,2011.
[5] 中华人民共和国交通运输部.公路桥梁承载能力检测评定规程:JTG/T J21—2011[S].北京:人民交通出版社,2011.
[6] 中华人民共和国交通运输部.公路桥涵设计通用规范:JTG D60—2015[S].北京:人民交通出版社股份有限公司,2015.
[7] 中华人民共和国交通运输部.公路桥梁荷载试验规程:JTG/T J21-01—2015[S].北京:人民交通出版社股份有限公司,2015.
[8] 中华人民共和国交通运输部.公路工程混凝土结构耐久性设计规范:JTG/T 3310—2019[S].北京:人民交通出版社股份有限公司,2019.
[9] 中华人民共和国住房和城乡建设部.城市桥梁养护技术标准:CJJ 99—2017[S].北京:中国建筑工业出版社,2018.
[10] 中华人民共和国交通运输部.公路工程质量检验评定标准 第一册 土建工程:JTG F80/1—2017[S].北京:人民交通出版社股份有限公司,2018.
[11] 全国交通工程设施(公路)标准化技术委员会(SAC/TC 223).公路桥梁板式橡胶支座:JT/T 4—2019[S].北京:人民交通出版社股份有限公司,2019.
[12] 全国涂料和颜料标准化技术委员会.色漆和清漆涂层老化的评级方法:GB/T 1766—2008[S].北京:中国标准出版社,2008.
[13] 中华人民共和国交通运输部.公路桥梁结构监测技术规范:JT/T 1037—2022[S].北京:人民交通出版社股份有限公司,2022.
[14] 中国工程建设标准化协会.桥梁混凝土结构无损检测技术规程:T/CECS G:J50-01—2019[S].北京:人民交通出版社股份有限公司,2019.
[15] 中华人民共和国交通运输部.交通运输部关于进一步加强公路桥梁养护管理的若干意见(交公路发[2013]321号)[EB/OL].(2013-05-20)[2023-08-16].http://fgcx.bjcourt.gov.cn:4601/law? fn=chl394s732.txt.
[16] 中华人民共和国交通部.交通部关于印发《公路桥梁养护管理工作制度》的通知(交公路发[2007]336号)[EB/OL].(2007-06-29)[2023-08-16].https://www.lawxp.com/Stat-

ute/s855267. html.
[17] 中华人民共和国交通部. 交通运输部关于印发《公路长大桥隧养护管理和安全运行若干规定》的通知[EB/OL]. (2018-03-23)[2023-08-16]. https://xxgk. mot. gov. cn/2020/jigou/glj/202006/t20200623_3312677. html? eqid = f53d5911000001e500000006646d83de.
[18] 中华人民共和国交通运输部. 交通运输部关于印发《公路养护工程管理办法》的通知（交公路发[2018]33 号）[EB/OL]. (2018-03-22)[2023-08-16]. https://www. mot. gov. cn/zhengcejiedu/gongluyhgcglbf/xiangguanzhengce/201804/t20180404_3006626. html? eqid = bd3cf47b0002df0f000000026483fdec.
[19] 张劲泉,李承昌,郑晓华,等. 桥梁拉索与吊索[M]. 北京:人民交通出版社,2013.
[20] 张劲泉,王文涛. 桥梁检测与加固手册:上[M]. 北京:人民交通出版社,2007.
[21] 马晔,张学峰,张小江. 超长钻孔灌注桩承载性能研究与试验[M]. 北京:人民交通出版社,2009.
[22] 顾懋清,石绍甫. 公路桥涵设计手册 拱桥:上[M]. 北京:人民交通出版社,1994.
[23] 范立础. 桥梁工程:上[M]. 北京:人民交通出版社,2001.
[24] 范立础. 桥梁工程:下[M]. 北京:人民交通出版社,2001.
[25] 邵旭东. 桥梁工程[M]. 北京:人民交通出版社,2007.
[26] 叶见曙. 公路旧桥病害与检查[M]. 北京:人民交通出版社,2012.
[27] 张宇峰,朱晓文. 桥梁工程试验检测技术手册[M]. 北京:人民交通出版社,2009.
[28] 宋波,张举兵. 图说桥梁病害与外观检查[M]. 北京:人民交通出版社,2007.
[29] 刘自明. 桥梁工程养护与维修手册[M]. 北京:人民交通出版社,2004.
[30] 徐犇. 桥梁检测与维修加固百问[M]. 北京:人民交通出版社,2002.
[31] 庄军生. 桥梁支座[M]. 2 版. 北京:中国铁道出版社,2000.
[32] 张树仁,王宗林. 桥梁病害诊断与改造加固设计[M]. 北京:人民交通出版社,2006.
[33] 浙江省交通运输厅. 中小跨径桥梁典型病害防治手册[M]. 北京:人民交通出版社,2011.
[34] 周建庭,刘思孟,李跃军. 石拱桥加固改造技术[M]. 北京:人民交通出版社,2008.
[35] 俞同华. 钢筋混凝土桁架拱桥[M]. 北京:人民交通出版社,1984.
[36] 陈敏,任红伟. 桥梁加固施工及质量控制[M]. 北京:人民交通出版社股份有限公司,2020.
[37] 陈艾荣,潘明,王达磊,等. 大数据时代的桥梁维护与安全[J]. 上海公路,2014(1):17-23.
[38] 贺拴海,赵祥模,马建,等. 公路桥梁检测及评价技术综述[J]. 中国公路学报,2017,30(11):63-80.
[39] 张少锦,刘文峰. 桥梁智能检测技术的研究及应用[J]. 铁道科学与工程学报,2010,7(5):81-86.
[40] 《中国公路学报》编辑部. 中国桥梁工程学术研究综述·2021[J]. 中国公路学报,2021,34(2):1-97.
[41] 任红伟. 公路旧桥检测评定与加固技术研究及推广应用[J]. 公路交通科技,2006,(S1):

6-9.

[42] 汪红书,张小江,熊海涛,等.苏州工业园区青秋浦大桥主桥质量检测与维修加固[J].公路交通科技(应用技术版),2009,(8):41-43.

[43] 李怀雷.连续箱梁病害分析及加固处理措施[J].公路交通科技(应用技术版),2012(7):59-61.

[44] 毛宏斌.双曲拱桥的病害分析及加固技术探讨[J].交通科技,2006(4):21-22,25.

[45] 袁铜森,方志,胡柏学,等.刚架拱桥的典型病害诊断分析与加固[J].中南公路工程,2005,30(3):152-156.

[46] 徐德兴.公路桥梁病害情况及成因分析[J].北方交通,2008(5):183-185.

[47] 翁沙羚,辛红升,陈敏.独柱墩连续箱梁桥横向失稳机理分析与探讨[J].公路交通科技(应用技术版),2012(6):64-67.

[48] 张计虎.装配式钢筋混凝土板桥常见病害及防治措施[J].山西建筑,2008,34(9):330-331.

[49] 杨敏,靳欣华.混凝土空心板梁桥典型病害成因分析及防治策略[J].城市道桥与防洪,2008(8):112-115.

[50] 王李,常志宏,李承昌.钢筋混凝土梁(板)桥上部结构开裂分析及处理[J].公路交通科技(应用技术版),2008(8):135-137.

[51] 赵中秋.钢筋混凝土简支梁桥梁体病害分析及维修方法[J].北方交通,2008(5):164-166.